U0925808

Guanghua Ideological and Political Education Forum

光华思想政治教育论坛

《2013》

唐晓勇　俞国斌　主编

目 录

第一编 思想政治教育教学研究

第二编 社会主义建设理论与实践研究

第三编　哲学与政治理论研究

第四编　思想政治工作研究

目 录

第五编　党的群众路线教育实践活动专题

第一编　思想政治教育教学研究

论高校思想政治理论课的基本性质

曾　获

【摘要】高校思想政治理论课有三个基本性质，即“思想性”、“政治性”和“理论性”。“思想性”指的是人们对更深的思想穿透、更宽的思想张力、更高的思想境界的追求的性质。“政治性”指的是人们在社会生活中要树立“整体意识”、“大局意识”、“责任意识”，要懂得“妥协”、“协调”、“合作”，要培育主动增进人类福祉的“公共精神”、“志愿精神”、“牺牲精神”，要崇尚“秩序”、要有“正义感”的性质。“理论性”是指人们在认识活动中所具有的以概念、判断和推理等逻辑形式，对认识对象进行系统性、本质性、规律性反映，对认识对象进行深入探究的性质。全面提升高校思想政治理论课的“思想性”、“政治性”和“理论性”是加强和改进大学生思想政治教育，提高高校思想政治理论课教育教学质量的当务之急。

【关键词】高校　思想政治教育　思想政治理论课　通识教育　素质教育

作者简介：曾获，1953 年生，男，西南财经大学马克思主义学院教授、博士生导师（成都，611130）。

“思想政治理论课”这个概念是 2004 年 8 月 26 日中共中央、国务院在《关于进一步加强和改进大学生思想政治教育的意见》中第一次正式提出来的。在这之前，高等学校关于“思想政治教育”的课程有过多种称谓，如“政治课”（1950 年）、“马列主义基础课”（1953 年）、“政治理论课”（1956 年）、“思想品德和政治理论课程”（1986 年）、“马克思主义理论课和思想品德课”（1995 年）、“两课”（1998 年）。“思想政治理论课”这个概念相对于它过去的这些称谓，至少表达了三个意思：其一，“思想政治理论课”是对大学生进行思想教育的“思想课”；其二，“思想政治理论课”是对大学生进行政治教育的“政治课”；其三，“思想政治理论课”是对大学生进行思想政治教育的“理论课”。相应的，“思想政治理论课”这个称谓简洁而准确地表达了高校思想政治理论课的基本性质。把“思想政治理论课”这个合成词拆分开来，就可以得到高校思想政治理论课的三个基本性质，即“思想性”、“政治性”和“理论性”。本文试图对高校思想政治理论课的三个基本性质做一个内涵分析，以有益于高校思想政治理论课的教学改革与发展。

一、思想政治理论课的“思想性”

1.“思想性”的定义

要弄清“思想性”的含义，应首先弄清“思想”一词的含义。“思想”一词有两个基本意思：其一，“思想”即“思之想之”，在这个意思上，“思想”是个动词，表明了人对生活于其中的世界和对人（人类）自己的自觉认识。“思想”是一种人之为人所必须具有的能力，人正是因为具备了这样的能力而成为万物之灵长，人们常说，“人是会思想的动物”。其二，“思想”指“思之想之”的成果，此层意思上的“思想”是个名词，表达了人对生活于其中的世界和对人（人类）自己的认识成果，尤其是对人自身存在意义和价值的认识的结果。人正是因为认识到人自身存在的意义和价值而成为真正意义上的人，所以人们还说，“人是有思想的动物”。把作为动词的“思想”和作为名词的“思想”结合起来，我们可以看到“思想”展开或者说“思想”能够达到的三个基本维度：其一，思想穿透的深度，即仰望星空而沉思，判天地之美的哲学精神；其二，思想张力的宽度，即面向大海而欢畅，析万物之理的科学精神；其三，思想境界的高度，即登临高山而俯瞰，敬天下苍生的道德情怀。

由此，我们可以这样来定义“思想性”：“思想性”指的是人对更深的思想穿透、更宽的思想张力、更高的思想境界的追求的性质。“思想性”是与“智慧”、“崇高”、“意义”、“价值”等词汇联系在一起的。

2. 高校思想政治理论课的“思想性”要求

高校思想政治理论课以培养大学生的世界观、人生观、价值观为己任，其目的就在于培养大学生更深的思想穿透力，拓展大学生更宽的思想眼界，提升大学生更高的思想境界。为此，高校思想政治理论课自身应具备尽可能强的思想性，才可能担当起自己的育人重任。高校思想政治理论课的“思想性”要求高校思想政治理论课自身必须做到：第一，弘扬人类正确的哲学世界观，传授人类科学的哲学方法论，帮助大学生从总体上、整体上科学地认识世界、社会和人自身，帮助大学生形成关于世界、社会、人生的基本思想原则和根本思想方法；第二，弘扬人类高尚的道德价值观，传授善恶的评价标准，传导高尚的思想情操，把大学生培养成心境澄明、志存高远的优秀人才，以帮助学生割断小肚鸡肠、扫除阴霾沮丧、清理迂腐猥琐、拒绝平庸低俗。

3. 高校思想政治理论课“思想性”方面存在的问题

在高校思想政治理论课的教育教学中，从其“思想性”来看，有两种状况值得特别关注：其一，思想性的缺失。它有两种具体表现形式，①以政治性等同于思想性。例如有论者在《论思想政治教育学科建设中思想性与知识性的关系》一文中，基本上是以“政治性”的同义语来使用“思想性”一词的。他认为“思想政治教育学科是思想性（政治性）与知识性（科学性）的统一”，认为由“泛政治化”到“去政治化”是“学科建设中不可忽视的现象”，在学科建设中处理好思想性与知识性的辩证关系，就要“突出政治性：牢牢把握思想政治教育学科建设的正确方向”①。在文学评论中，人们也常常把文学作品的“思想性”理解为文艺作品或其他著作中所表现出的政治倾向。在前面关于高校思想政治理论课名称的简要回顾中，我们看到在一些特定的年代里，

① 李春华. 论思想政治教育学科建设中思想性与知识性的关系［J］. 学校党建与思想教育，2011（4）.

思想政治理论课被称为“政治课”，其思想性自然就被取消了；就是在当下的思想政治理论课教育教学中，也存在着只以传递政治观念为目标，忽视政治观念的思想基础的培养的现象。例如，在关于社会理想的教育中，缺乏对社会理想的哲学分析；在关于政治秩序的教育中，忽视关于政治道德的教育。②以趣味性冲淡思想性。我们看到，在高校思想政治理论课教育教学中，一些教师为了获取课堂的“抬头率”，片面追求课堂的“笑果”，不惜以牺牲教学内容的思想深刻性、教学方式的思想严肃性为代价，以“戏说”的内容、以娱乐的方式来演绎思想政治理论课的内容，思想政治理论课从而被打上“低俗”、“媚俗”的印记。其二，思想性的脱离实际、思想性的抽象化。它具体表现为脱离社会现实，脱离大学生的思想实际，把思想性空泛化。在这样的所谓的思想教育中，思想教育被抽象为一些空洞的原则、僵化的概念，既脱离当前鲜活的社会现实，也脱离大学生生动的思想现实，例如空泛的社会理想教育、单向度的道德价值教育，从而把思想教育弄得远离现实，其结果是大学生对这种空泛说教式的思想教育敬而远之，这样的思想教育自然也就无实效性可言了。

二、思想政治理论课的“政治性”

1.“政治性”的定义

要弄清“政治性”的含义，应首先弄清“政治”一词的含义。“政治”就其本意来看，就是人们协调社会生活的艺术。古希腊哲学家、政治学家亚里士多德说“人是天生的政治动物”。这个著名的“政治人假设”表达了亚里士多德对人（人类）的三个基本认识：第一，人是具有合群性、群居性、社会性的动物，任何人都不能离开他人、社会而独立存在；第二，人是具有利益协调能力即政治能力的动物，在人和人之间、个人与社会之间发生利益冲突的时候，人也只有通过协调利益才能得以继续存在与发展；第三，人是具有合作精神的动物。按照亚里士多德的分析，人不仅是合群的、群居的社会性动物，是具有利益协调能力的政治性动物，而且是最优秀的政治动物。这个最优秀的政治动物优秀在哪里？就在于因人聚合而成的城邦，就在于以合作为本质的城邦关系，即人正是以人和人之间的合作而优于其他的动物。

从“政治”的基本含义可以了解到“政治性”的基本含义，“政治性”就是“群居性、社会性、协调性、妥协性、合作性、互助性”等人类解决自己的社会性存在、社会性冲突和社会性发展的基本性质。由此，我们可以这样来定义“政治性”：“政治性”指的是人们在社会生活中要有“整体意识”、“大局意识”、“责任意识”；要懂得“妥协”、“协调”、“合作”；要培育主动增进人类福祉的“公共精神”、“志愿精神”、“牺牲精神”；要崇尚“秩序”、要有“正义感”的性质。“政治性”是与“社会性”、“大局意识”、“秩序性”、“正义感”等词汇联系在一起的。

2. 思想政治理论课的“政治性”要求

高校思想政治理论课在把自然人培养成社会人、政治人的过程中承担着十分重要和直接的责任，高校思想政治理论课本身应具有科学的政治性才能担此重任。思想政治理论课的“政治性”要求思想政治理论课通过科学的政治教育，达到以下目标：第一，帮助大学生科学地认识人类的政治现象。要善于吸收东西方一切政治学研究的优秀成果，例如政治生活追求的基本价值即自由、秩序与正义等；政治运行的基本矛盾即利益、权利与权力的关系等；政治行为的基本层面即政治统治、政治管理和政治参与等；政治组织的基本框架即国家、民族和公民社会等；政治活动的基本制度即民主、选举和政党等。通过这些政治科学知识的教育，帮助大学生形成关于人类政治生活的基本认识和政治素养。第二，传导正确的政治理念，要体现出一定社会主流的政治价值，要营造有利于政治发展的政治文明氛围。在当代中国，就要坚持马克思主义基本的政治立场，要高举中国特色社会主义理论体系的理论旗帜，要培育和践行社会主义核心价值观；坚决抵制政治立场模糊、政治“价值中立”的情况。第三，要培养大学生当下和今后进入社会生活的政治生活能力，确立远大的政治抱负。高校思想政治理论课要通过实践性教学环节，让学生接触鲜活的政治生活，运用科学的政治学理论，学会实事求是地分析国内国际的政治现实，认清自身的政治责任，确立起为民族复兴、国家富强、世界和平贡献自己力量的政治使命。

3. 高校思想政治理论课“政治性”方面存在的问题

在高校思想政治理论课的教育教学中，从其“政治性”来看，有两种状况值得特别关注：其一，思想政治理论课的泛政治化与非政治化并存。思想政治理论课的泛政治化在前面关于“思想性”的分析中已经讲到，与这种倾向相反的状况也是存在的，即思想政治理论课的非政治化或去政治化。有的人从过去“政治扩大化”所导致的恶果出发，认为政治本身是非道德的，是与思想教育背道而驰的，因此思想教育应拒斥政治教育；还有的人认为“并不是社会中所有的人都得懂政治，都会对政治感兴趣”，因此不必对这些人进行政治教育。其二，将政治教育狭义化与将政治教育抽象化并存。在政治教育中，本来存在着两个层次的基本内容：第一个层面应是现实的政治生活层面，包括国家不同时期的大政方针、具体的政治行为规范的教育，也就是当下的时事政治教育；第二层面即普适的政治理论、基本的政治原则的教育，也就是政治观教育、政治哲学教育。它应包括对人的政治人本性的了解、政治生活的基本假设的理解、政治生活的基本框架的认识、政治生活的基本制度的把握、政治文明建设的基本规律的把握等。这两个层面的教育本是相辅相成的，第一层面的教育是第二层面教育的具体体现，第二层面的教育是第一层面教育的理论基础。离开第一层面的教育，第二层面的教育就失去了价值；离开了第二层面的教育，第一层面就可能背离真理，从而难有实效。然而，就目前高校思想政治理论课的教育教学来看，两个教育层次的脱节现象十分明显，往往将政治教育狭义化为时事政治教育，否认普适层次的理论教育；同时也存在着过分强调普适理论或“普世理论”教育的重要性，与中国国情、中国现实结合不够的情况。加强高校思想政治理论课的“政治性”，我们面临的具体任务就是加强两个层次教育的结合。

三、思想政治理论课的“理论性”

1.“理论性”的定义

要弄清“理论性”的含义，应首先弄清“理论”一词的含义。和“思想”一词一样，“理论”一词也有两个意思：其一，理论是指人们关于事物知识的理解和论述，也指辩论是非、争论和讲道理，即“理之论之”的意思。这是人的一种高级认知能力。这是从动词的角度对“理论”的解释。其二，“理论”指系统的理性认识成果。从内容看，理论是对认识对象的系统的、本质的、规律的认识；从形式看，理论以概念、判断和推理等逻辑形式而存在。这是从名词的角度对“理论”的解释。

从“理论”的基本含义可以了解到“理论性”的基本含义，“理论性”说的就是“探究性”、“论辩性”等人们深入地、透彻地、系统地了解自然、社会和我们人类自己的认识活动的性质。由此，我们可以这样来定义“理论性”：“理论性”即人在认识活动中所具有的以概念、判断和推理等逻辑形式，对认识对象进行系统性、本质性、规律性反映，对认识对象进行深入探究的性质。“理论性”是与“理性”、“研究”、“逻辑”、“科学”等词汇联系在一起的。

2. 思想政治理论课的“理论性”要求

由于认识的“理论性”的强大认识功能，具备了较强的理论性的高校政治理论课对于帮助学生更加深刻地认识人类思想政治现象、养成关于人类思想政治的自觉意识、培养学生的思想政治理论思维能力具有十分重要的作用。反过来，高校思想政治理论课也要求自己具备足够强的“理论性”要求，才可能对学生进行系统的有效的思想政治理论教育。这种要求主要体现在以下方面：第一，对学生进行理论分析模式的教育。因为人类是以学科知识来把握对象世界的，因此通过思想政治理论课的教育教学，帮助大学生树立学科意识、掌握学科方法就成为高校“思想政治理论课”自身理论性的重要标志之一。第二，对学生进行哲学社会科学基本理论的教育。高校思想政治理论课要在教学中介绍最基本的学科概念、解释最基本的学科理论，以形成大学生把握对象世界的逻辑框架，以掌握人类思想政治现象的内在本质和内在规律。这样一来，高校思想政治理论课是否能够全面地介绍哲学社会科学的基本理论和前沿动态，就成为高校思想政治理论课自身理论性的又一重要标志。第三，对学生进行理论思维能力的训练。高校思想政治理论课要积极引导大学生主动地、自觉地参与到思想政治理论课的教育教学活动中来，通过专题理论辩论、学术论文撰写等活动来养成理论思维习惯，来提高探究辩论能力和学术研究能力。应该说，高校思想政治理论课能否培养起大学生的批判性思维习惯，形成一定的理论思维能力，是高校思想政治理论课自身理论性的最重要标志。

3. 高校思想政治理论课“理论性”方面存在的问题

在高校思想政治理论课的教育教学中，从其“理论性”来看，有三种状况值得特别关注：其一，在课程设置上，由于课程设置过分综合，课程对象宏大宽泛，课程的“理论性”被全面弱化，高校思想政治理论课难以具备必要的理论深度。它主要表现在，课程设置显得过分综合，课程对象过于宏大宽泛，使得课程缺乏独特的学科特色和专门的学科支撑；教材编写过分强调对当下现实的描述，甚至成为时事政策汇编。这样的课程和教材自然缺乏足够的理论深度。解决这个问题的基本思路是按哲学社会科学基础学科设置思想政治理论课课程体系，按思想理论课和政治理论课两类课程分开设置课程。当然，这样分开设课之后，要特别注意思想理论课中对政治立场和政治责任的培养；相应的，在政治理论课中对思想高度和思想境界的培养。即是说，思想理论课要具有政治性的课程性质，政治理论课要具有思想性的课程性质。其二，在教学内容上，高校思想政治理论课与一般的形势与政策、时事政治教育严重重复，与一般的日常思想政治工作难以区别，由此高校思想政治理论课缺乏必要的理论深度。在当下的思想政治教育中，存在着教育同质化的倾向，即在思想政治教育中，包括在高校思想政治理论教育教学中，存在着将中小学生、已经进入社会生活的成年人和在校青年大学生视为无差别的教育对象来进行思想政治理论教育的情况，由此带来了思想政治教育内容、教育价值追求的同质化，这也因此而使高校思想政治理论教育教学失去了必要的理论深度。大学生之所以难以对高校思想政治理论课产生兴趣，高校思想政治理论课难以实现自身与一般的形势与政策、时事政治教育相区别的特殊价值，一个重要原因就是因为教育同质化而带来的高校思想政治理论课自身的理论性的深度缺乏，从而与中学思想政治理论课的无差别性；自身理论内容的缺乏，从而与一般意义上的形势与政策、时事政治教育的无差别性。学生在中学思想政治理论课那里，在一般意义上的形势与政策、时事政治教育那里，已经获得了高校思想政治理论课的教学内容，学生自然就难以对高校思想政治理论课产生兴趣了。这一点也与学生对高校思想政治理论课要有趣味、要有美感的要求是一致的。学生要求课堂教学要有趣味性，要具有美的感染力是合理的，然而，对于一个接受高等教育的大学生而言，须知真正的至趣是思辨思想之趣，真正的大美是灵魂震撼之美，思想政治理论课要想在思想上真正影响和感染已经初步具有独立思考能力的大学生，就应该在理论上下工夫，以理服人，让理论来抓住学生。生活之树常青，理论之花最美。其三，在教学过程中，过分强调教育教学内容的统一性、教育教学方式的“灌输性”，忽视了学生主动学习的积极性，忽视了对学生“理之论之”的理论思辨能力的训练与培养。其实，加强高校思想政治理论课的“理论性”的一个重要内容就是充分调动大学生理论思维的积极性，“以理想之”，让学生真正理解马克思主义理论的科学内涵，了解人类思想政治生活的本质与规律。

高校思想政治理论课课程目标探微[①]

刘 芳 赵若希

【摘要】课程目标研究的一般理论是高校思想政治理论课课程目标确立的理论工具；思想政治理论课的教育教学现状是高校思想政治理论课课程目标确立的现实基础；党的方针政策则是高校思想政治理论课课程目标确立的政策依据。思想政治理论课课程目标是一个具有丰富内容的目标体系，它包括三个目标层次：思想政治教育的基础理论层次目标；与现实生活密切相关的思想政治理论教育层次目标；大学生思想政治理论思维能力层次目标。

【关键词】高校思想政治理论课 课程目标 思想政治理论教育

作者简介：刘芳，1962年生，女，博士，西南财经大学马克思主义学院副院长、教授（成都，611130）；赵若希，1982年生，女，西南财经大学马克思主义学院2010级硕士研究生，校团委老师（成都，611130）。

关于课程目标的研究由来已久，且形成了不同的理论观点。不过，关于高校思想政治理论课课程目标的研究及其成果却并不多见，有必要对此问题进行研究。

一、“课程目标”研究的一般理论

目前学术界关于“课程目标”研究的一般理论主要体现在以下几个方面：

第一，关于“课程目标”的概念。有学者认为，“课程目标”概念很早就被提出来了。“1929年，国民政府教育部颁布的‘中小学暂行课程标准’中包括课程目标、时间分配、教材纲要、实施方法等主要内容。其中，课程目标成为课程文件的首要组成部分。这是我国使用课程目标概念的开始。”[②] 对于“课程目标”概念的理解，“目前尽管理论界也存有异议，但其基本观点还是比较一致的，即普遍认为，课程目标是在课程设计与开发过程中，课程本身要实现的具体要求，它期望一定阶段的学生在发展品德、智力、体质、素养等方面所达到的程度”[③]。关于“课程目标”概念的理解，还可以把“课程目标”概念放在与之相关的概念系列中来理解。有学者对“课程目

---

① 本文为作者主持的四川省教育厅2013年度思想政治教育研究课题“高校思想政治理论课课程目标研究”（项目编号：CJS13-009）的阶段性研究成果。

② 肖艳飞．我国课程目标研究的新进展［J］．中国科技信息，2012（2）．

③ 韩和鸣．课程目标问题探讨［J］．教育理论与实践，2006（1）．

标”及其相关概念作了比较，认为“课程目标”是一个承上启下的中位概念，“我们可以用下面的流程来更清楚地说明它们之间的关系：教育方针→教育目的→教育目标→培养目标→课程目标→教学目的（一学期或一学年）→教学目标（一单元或一课时）”①。也有学者认为，“课程目标是课程本身要实现的目标（或任务），是学校培养目标在教育教学过程中的具体化，以课程为载体，规定了人才培养的具体层次规格和质量目标。课程目标是学校全部教学内容和教育教学实践活动的直接目标”②。

第二，关于“课程目标”的价值取向。根据美国课程理论专家舒伯特的见解，可以将典型的课程目标取向归结为四种：“普遍性目标”取向、“行为性目标”取向、“生成性目标”取向和“表现性目标”取向。由“普遍性目标”取向和“行为性目标”取向发展到“生成性目标”取向，再发展到“表现性目标”取向，体现了在课程与教学中对人的主体价值和个性解放的不懈追求，反映了时代精神的发展方向。③

第三，关于“课程目标”的基本来源。研究者普遍认为学习者的需要、当代社会生活的需求和学科的发展是课程目标的基本来源。尽管不同的教育价值观对这三个来源的关系存在不同认识，而且除这三个来源外还可能有其他来源，但在这三个方面是课程目标的基本来源这一点上人们基本取得了共识。泰勒在《课程与教学的基本原理》（1949）中用一种折中的态度把学习者的需要、当代社会生活的需求、学科的发展并列为课程目标的三个来源。④

第四，关于“课程目标”确立的内在逻辑。有学者认为确定课程目标的基本环节大致包括确定教育目的、确定课程目标的基本来源、确定课程目标的基本取向等基本环节，在此基础上方能进一步获得内容明确而具体的课程目标体系。⑤

上述研究状况表明，学术界关于“课程目标”的研究主要是一般性研究，关于具体课程的课程目标的研究不多，尤其缺乏对思想政治理论课的课程目标的研究。不过，学者们关于“课程目标”的一般研究能为高校思想政治理论课课程目标的研究提供可借鉴的思路，这些研究所反映的课程教育的一般规律，也有助于高校思想政治理论课课程目标的研究。

二、思想政治理论课课程目标研究的必要性和重要性

党的十八大确立了“办人民满意的教育”的总体教育方针，并把“立德树人”作为学校教育的根本任务。高校思想政治理论课在贯彻党的教育方针、完成立德树人这一根本任务中占有举足轻重的地位。然而，在高校思想政治理论课教育教学的实践中，却存在着思想政治理论课教育教学目的比较抽象、标准比较笼统、高校思想政治理论课课程目标与高校思想政治教育目标等概念被混为一谈、高校思想政治理论课课程目标和日常思想政治教育目标也难以区分等问题。这些问题的存在，使得高校思想政治理论课教师、学生和高校思想政治理论课课程建设本身都无所适从，很不利于思想政

① 朱慧贤. 课程目标及其相关概念辨析［J］. 玉溪师范学院学报，2006（12）.

② 张波，李智锋，吴玉. 课程目标的理论与实践研究［J］. 中山大学学报论丛，2007（8）.

③ 张华. 论课程目标的确定［J］. 外国教育资料，2000（1）.

④ 张华. 论课程目标的确定［J］. 外国教育资料，2000（1）.

⑤ 王牧华，靳玉乐. 课程目标的生态主义解读［J］. 河北师范大学学报：教育科学版，2003（5）.

治理论课课程的发展与建设，以至于导致了思想政治理论课的错位现象，如把思想政治理论课的教学实践与大学生“三下乡”活动完全等同；导致了思想政治理论课的缺位现象，如忽略对大学生进行思想政治理论思维能力的训练；导致了思想政治理论课的不到位现象，如对大学生应有的思想政治理论深度和学术修养的培养不到位的现象。目前高校思想政治理论课的课程状况和高校思想政治理论课课程目标的欠清晰是联系在一起的。目标即目的和标准，如果课程的目标不明确、标准不具体，课程的教育教学质量是难以得到保证的。

因此，以教育科学的课程目标理论为理论工具，结合目前高校思想政治理论课的教育教学实际，从理论上阐述确立高校思想政治理论课课程目标的内在逻辑和应有内容，为高校思想政治理论课建设奠定坚实的理论基础，是当前高校思想政治理论课课程建设的当务之急。

高校思想政治理论课课程目标研究对促进高校思想政治理论课建设、推动高校思想政治理论课内涵发展、提高高校思想政治理论课教育教学质量具有直接的实际应用价值，具有重要的现实意义。这具体体现在以下三个方面：

第一，能有效推动高校思想政治理论课的课程建设。通过研究，明确掌握高校思想政治理论课课程目标确立的基础理论，澄清在高校思想政治理论课课程目标问题上的模糊认识，创新和确立科学的思想政治理论课课程目标体系。通过高校思想政治理论课课程目标的科学确立，促进思想政治理论课课程设置、教材编写、师资队伍建设、教学质量检查等教学环节的不断完善，推动思想政治理论课的科学发展。

第二，能帮助大学生增强学习思想政治理论课的积极性。帮助大学生准确把握思想政治理论课课程目标，建立起与大学生自身成长目标的科学联系，从而深入了解思想政治理论课课程学习的重要意义，增强学习的积极性和主动性。

第三，能激发高校思想政治理论课教师的工作热情。通过科学合理的高校思想政治理论课课程目标的确立，激励思想政治理论课教师投入满腔的热情和智慧，从而创造性地开展思想政治理论课课程教学，有效提升思想政治理论课的教育教学质量，增强教学的实效性。

三、高校思想政治理论课课程的目标体系

课程目标研究的一般理论是课程目标确立的理论工具，思想政治理论课的教育教学现状是课程目标确立的现实基础，党的方针政策则是课程目标确立的政策依据。

按照党的方针政策，运用课程目标研究的一般理论，结合思想政治理论课的教育教学现状，我们可以看到由三个层次目标构成的高校思想政治理论课课程目标体系，它们是：思想政治教育的基础理论层次目标；与现实生活密切相关的思想政治理论教育层次目标；大学生思想政治理论思维能力层次目标。

（1）关于思想政治教育的基础理论层次目标。从“课程目标”的基本来源理论可以看出，学科的发展是课程目标的基本来源。换句话说，高校思想政治理论课必须从与思想政治教育相关的哲学社会科学中去寻求理论营养，相应的，高校思想政治理论课的课程目标就在于要向大学生传授科学的世界观和方法论，构建大学生认识自然、

社会和人类自己的理论分析框架；要向大学生传递人类共同生活的基本的道德观念和价值准则。也就是说，高校思想政治理论课必须夯实思想政治教育的基础理论。它主要表现为“四个哲学社会科学”基础理论。第一，哲学。它主要包括哲学通论、马克思主义哲学、中国哲学史、西方哲学史、现代外国哲学、伦理学等（根据不同高校的具体情况进行选择和调整）。第二，政治学。它主要包括政治学理论与方法、政治制度、国际政治学等（根据不同高校的具体情况进行选择和调整）。第三，法学。它主要包括理论法学、部门法学的相关内容等（根据不同高校的具体情况进行选择和调整）。第四，历史学理论。它主要包括史学理论、中国近现代史等内容（根据不同高校的具体情况进行选择和调整）。

（2）关于与现实生活密切相关的思想政治理论教育层次目标。从“课程目标”的基本来源理论可以看出，当代社会生活的需求是课程目标的又一基本来源。从思想政治理论课来看，其思想性、政治性使得当代社会生活的需求成为高校思想政治理论课最重要的来源，因为高校思想政治理论课的开设目标，就是要培养与当代社会发展相适应的、中国特色社会主义建设事业所需要的合格建设者和可靠接班人。基于中国当代社会生活的需求，高校思想政治理论课必须把与现实生活密切相关的思想政治理论教育作为自己的课程目标，这个目标可简称为“一个系统”和“三个开展”。“一个系统”即高校思想政治理论课必须对大学生进行系统的马克思列宁主义、毛泽东思想和中国特色社会主义理论体系教育，帮助学生掌握马克思主义的基本立场、观点和方法，掌握中国特色社会主义理论的科学体系和基本观点，指导学生运用马克思主义的世界观和方法论去认识和分析问题。“三个开展”是指，第一，开展马克思主义世界观、人生观、价值观、道德观、法治观教育，引导学生树立高尚的理想情操和养成良好的道德品质，树立体现中华民族优秀传统和时代精神的价值标准和行为规范；第二，开展中国近现代史教育，帮助学生了解国史、国情，深刻领会历史和人民是怎样选择了马克思主义、选择了中国共产党、选择了社会主义道路；第三，开展党的路线、方针和政策教育，帮助学生正确认识国内外形势的变化发展，与时俱进地跟上时代步伐，在创新思维的引领下，成为社会未来发展的栋梁。

（3）关于大学生思想政治理论思维能力层次目标。从“课程目标”的基本来源理论还可以看出，学习者的需要是课程目标形成的直接来源。任何课程，如果不与学习者的需要相联系，不能满足学习者生存和发展的需要，课程教学就成为教育者的一厢情愿，教育教学的有效性便是空谈。面对变化多端的国际形势、日新月异的社会变化和多样化的人生价值追求，高校思想政治理论课一定要把培养、提升大学生思想政治理论思维能力作为自己的课程目标，这个目标可以概括为“三个引导与三种能力的培养”：第一，引导大学生正确认识当今世界错综复杂的形势，培养大学生把握国际局势的发展变化和人类社会的发展趋势的能力；第二，引导大学生正确认识国情和中国特色社会主义建设的客观规律，增强在中国共产党领导下全面建设小康社会、加快推进社会主义现代化的自觉性和坚定性，培养大学生科学把握中国当代社会进步节奏，有效推动民族振兴、国家富强、人民幸福的能力；第三，引导大学生正确认识自己肩负的历史使命，正确认识自我成才的必要条件，正确认识自我实现的客观规律，培养大学生自我教育、自我管理、德智体美全面发展的能力。

上述关于高校思想政治理论课课程目标的探微，是把高校思想政治理论课作为一个整体来进行研究的，它关注的是高校思想政治理论课的总体目标。但是高校思想政治理论课不是一门课，而是一个课程系列，包含了多门课程。从这个角度考虑，高校思想政治理论课课程目标又是以具体的单门课程为载体的，存在于、体现在思想政治理论课的各门课程中，因而，高校思想政治理论课的各门课程具有自己独特的课程目的和课程标准。如何以单门课程为载体，通过课程目的和课程标准来体现思想政治理论课三个层次的课程目标，并形成各门课程自己的课程目标，则是需要我们进一步探索的课题。

加强高校传统文化教育体系建设势在必行

辜堪生

【摘要】高校大学生优秀传统文化传承教育的现状令人担忧。所存在的问题主要体现在：①学生对传统文化的认知匮乏；对优秀传统伦理道德的践行缺失；对民族传统节日日趋淡漠，对西方文化节日趋之若鹜；对传统文化经典既无兴趣更不阅读，热衷于上网、游戏、“翻墙”。②师资力量缺乏，教师专业素质不高。③课程体系设置不合理，教材建设滞后。

加强和完善高校优秀传统文化教育体系建设势在必行：①在有条件的院校可成立“人文学院”，对所有新生进行为期一年的人文素质教育，第二年再进行各专业院系学习。②大力加强中国传统文化课程师资力量配置和专业培训。③加强优秀传统文化课程体系和相应教材建设。④创新传统文化课程教学范式。

【关键词】财经院校　传统文化　教育体系建设

作者简介：辜堪生，1949 年生，男，西南财经大学马克思主义学院教授、博士生导师（成都，611130）。

一、加强和完善高校优秀传统文化教育体系建设的重要意义

当今世界，文化作为一种软实力，在综合国力的竞争中占据了越来越重要的地位。党的十七届六中全会于 2011 年 10 月 15 日至 18 日在北京召开，全会审议通过的《中共中央关于深化文化体制改革、推动社会主义文化大发展大繁荣若干重大问题的决定》，从政治和全局的高度对新形势下加强文化建设工作做出了战略部署，指出：“文化是民族的血脉，是人民的精神家园”，要在全民族建立起“文化自觉”与“文化自信”，增强我国文化软实力。

我国社会主义文化的大发展大繁荣，既要借鉴、吸纳世界先进文化的精粹，更要立足于本民族优秀传统文化的根基。随着我国经济建设的迅速发展，中华民族优秀传统文化也在全球得到瞩目。1988 年初，75 位诺贝尔奖得主在巴黎集会，发表了宣言，其中讲道：“人类要在 21 世纪生存下去，就要从孔子那里寻找智慧。”然而，正当“国学热”在世界各国方兴未艾之际，我国大学生却对西方文化趋之若鹜，良莠不辨，而对中华民族几千年的优秀传统文化却缺少认知、认同，更谈不上自觉、自信。这与当今世界兴起的“孔子热”、“汉语热”形成鲜明对照。

在社会主义文化大发展大繁荣中，高校责无旁贷地承担着繁荣文化、培育人才的

重要任务。和综合性大学相比，我国财经类院校学科比较单一，在对传统文化的传承和教育上，就显得更加薄弱和不足。

二、高校大学生优秀传统文化传承教育的现状令人担忧

通过对省内几所高校的调查，当前高校在传统文化教育上存在的问题主要体现为：

（一）学生方面

1. 对传统文化的认知匮乏

为了实现就业、考研、出国留学等功利性目标，高校大学生（尤其是理工类大学和财经类大学）很偏重对本专业课程以及对外语、数学（建模）的学习，而对历史、文化、政治、哲学、科技等课程很不“感冒”，“逃课”成为较普遍现象。许多学生对我国五千年悠久历史文化的知识一片茫然，不少学生对先秦诸子“百家争鸣”一点不了解；对儒、释、道也仅知其皮毛，对其精神实质基本无法把握，甚至分不清“天行健，君子以自强不息”与“无为而无不为”分属哪一家的思想。这种情况在高中阶段是理科生的大学生中尤为明显。

2. 对优秀传统伦理道德的践行缺失

中华民族自尧、舜时代即重“孝”，“百善孝为先”妇孺皆知。然而，对上千名大学生的调查结果显示，有56.7%的学生根本不知道自己父母的生日；近80%的学生与父母的主要联系方式是打电话，且其主要动机是要钱；有22%的学生从来没有或很少想到在佳节之际主动打电话问候父母……

中国以“礼仪之邦”著称于世，“尊老爱幼”、“助人为乐”、“勤俭节约”等传统美德在部分大学生中已十分淡漠。另外，“尊师重教”的传统美德观念在当代大学生中也日趋模糊，上课迟到不请示、边吃早餐边进教室、上课不起立向老师问好、下课不起立向老师道再见以及校园内遇见老师不打招呼等，并非个别现象。

3. 对民族传统节日日趋淡漠，对西方节日趋之若鹜

调查表明，近70%的大学生热衷于圣诞节、情人节等西方节日，而且舍得花钱、花时间过节；而对“端午节”、“中秋节”、“七夕节”、“重阳节”等传统节日不感兴趣，认为“老土”，不如西方节日“时髦”。

4. 业余时间热衷于玩电脑

约75%的学生在业余时间对传统文化经典既无兴趣更不阅读，而是热衷于上网、游戏、“翻墙”……

（二）教师方面

中国传统文化博大精深，这要求相应的任课教师应具备很高的专业素养。但不少高校课程组教师大都系“80后”青年教师，尽管不少教师具有博士研究生学历，但其所学专业大都非“传统文化”专业（多为“历史”、“文学”、“哲学”、“宗教”、“美学”等专业），而且，这些年轻教师由于科研和教学压力，基本无时间进行传统文化的系统培训，大都只能“偏科”式教学，甚至对个别学生的问题无法回答。这对于教学效果的保证和学生相关兴趣的激发均产生了较为不利的影响。

（三）课程体系设置及教材建设方面

调查发现，或因师资缺乏，或因校领导不重视，不少院校并未开出传统文化类课程。在一些院校，即使开出了中国传统文化概论的核心课程，在其他传统文化配套课

程方面往往也只能因人设课，课程体系设置不系统、不合理，教材建设也相对滞后，有些课程甚至无教材可用。

三、加强和完善高校优秀传统文化教育体系建设的具体建议

针对当前高校大学生优秀传统文化传承的上述现状，结合我们在这方面的理论与实践探索，提出如下建议：

（1）在有条件的院校可成立“人文学院”，对所有大学新生进行为期一年的人文素质教育，第二年再进行各院系专业学习。此举可淡化学生过分的专业意识和急功近利的学习目的。

（2）大力加强中国传统文化课程师资力量配置和专业培训。教育部应组织全国性的专业教师骨干力量培训班；各高校应给出编制，抽调师资力量组成“中国传统文化”教研室，进行集体备课，对教师进行集体培训，培训专家及学者可在全国或当地聘请。此外，各高校应充分利用本地师资等资源聘请兼职教师，且将这一方式常态化、制度化。

（3）加强“优秀传统文化课程体系”和相应教材建设。目前，各高校的传统文化课程体系设置及使用的教材五花八门，教育部可组织专家针对不同类型院校制定出相关指导性意见，并组织专家编写相应教材。各高校可根据自身条件创造性执行，以搞好本校“优秀传统文化课程体系”和相应教材建设。

（4）创新传统文化课程教学范式。“文化”不仅体现为具体知识，更体现为行为习惯、生活方式和价值取向。我校作为教育部首批“文化素质教育建设基地”，在加强大学生文化素质教育、传承优秀传统文化上起步相对早一些，积累了一定的经验，尤其在传统文化课程的教学范式上作了多年探索，取得了较好效果，有一定推广价值。具体如下：

①“参与式”教学模式，变“我听讲”为“听我讲”。

具体做法是：除教师讲授外，任课教师精心设置联系现实的一些文化现象或问题让学生参与探讨。把每个班分为若干小组，每个小组探讨其中一个问题，并在课堂上向全班同学作演讲并回答同学们的提问，依此评定成绩等级（优、良、中、及格、不及格）；或由两个小组就一个辩题展开课堂辩论，接受其他同学提问和选出优胜方。

②“大班讲学”、“小班讨论”，变聘请专家讲学“随意化”为“常态化”。

具体做法是：每学期聘请一些知名专家、学者作专题讲授，把全校上该门课的同学集中成一个“大班”去听课，然后由任课教师组织各“小班”讨论（此形式对教师也是一次很好的培训、提高）。

③“行为式”教学模式，变“学文化知识”为“学行为习惯”。

对中国传统文化概论课，要求学生值日，在第一节课上课时呼“起立”，向老师问好；最后一节课呼“起立”，向老师道再见；迟到同学必须请示老师，得到允许后方能入座；课堂上不能吃东西、喝饮料；开学第一周即给学生布置亲笔向父母亲“写家书”感恩的作业，并根据往返家信打出平时成绩（事实证明，不少学生的父母亲对这一做法给予了充分肯定并深表感谢）。

④“一页纸”开卷考试模式，变“非法夹带”为“合法夹带”。

考试仅是促使学生学习的手段而非目的。所谓“一页纸”模式，即学生可以事先

通过复习，将重点知识归纳写在一页纸上，且只能手写不能打印。考试时将此“一页纸”带进考场帮助答题。“一页纸”模式是又一次促进学生全面学习的好办法，可改变“昨日背，今日考，明日忘”的传统考试方式效果不佳的状况。

文化不是写在书上、藏在图书馆里的。文化是通过人来传承的。青年是民族的未来，大学生更是继承和传播中华民族优秀传统文化的有生力量。如何进一步加强和完善高校优秀传统文化教育体系建设，切实提升高校大学生优秀传统文化教育的实效性，增强大学生对中华民族五千年悠久历史文明的“文化自觉”、“文化自信”，做一个优秀传统文化的自觉继承人、传播人和社会主义先进文化的建设者，是传承中华民族优秀传统文化的有效举措。

马克思主义理论协作教学新探

查少刚

【摘要】协作教学作为一种教学理念和方式，对于提升马克思主义理论教学质量具有重要意义。开展马克思主义理论协作教学，必须转换教师与学生的角色认知与定位。马克思主义理论教学活动应是一种团队协作活动，教师与学生都是团队成员，他们为达成教学目的扮演着不同的角色，发挥着不同的作用，师生之间应该是一种平等的伙伴关系。因此，协作教学既要在教师之间展开，更要在教师与学生之间以及学生与学生之间展开。

【关键词】马克思主义理论教学　协作教学　学习共同体

作者简介：查少刚，1970年生，男，博士，西南财经大学马克思主义学院副教授（成都，611130）。

协作教学作为一种新的教学理念和模式，自从20世纪60年代初被提出以后，逐渐受到了普遍重视。初期的协作教学主要是针对教师而言的，要求在教学中组建教师团队，共享教学资源，共同设计教学，展开教学协作。这对于有针对性地开展教学活动，提高课堂教学质量是有积极意义的。就马克思主义理论教学而言，由于过去长期以来，马克思主义理论没有成为一门独立的学科，因而对马克思主义理论的教学和研究往往是分科进行的。相应的，教师的专业知识背景也有这个特点。“05方案”对高校思想政治理论课课程设置方面做了较大调整。以“原理”课为例，为适应这种变化，在实际教学中比较普遍地存在两种做法：一是“包揽式”教学，即把以前具有哲学学科背景或政治经济学学科背景的教师“平移”到“原理”课教学中来，由他们独自完成“原理”课的教学工作。二是进行“分段式”教学，即由不同学科背景的教师共同实施教学，各自完成相应部分章节的教学任务。对“包揽式”教学而言，由于受教师知识结构的局限，可能很难将自身学科背景以外的部分讲深、讲透。“分段式”教学似乎可以弥补这个缺陷，但教师之间有可能出现只有分工而缺少合作的情况，从而给学生一个不系统、不完整的马克思主义理论。因此，不管采用哪种方式教学，教师之间的协作都是不可缺少的。

在实践中，这种教师之间的协作已经广泛开展起来，比如，把哲学、政治经济学、科学社会主义等不同学科知识背景的教师组织在一起，集体协作备课，做到优势互补，实现协同效应。其主要任务一是对教学方法进行研究，协作设计和研讨教学案例。二是研究教材体系和内容，对所讲授的内容进行筛选、排序及衔接、照应等，对每部分所占比例、课时等进行讨论、协商、分配，进而提出每一章节的教学要点、教学重点、教学难点等并进行解析。但总体而言，这种协作还只是在教师之间展开的，而且多数还只局限于课前准备阶段，这种协作只能说是协作教学的基础性工作。

笔者认为，在我国现阶段，在同一个课堂上由几位教师协作进行教学，尚不现实；而时代发展到今天，教育环境、教育理论、教育手段与媒介等都有了长足的发展。新形势、新情况的不断涌现，要求赋予协作教学理念新的含义，在实践中创新协作教学的方式方法。

一、协作教学的认识论基础

协作教学作为一种教学理念和方式，是建立在一定的认识论基础之上的，即现代教育理论关于教师与学生在教学活动中的新角色认知与定位的基础之上的。现代教育理论认为，教师并不只是知识的传授者、教学活动的施动者和主导者，学生也不只是被动的知识接受者、教学活动的受动者。教师与学生都是教学活动不可缺少的参与者，他们之间不只是传授与接受的师生关系，而且应该是平等的伙伴关系。这种平等的伙伴关系主要表现在：首先，教师与学生在实现教学目的上是平等的。尽管教师与学生在知识掌握层面上所处的地位不同，但整个教学活动始终是围绕教学目的进行的，不论是老师还是学生，在教学活动中都必须着眼于教学目的的实现，换句话说，在实现教学目的方面，教师与学生具有同等重要的地位。其次，教师与学生在教学活动的参与度上是平等的。教学活动从来都不是教师或学生单方面可以完成的活动，没有教师的参与或者没有学生的参与，教学活动就无从谈起。最后，教师与学生在对教学效果的影响上是平等的。教学活动不仅仅是师生之间互动的过程，更是一个联动的过程。教师对教学效果的影响固然很大，但学生对教学效果同样具有巨大的影响，不难设想没有学生主动参与的课堂教学会有什么效果。教师应与学生充分沟通，让他们了解教学的实质性特征，重视自己在教学活动中的重要地位和作用，充分表达对教学的态度与看法。

既然教师与学生之间是一种团队合作的伙伴关系，那么，教学活动自然就是一种团队协作活动。从现代管理学的角度看，团队活动的特点就在于在共同目标的指引下，团队成员之间既有分工又有协作。在教学活动中，教师和学生都是团队的成员，他们为达成教学目的扮演着不同的角色，发挥着不同的作用。因此，协作教学就需要所有团队成员分工合作，协同努力，共同完成教学任务。

二、马克思主义理论协作教学的基本要求

构建马克思主义理论协作教学课堂，就是要实现“教师独奏”向“师生合奏”转变、要实现学生个体学习向共同体学习转变、要实现师生互动向师生联动转变、要实现“教学授—受”向“探究学习”转变。

第一，要实现“教师独奏”向“师生合奏”转变。传统的马克思主义理论教学主要以教师讲授为重点，甚至“满堂灌”的现象也不少见。教师只是在“独奏”，学生只是听众，并没有参与到“演奏”中来，他们只是被动地听，至于有没有听或者听没听懂，成了课堂教学以外的事情。这种授课方式只实现了信息的单向流动，不能达成师生间的有效交流。实现“教师独奏”向“师生合奏”转变，就是要转变学生的角色

定位，他们不光是听众，更是演奏者，要充分调动学生的积极性，让他们主动参与到教学活动中来，甚至要让他们切实感受到自己的参与对于完成教学任务和实现教学目的的贡献。当然，在师生合奏之中，教师应是“首席”或者是“指挥”，要在其中发挥主导性的作用，加强指挥、协调和控制。

第二，要实现学生个体学习向共同体学习转变。一直以来，大多数人认为学习只是个人的事情，个体学习是加强学习的一种重要方式。但个体学习也存在一些弊端，比如耗费时间、效率不高等问题。构建马克思主义理论协作教学课堂，要求学生组成学习团队，形成学习共同体。一个学习共同体中的所有成员都面临着同样的学习任务和目标，由于个体差异，共同体成员之间可以通过优势互补、互帮互助，实现协同效应；同时，在共同体内部，成员之间可以针对学习中的一些问题进行共同探讨，进行更加顺畅和充分的交流。显然，这对于提高学习效率和学习效果是很有帮助的。

第三，要实现师生互动向师生联动转变。强调师生互动已成为近年来马克思主义理论教学的热点话题，不少教师在这方面做了很多有益的探索。比如，越来越多的教师把“提问”引入到课堂教学之中，这对于吸引学生的注意力、促使学生思考等方面是大有裨益的，也能够在一定程度上吸引学生参与到教学活动之中。师生互动显然比“满堂灌”的方式好得多。但是，笔者认为，课堂教学不只是教师与学生之间双边互动的关系。强调师生双边互动关系，教师与学生一问一答，实质上信息只是在单一渠道上流动，可以认为这种信息流动是信息的纵向流动。事实上，在马克思主义理论课堂教学中，信息除了在师生之间纵向流动以外，还存在着在学生之间横向流动的方面。教师与学生之间不只是双边关系，而且应该是多边关系；教师与学生之间不只是互动关系，更是联动关系。

第四，实现“教学授—受”向“探究学习”转变。传统的马克思主义理论教学的基本过程往往是教师讲授、学生接受的过程。在这个过程中，教师讲什么，学生听什么。很多情况下，教师只是把结论直接告诉学生，学生直接接受那些结论，似乎教学活动就完成了。这样一来，出现理论与实际脱节的现象就不足为奇了，因为在这个过程中，学生并没有充分发挥主观能动性，且不需要发挥，也没有发挥的空间，他们只是消极被动地接受了理论结论，只是囫囵吞枣，并没有理解消化，当然就更谈不上联系实际加以运用了。教师与学生之间的“授—受”过程，忽略了学生的积极性，压制了学生的创造性，必然导致只知其然而不知其所以然的结果，这对于培养人才是不利的。构建协作教学课堂，必须改变这种状况，要将“授—受”的过程转变为学生“探究学习”的过程。要求学生在教学过程中，不能只充当被动消极的听者，还必须融入教学过程之中，围绕特定的问题，以团队合作的方式，采用各种方法，自主进行探索、研究，要从理论逻辑和历史逻辑辩证统一的角度搞清楚特定问题的历史发展、现实状况和发展趋势及其相互之间的关系。学生的探究学习，必须强调问题意识，坚持问题导向，因为只有发现问题、提出问题，才谈得上分析问题、解决问题。一方面，教师可以帮助学生引导他们提出相关的问题；另一方面，更重要的是，教师要帮助学生提高提出问题的能力。在此基础上，引导学生设计相应的研究方法，帮助他们展开深入探索和研究。

三、马克思主义理论协作教学的基本环节

构建马克思主义理论协作教学课堂，在实践上是一件非常复杂的事情，其实施过程大致可分为三个环节。

1. 课前的准备环节

课前的准备工作是构建马克思主义理论协作教学课堂的基础，丝毫不能马虎。课前准备工作主要包括以下三个方面：

第一，组建学生学习共同体。应根据学生总人数的多少确定学习共同体的数量。一般而言，考虑到教学的组织问题，一个班的学习共同体数量在3~6个之间比较合适，每个共同体成员以8~10个为宜。学习共同体的组建可以采用学生自愿组合的方式，也可以教师随机分派组建。每一个学习共同体应由教师指定或由成员选定一位负责人，由他具体组织和协调本共同体成员的学习活动。这种学习共同体在整个马克思主义理论教学中应是一种常态性的存在，每个共同体的成员在上课时要尽可能坐在一块。

第二，确定协作内容。教师在课前要将每节课需要学生协作的内容设计出来。教师在课堂上要给学生留下相应的时间和空间，给他们搭建参与教学活动的平台。由马克思主义理论课的内容和性质决定，课堂上涉及的问题大多比较抽象，与其他专业课程相比，教师与学生协作解决的问题往往不是技能性的或应用性的，多数时候，并不能像专业课教学那样，针对某个具体问题，由教师和学生一起寻求解决方案。马克思主义理论教学的思想性和理论性更强一些，在课堂上开展协作活动，实际上就是要求教师把一部分工作交给学生去做，让他们协助教师完成教学任务。这就涉及两方面的问题，一是对理论本身的阐释，二是对理论的运用。教师不能直接把所有结论都交给学生，而应该让学生自己去努力弄清楚理论的内涵、背景和逻辑等方面的问题，从而与教师展开协作，以帮助教师完成教学任务。在课堂教学中，哪些内容需要学生与教师协作进行、哪些内容需要学生学习共同体协作完成，这是在上课之前就应该设计好的。

第三，讲解协作规则。一般来说，这项工作是在学期之初的第一节课上就要做好的。规则非常重要，教师在课前应精心设计，内容主要体现在两个方面：一是协作的流程，要让每一个学生都清楚地知道协作教学的基本程序以及学生学习共同体成员之间该怎么协作。协作流程的设计应特别强调可操作性，可以让学生参与进来，充分听取他们的意见和建议，进行动态调整。二是协作的规章，包括考核的方式方法、评分的细则等。规章的设计尤其要注意防范道德风险，防止学生“免费搭车”的现象。

2. 协作教学的实施环节

实施环节是构建马克思主义理论协作教学课堂的关键环节。协作教学的实施大致可以从两个层面展开：一是学生之间的协作，即学生学习共同体内部的协作；二是学生与教师的协作。对于马克思主义的一些基本原理的阐释和理解，包括内涵、背景和逻辑等方面的问题，由于课堂上的时间和研究条件有限，应主要放在课外进行。但是，这并不意味着在课堂上学生之间就没有协作活动。事实上，教师可以设计出若干种需要学生共同协作完成的任务。比如，在教师讲解一些基本原理的过程中，往往需要给出相应的例子加以印证或说明。这就可以适度地把举例子的事情教给学生完成。要求学习共同体内部的每个学生都要举出一个例子，并加以简单说明，与其他成员充分交

流，在此基础上，选出一个最恰当的例子在全班讲。学习共同体内部的协作活动比较常见的表现形式就是讨论。在课堂教学中，教师与学生之间的协作活动是主体，学生之间的协作活动只是一种补充，但这种补充不是可有可无的。从宽泛的意义上讲，学生之间的协作活动，是师生之间协作活动的基础。如果没有学生之间的协作，那么师生之间的协作就变成了双边活动，其教学效果会受到影响。讨论式教学体现的就是教师与学生之间的协作，而讨论本身又是学生之间的协作，所以，师生之间的协作与学生之间的协作是不可分割的。

在协作教学实施过程中，教师发挥着关键性的作用。一是教师要加强控制，主要包括以下内容：其一是控制协作的内容。比如讨论，要求学生必须紧紧围绕讨论题目，不偏题，不跑题。这项工作应充分发挥每个学习共同体负责人的作用。其二是控制节奏。由于课堂教学时间有限，因此，每一项协作活动都必须严格按照事先规划的时间进行，教师要适度地提醒学生把握时间，争取按时完成协作任务。二是教师应引导学生将整个协作教学活动持续地进行下去。整个协作教学过程中，应充分发挥教师的主导作用和学生的主体作用，以培养学生协作学习能力为重点，以提高教学实效性为落脚点，注意收集学生的反馈信息，加强协调与控制。

3. 学习成果的展示与点评环节

学生之间协作学习是为了完成相应的学习任务，师生之间协作教学是为了完成相应的教学任务，学习任务与教学任务是有机统一的。在协作教学过程中，应重视学习成果的展示。这既是对学生学习过程的一个检验，也有利于学生增强竞争意识和集体荣誉感。更重要的是，通过展示，学生能够在其中获得巨大的成就感，对他们的学习活动具有重大的激励作用。

课堂教学中临时性的或小型的学生协作学习成果展示，可以融入教学过程之中进行。专题式的协作学习成果的展示，可以从以下几方面进行：

一是学习共同体内部成员之间的展示。共同体所有成员面对同样的学习任务，但往往需要分工合作。也就是说，每一个成员所承担的子任务及其学习过程是有着独特性的，这就需要每一个成员在共同体内部向其他成员展示自己的学习过程及结果。只有在此基础上，所有成员才能实现相互交流、相互借鉴、相互帮助，共同协作完成共同体的学习任务。

二是学习共同体之间的展示。不同的学习共同体虽然可能面对相同的学习任务，但其学习方法、查阅资料的范围和种类以及学习分工等很多方面可能会有不同，因此，学习共同体之间的交流和展示也是不可缺少的。由于各学习共同体之间有一定的竞争关系，所以通常情况下，共同体之间的交流与展示可能会有一些障碍，教师应鼓励各学习共同体之间进行适度交流与展示。

三是班级展示。学生学习共同体内部及其之间的展示与交流是为更好地完成学生的学习任务服务的，其协作学习的最终成果应该在班级上进行展示。班级展示也应该是分工合作的，共同体的所有成员都应该上台参与到展示的过程之中。展示的内容主要是学生协作学习的基本过程及其结论，包括他们协作学习的基本理念、分工情况、探究方法及过程、学习心得、交流情况、读书笔记等。教师可以专门安排时间让各学习共同体集中在课堂上展示，也可以分散安排在若干次课堂教学之中进行。在全班展示的过程，实际上也是重温协作学习的过程。通过展示，各共同体之间也可以相互启发、相互学习、共同提高。

在班级展示这个环节，点评是非常重要的。点评也应该让学生参与进来，让其他学生根据某一个学习共同体的展示向他们提出问题或建议，这样既可以增加同学们的兴趣，促进他们认真倾听，仔细思考，又可以增进学生间的交流，进一步提升教学效果。教师的点评具有特殊的意义。教师的点评要精练，重在鼓励，既要充分肯定学生的学习过程和成果，也要有针对性地提出中肯的建议。

增强高校思想政治理论课实效性的思考

张　丽

【摘要】高校思想政治理论课是对大学生进行思想政治教育的主渠道和主阵地，其实效性对于大学生思想政治教育举足轻重。如何增强思想政治理论课的实效性，是亟待解决的重要课题。本文认为，必须在转变教育理念、优化教学内容、创新教学方法和手段、重视实践教学和提高教师素质等方面下工夫。

【关键词】思想政治理论课　实效性　教育理念　教学内容　教学方法和手段　实践教学　教师素质

作者简介：张丽，1965 年生，女，西南财经大学马克思主义学院副教授（成都，611130）。

高校思想政治理论课是对大学生进行思想政治教育的主渠道和主阵地，其实效性对于大学生思想政治教育举足轻重。如何增强思想政治理论课的实效性，使它既体现时代性、富于创造性，又符合大学生成长成才的规律性，成为大学生真心喜爱、终生受益的优秀课程，是高校思想政治理论课教师亟待解决的重要课题，本文将就此作些探讨。

一、树立“以学生为本”的现代教育理念

提高思想政治理论课教学实效性的前提，就是要以转变教育理念为先导，牢固树立“以学生为本，学生为主体、教师为主导”的现代教育理念，充分发挥学生的主体作用和教师的主导作用，使学生在教师的人文关怀和指导下不断提高思想政治素质和理论水平。充分发挥学生的主体作用，就是要在教学中确立学生的主体地位，调动学生学习的积极性、主动性、参与性，逐步实现由以教师为中心向以学生为中心转变，由学生被动接受向主动探求转变，由以强调学科专业系统性、理论性向讲求针对性、实效性转变；在教学中建立民主、平等、和谐的师生关系，让每个学生都有机会表达自己的思想观点和获得独立思考的空间，让学生在主动参与过程中获得自我教育和提升，在平等交流中追求真理，在对社会现实的思考中选择真知，形成以学生为主体的教学模式。充分发挥教师的主导作用，就是把满足学生的学习要求并促进其全面发展作为教学目的，教学内容和教学方法要适应学生的特点和发展要求，以学生本位标准反思和评价教学效果。既要坚持教育、引导和激励学生，坚持从学生关心的热点难点问题入手，帮助学生辨别是非，释疑解惑，真正体现思想政治理论课在解决现实问题、

社会问题、思想问题等方面的优势和特点，同时也要尊重学生的个体差异，区别不同专业、不同年级，进行有针对性的教学，增强教学的针对性和实效性。

二、优化教学内容

当今世界的政治、经济、文化和科技等领域出现了一系列新变化，我国经济社会的深刻变化也带来了一系列新问题，同时大学生的思想也带有明显的时代特点，这就要求思想政治理论课必须与时俱进，优化教学内容。一方面，思想政治理论课教材应创新内容，及时吸收理论和实践发展的最新成果，充分反映当代中国马克思主义发展的最新理论成果、中国特色社会主义建设生动实践和有针对性地回答大学生关心的重大理论问题和现实问题的内容。另一方面，在课堂教学上，教师要注重教学内容的更新和充实。教师不能仅从教材的理论体系和概念出发进行教学，必须注重理论创新，贴近时代要求，及时更新教学内容，使学生感受到马克思主义理论的时代性和生命力，认识到马克思主义理论与时俱进的意义所在。在教学内容中充分体现马克思主义中国化的最新理论成果，紧密结合国际局势和时代发展要求，紧密结合我国改革开放和现代化建设实际，紧密结合大学生思想实际，努力做到贴近现实、贴近生活、贴近学生思想实际，努力回答大学生普遍关心的热点、难点和深层次问题，通过入情入理的分析，让教学内容真正深入人心，真正解决大学生思想中存在的突出问题，起到答疑解惑和教育引导作用，不断提高思想政治理论课教学的吸引力，增强实效性。

同时，教学内容还要"精"。在课堂上，教师面面俱到的"满堂灌"往往难以突出主题，吸引学生注意力。教学内容的"精"，是指专题讲授，将一门课程中内容相近的章节或涉及几门课程相关内容的章节放在一起，作为一个专题讲授，在此基础上突出教学内容的重点、难点和学生关注的热点。这一要求应该贯穿整个教学过程。

三、创新教学方法和手段

根据大学生教育教学的规律和大学生的特点，积极探索符合本门课程内容特点又易于被大学生接受的教学方法和手段，是提高教学实效性的重要手段。

第一，教学方法多样化。教师要改变过去那种"满堂灌"的教学方法，把单向"注入式"教学引向师生双向交流的"互动式"教学。思想政治理论课教学应该是双向互动过程，教师是主导，学生是主体。学生的主体地位必须通过学生参与教学体现出来。教师首先要从思想认识上确立学生的主体地位，在教学中引导学生树立主体意识，让学生成为学习的主体，主动承担学习的责任。教师要认真探索、灵活运用启发式、参与式、问答式、探讨式、案例式等多种教学方式，用通俗易懂的语言、生动鲜活的事例、新颖活泼的形式，启发学生思考，增强教学效果。

第二，教学手段现代化。教师要充分运用多媒体和网络技术等现代化教学手段进行课堂教学。多媒体教学手段，具有汇集文字、图片、音频和视频于一体的形式特点，变革了传统思想政治理论课的教学方法。它借助文字、图片、音频、视频，将教学内容中涉及的事物、情景、过程全部再现于课堂，内容丰富多样、信息量大、形式生动、形象直观，增强了教学的直观性和形象性，能使学生对教材内容充分感知，能将抽象的概念、理论加以具体化、形象化，易于学生全面深刻地理解和掌握，同时也能激发学生的学习兴趣和积极性，增强教学的实效性。在进行多媒体教学时，一定要注意坚持以教育学生为中心，仍需发挥教师的主导作用，注重讲课艺术的运用，对所用的资料及其播放程序和次序非常熟悉，能熟练操作电脑，思路要清晰，语言要连贯，要利用目光和表情与学生进行交流，切忌把教师变成幻灯片放映员、电脑操作员或图片、音像资料解说员。

四、加强和规范实践教学

实践教学是相对于课堂教学的一种教学形式，是课堂理论教学以外借助其他教学手段和方法或由学生自主参与的一切教学形式。实践教学是高校思想政治理论课教学的重要环节，它对于提高教学的实效性起着重要作用。早在2005年，宣传部、教育部在《关于进一步加强和改进高等学校思想政治理论课的意见》中就曾特别指出：高等学校思想政治理论课所有课程都要加强实践环节，要通过形式多样的实践教学活动，提高学生思想政治素质和观察分析社会现象的能力，深化教育教学的效果。

加强实践教学是由思想政治理论课的教学目的决定的。思想政治理论课的首要目的就是帮助学生树立科学的世界观、人生观和价值观，培养用辩证唯物主义和历史唯物主义的基本观点分析和解决问题的能力。因此，思想政治理论课不仅要帮助学生掌握政治理论、人生修养等方面的理论知识，更重要的是帮助学生由对思想政治理论课的理论观点的认知转化为认同，由认同升华为信仰，再由信仰外化为行动，实现知、信、行的有机统一。要实现知、信、行的有机统一，一个重要的途径就是加强思想政治理论课的实践教学环节。在实践教学过程中，学生将课堂中学到的理论带进社会生活，通过对实践的观照，他们会将自己的切身感受融进对理论的印证、理解和消化之中，从而使理论由原先的抽象的文字变成内涵丰富的鲜活的精神；在实践教学过程中，学生直接感知社会主义现代化建设和改革开放的伟大成就，亲眼目睹家乡和祖国所发生的巨大变化，就会加深对马克思主义在当代中国的创新理论的科学性和真理性的认同，加深对理论在指导实践中所产生的巨大作用的价值认识，从而增强对马克思主义的信仰度；在实践教学过程中，学生带着理论问题走向社会，又带着实际问题回到课堂，以理论指导实践，以实践丰富理论，从而使自己的辩证思维能力得到锻炼，用马克思主义的立场、观点、方法分析和解决问题的能力也得到提高。

思想政治理论课的实践教学必须加强和规范化。必须建立和完善实践教学的长效保障机制，围绕教学目标，制定大纲，规定学时，提供必要经费；加强组织和管理，开展丰富多彩的实践教学活动，把实践教学与社会调查、志愿服务、公益活动、专业课实习等结合起来，建立和发展实践教学基地，促进实践教学制度化、规范化。同时，要重视对实践教学的考评。一要体现过程性原则。对实践课教学的考核不能只单纯注重考核结果，还要重视过程，这就要求在考核的时候将学生在实践教学中的活动表现作为一个重要标准来考虑，避免单靠一篇调查报告或论文来决定实践教学成绩的简单化做法。二要体现评价方式的多样性。在实践教学的考核评价中，评价主体不仅包括教师，也应包括学生。在实践环节完成之后，通过课堂展示与开展评奖活动，使学生广泛参与到对实践教学的评价中，促进学生之间相互交流和自我反思。

五、提高教师的综合素质

思想政治理论课教师的素质和水平，在某种程度上决定着思想政治理论课的实效性。因此，提高教师的素质和水平，对于增强思想政治理论课的实效性至关重要。

首先，提高教师的政治素质。扎实的马克思主义理论基础、坚定的马克思主义政治信念、正确的政治方向，是担当高校思想政治理论课教师的最基本的条件。思想政治理论课教育教学具有鲜明的意识形态性，思想政治理论课教师要能够有效地教育学生接受马克思主义理论，树立中国特色社会主义信念，树立正确的政治观和价值观，关键在于教师自身首先要有坚定的政治立场和科学的世界观，要对自身所教的理论“诚教之，笃信之，躬行之”。教师在政治信仰上应做到五信：一是坚定对马克思主义的信仰；二是坚定对社会主义的信念；三是坚定对中国共产党的信任；四是增强对改革开放和现代化建设的信心；五是教师对所讲内容信服。只有教师正确解决了政治信仰问题，才能讲得理直气壮，才能具有说服力、感染力，学生也才会在潜移默化中接受所讲内容并内化为自身的价值诉求。也就是说，教师只有真信才能做到真教，学生才会真学而获得真知。

其次，提高教师的教学水平和学术水平。思想政治理论课教师要具备扎实的理论功底、广博的知识结构、敏锐的政治触角、开阔的教学思路，把思想性、理论性和知识性有机结合起来，增强教学的吸引力和说服力。在当前多样化的社会环境中，一方面，社会不断从理论层面上给思想政治理论课教学提出新的课题；另一方面，学生的思想也日趋复杂和多样，对思想政治理论课教学的要求越来越高。这些都使得思想政治理论课教学和其他课程相比，有着特殊的难度和更高的要求。思想政治理论课教师不仅要具备体现时代性和创新性的先进的教育理念，而且要成为本学科的专家，在教学内容、教学环节、教学方法和教学手段等方面下工夫，提高教学水平。

马克思主义理论的强大说服力来源于其内在的科学性，思想政治理论课的实效性从根本上必须依靠“以理服人”来实现。在实际教学过程中，我们也明显感到，思想政治理论课教师的学术水平从根本上制约着教师的教学水平。因此，教师要提高教学水平，必须要提高自身的科研能力和素质，把科研和教学有机结合，以科研成果提高教学层次和丰富教学内容，以丰富的教学经验提升科研的层次和水平。要加强对思想政治理论课涉及的重大理论问题和实践问题的研究。只有对一些重大理论问题、热点问题、疑点问题进行了研究，有了深刻的认识，才能在较深的层次上回答学生的疑问，说服学生，增强理论的说服力。

最后，树立高尚的师德。思想政治理论课教师不仅是马克思主义理论知识的教育者和传播者，也是大学生思想智慧的启迪者、信念的塑造者、人格的影响者和道德的示范者。教师的理想信念、道德情操、人格魅力直接影响到学生思想政治素质的养成。当教师将自身高度的敬业精神、较高的学识水平和良好的师德形象展现在学生面前时，自然会得到学生的尊敬。所谓“身教胜于言教”，思想品格的影响就在这潜移默化中实现了。教师在教学过程中将这种魅力化的人格辐射出去，潜移默化地让大学生加强自己的道德修养，树立正确的世界观、人生观、价值观。

总之，如何增强思想政治理论课的实效性，是一个常论常新的课题，需要我们不断探索和勇于创新。随着探索的深入，思想政治理论课教学内容将更加优化，教学形式将更加多样，实践教学将更加丰富，所有这些也将极大地激发学生的学习兴趣。在大家的共同努力下，思想政治理论课一定会增强实效性，成为大学生真心喜爱、终生受益的优秀课程。

当代大学生应该树立正确的马克思主义观

张国祺

【摘要】用科学的马克思主义观武装自己的头脑是当代大学生提高文化素质的前提条件，也是大学通识教育和思想政治教育的重要任务。本文详细分析了马克思主义的本质特征及其普遍原理和个别结论的关系，应该如何与时俱进地正确对待马克思主义，以及如何正确理解马克思主义的指导作用等问题，有助于当代大学生树立正确的世界观、人生观、价值观和形成科学的思维方法。

【关键词】马克思主义　大学生　马克思主义的指导作用

作者简介：张国祺，1936年生，男，四川大学公共管理学院哲学系教授。

一

奔腾的建设和改革大潮，正在刷新中华大地的面貌，同时也会遇到某些恼人的困扰，从而激起了人们心态的浮躁和动荡。当中也包含着当代部分大学生对马克思主义的偏颇心态，甚至少量的逆反心理。曾经有人对此大为不安，称之为对马克思主义的"信仰危机"。

"信仰危机"之说，未免笼统。马克思主义本来不是宗教信条，无需人们去顶礼膜拜；如果以为马克思主义不灵了，由此产生逆反心理，当属不正确之列。然而，有危机感、危机意识并非坏事。有危机感，感到忧患，这是奋起的前奏。危机感能激起人的责任感、使命感，促使我们去反省马克思主义的底蕴和我们对待它的态度，提醒我们去冷静分析产生问题的原因，从而采取正确的对策。

在任何时候，大学生都是现实社会最敏感的群体。他们有着美好的愿望和进取的心理，凭借自己涉世不深的人生经验和未经筛选的书本知识，去审视各个方面，一旦发现理想与现实之间的矛盾，就会感到困惑，产生对马克思主义的偏颇心态。

原因之一，用现实的直观感觉怀疑马克思主义的威力。他们感到，在马克思主义指导下的第一个社会主义国家苏联都解体了，而马克思早已预言的资本主义丧钟却迟迟没有敲响。诸如此类，由此而使有的人怀疑马克思主义还灵不灵。原因之二，对马克思主义的附加扭曲了它的形象。在当代，马克思主义不仅面临着来自外部的挑战，而且也面对着内部的蜕变。以往某些人对马克思主义进行教条式的理解和任意取舍，把前人囿于历史条件的设想和个别结论推向了极端。而历史告诉我们，哪怕是真理，只要再多走一小步，仿佛是向同一方向迈的一小步，真理便会变成错误，从而败坏了它的声誉，由此而使人怀疑马克思主义的真理性。原因之三，在就业渠道不甚畅通、找工作比较困难的情况下，新的“读书无用论”有所抬头，在它的影响下，读书尚且无用，马克思主义更是远水救不了近火，因而使人丧失了对它的热情，如此等等。

透视这种现象，不能不从主观和客观上去寻找原因。从主观上说，我们的大学生除了专门攻读马克思主义各学科以外，由于专业的限制，多数人对马克思主义并没有深入的了解，主要是从政治理论教学中接受一些结论式的灌输，未经探索式的消化，对马克思主义著作读得也不多，更没有去穷究马克思主义的底蕴，因而在内心感到困惑。其实，对任何事物，你要可靠地判断它，必须先正确地认识它，对马克思主义也不例外。对于认识和判断的主体来说，在主观上也是有责任的。

上述现象驱动我们去思索：究竟什么是真正的马克思主义？应当怎样去对待马克思主义？换句话说，当代大学生应该有什么样的马克思主义观？正视这个问题，我们应当思考、探索、追求，而“对真理的追求比对她的占有更加宝贵”（德国诗人莱辛语）。这里，不妨借用现代西方科学哲学家波普尔“科学从问题开始”的话，以作为我们思考、探索、追求的开端。

二

对于坚持和发展马克思主义的问题，人们常从前提和结果的角度去论证它们的关系。不过，人们也许会问：既然要发展，是否有过时？既然要坚持，又是坚持什么样的马克思主义？

按照列宁的说法，马克思主义是马克思的观点和学说的体系。其实，从它诞生到现在的演进，已包含了传统所说的马克思主义、列宁主义、毛泽东思想，还包含了包括邓小平理论、“三个代表”重要思想、科学发展观在内的中国特色社会主义理论体系。现在，马克思主义已不是专指，而是通称以上的观点和理论。无疑，马克思主义体现在马克思等人的著作中，这是他们的主义即思想体系的载体。学习和研究马克思主义，必须去研读马克思等人的原始文献，以便了解他们究竟在什么历史条件下，讲了些什么，怎样讲的，使用了些什么材料。恩格斯曾经一再提醒当年的柏林大学学生约·布洛赫，要根据原著来研究马克思的理论，而不要根据第二手的材料来进行研究。

体现在马克思等人著作中的马克思主义，就其真理的性质和科学的价值而言，可分为三种相互关联的情况：具体材料、个别结论、普遍原理。也就是说，马克思主义著作都是由这几个部分构成的。

就具体材料来说，无论是马克思还是其他人，他们的任何论著都是针对着当时的某一实际问题的，在分析和论述中，只能概括当时的实践经验和科学水平。因此，在他们的著作中所使用的材料，从历史发展来说，当然是会过时的。至于自然科学方面的材料，在当时恩格斯就坦率地承认自己只是一个“半通”，正处在脱毛的过程中间，希望人们对于他表达上的不确切和笨拙之处给予谅解，更何况在科学突飞猛进的今天？

就个别结论来说，有的在当时的历史条件下是正确的，有的在当时受历史条件的限制而只是一些设想。但是，随着历史的推移，条件的变迁，这样的个别结论也是会过时的。当然，也不排除在新的历史条件下，有的个别结论仍然是正确的。更何况，马克思主义者是人而不是神，在科学探索过程中也会产生这样或那样的失误。探讨这些失误，修正个别结论，非但不会贬低他们的伟大形象，反而能使人们从中看到他们是如何在艰难的理论求索中不断进行自我批判和自我扬弃的，以深化对马克思主义的认识。

如此看来，具体材料的更新、个别结论的突破，丝毫无损马克思主义著作的光辉。这样的过时，本来就是马克思主义的题中应有之义，完全是正常的现象。

就普遍原理来说，这是马克思主义著作中的核心。坚持马克思主义就是坚持它的普遍原理，不是坚持个别结论，更不是坚持具体材料。坚持马克思主义的普遍原理就是坚持它的观点和方法，用马克思主义这个科学的世界观作为我们观察、分析和解决各种实际问题的思维导向。不应把马克思主义的普遍原理当成教条，而应看成行动的指南。学习马克思主义不应只学习马克思主义的词句，而应学习其观察问题和解决问题的立场、观点和方法，使它的普遍原理和当前的实际运动结合起来，以解决实际运动的理论问题和策略问题。我们所需要的理论家，是能够根据马克思主义的立场、观点和方法，正确地解释历史上和现实中所发生的实际问题，能够在中国的经济、政治、文化等种种问题上给予科学解释和理论说明的人。因此，这样的普遍原理，是不会过时的。至于将来是否会有更加正确、普适程度更高的理论来代替马克思主义，那是以后的事。如果有，那也只能说明科学的胜利和真理的发展。

马克思的学说之所以万能，就是因为它正确。我们之所以要坚持马克思主义的普遍原理，就因为它是普遍真理，是对于世界发展的普遍规律的正确认识，是全人类精神文明的伟大结晶。也就是说，马克思主义是科学的世界观和方法论。认真学习和掌握马克思主义的基本理论和基本方法，是当代大学生提高文化素质，健康成长为社会主义现代化事业的建设者和接班人的必要条件，也是高等学校通识教育和思想政治教育的重要任务。中央组织实施的马克思主义理论研究和建设工程，已经编写了《马克思主义哲学》、《马克思主义政治经济学概论》、《科学社会主义概论》、《政治学概论》、《法理学》、《社会学概论》、《新闻学概论》、《文学理论》、《史学概论》等第一批重点教材，它们是各学科（尤其是人文社会科学）领域的专业基础教材，对大学生更好地掌握马克思主义的立场、观点、方法，形成科学的世界观、人生观、价值观具有重要作用。当然，这批教材在编写中始终坚持马克思主义的指导地位和指导作用。

面对错综复杂、千变万化的当代世界，我们欠缺许多东西（物质的和精神的），但是最欠缺的东西还是关于我们人类自身、人与人、人与自然的新思路。马克思主义就为我们提供了这种新思路。它对驱赶人类精神的黑夜，迎接黎明的曙光，为东西方文明的进一步开拓，发挥着强大的威力。马克思主义的真理，与人类自身的存在，息息相关。

三

坚持以马克思主义为指导，是我国社会主义现代化事业的根本，也是当代大学生精神世界的支柱。马克思主义是社会主义事业和党的领导的理论基础，在社会主义意识形态中居于主导地位，对整个现代化建设起着指导作用，并为大学生的理想和追求指明了正确方向。问题是，怎样正确理解马克思主义的指导作用。

过去曾经有过一种误解，认为就是用马克思等人的现成结论或具体论述作为尺子，去衡量其他的思想、观点和理论，对照以后加以剪裁，合则为符合马克思主义，不合则为违反马克思主义，这当然不是正确的指导，结果是败坏了马克思主义的声誉。把马克思主义的词句当成套语或标签，到处乱套乱贴，那也不是正确的指导。

我们所说的马克思主义的指导作用，首先体现在方针、政策上，即做出的决策是符合客观事物的真实面目及其发展规律的，因而也是符合人民群众的根本利益的；其次，体现在各级领导人（尤其是高层领导人）的思想方法上，即领导人的思想能冲破唯心主义和形而上学的束缚，具有高度的思维统摄能力和辩证的综合分析能力，从而驾驭事物的发展。由于马克思主义是一个包含着多门学科的真理体系，因而它的指导作用也在实践运动的不同层次、不同方面发生着。例如，马克思主义政治经济学的指导作用较多地体现在经济生活方面，为社会经济的发展提供正确思路；科学社会主义的指导作用较多地体现在政治生活方面，为社会的发展和民主的实现提供理论依据；马克思主义哲学的指导作用较多地体现在精神生活方面，对各个领域的思想方法起统率作用。党和政府的方针、政策以及领导人的思想方法，往往通过这些方面反映出来。

同时，马克思主义还有解释作用、论证作用、反思作用、预见作用，等等。其实，这些作用也是一种指导作用。

解释就是主体对事物的一种理解。理解无法摆脱主体意识的烙印，这种情况印证了这样的一句话：有一千个读者，就有一千个哈姆雷特。为了克服对同一事物不同理解的根本障碍，就需要一种对整个世界普遍本质的逻辑揭示之理论为指导，这样的理论只能是马克思主义。它是人们在对客观事物的理解过程中逐步积淀和发展起来的，又反过来构成人们观察和理解事物的正确的观点和方法。依据马克思主义，我们就能正确地（或比较正确地）解释事物和理解事物，得出正确的（或比较正确的）结论。

解释就其结果来说，也就是论证。解释要有根据，论证要有论据，解释的结果就是论证的结论。从这个意义上说，解释作用也是论证作用。当然，论证还有自己的特点。马克思主义为多角度、全方位的论证，提供了科学的观点和方法，具有令人信服的逻辑力量。当今世界上越来越多的学科都要从马克思主义那里寻找论据，形成一种“马克思主义文化”潮流，就是论证作用的最好说明。通常所谓批判作用，就是针对某种不正确的观点或理论分析，论证其错误所在，指出其危害，并论证怎样才是正确的观点或理论。所以，批判需要充分的论证和论据，也就是需要充分说理。

“反思”这个术语已经使用得很广泛了，它的德语原文是 Nachdenken，意即对事物作深层次的彻底思考，也叫事后思考。事情虽然过去了，甚至过去已久了，但人们仍然迷惑不解，没有从现象背后找出本质。马克思主义能帮助我们比具体科学的思考站得更高，作“思考之后的再思考”，深入事物的共相，揭示深层的原因，树立一块路标，作为前车之鉴。这种反思作用，犹如黑暗中的一盏明灯、迷惘中的一声惊雷，帮助我们走向光明、摆脱困惑。

预见是对未来事态的发展，提出可能的设想和恳切的忠告：在风平浪静的时候，预言将来的隐患和潜在的危机；在前进的航道上，指出可能遇到的险滩和暗礁；在人们沾沾自喜、得意忘形的时刻，提醒可能的灭顶之灾和厄运；在山穷水尽的境况下，指明柳暗花明的转机。马克思主义的这种预见作用——当然不是说它是算命先生，但它能见微而知著，对未来美好的预言，曾鼓舞着千百万志士仁人，为之奋斗、搏击，以至于献身。因此，预见作用也是一种鼓舞作用，它可以召唤出巨大的精神力量。

马克思主义的上述种种作用，皆因它具有理性的魅力。它除了打动人的感情，更能激发人们的理性思维，迸发出智慧的火花。

理论需要勇气，它不是寻古，而是拓荒，在一片荒野中开出一条路来。因此，指导要下工夫，谁怕下工夫，谁就无法找到真理；论证要彻底，理论只有彻底，才能说服人；预见要否定现实，反思要触及自己的弊病，这就是理论“拓荒者”的勇气。唯有如此，才能开拓新视野，发展新观念，进入新境界，迎来马克思主义的大发展。

四

在历史上，许多曾在一个时代里支配着人们思维的代表性理论，往往在其创始人去世后便面临解体。唯有马克思主义与此相反。马克思逝世迄今已近130年了，历史的风风雨雨并没有削弱人们对他的记忆，反而在不断加深对他的怀念。时至今日，从西方到东方，马克思的名字被亿万人一代接一代地频频传诵，马克思的理论拥有了越来越多的追随者，马克思的著述仍在不断地点燃着人们学术上和政治上的热情，“马克思主义文化”的潮流，继续奔腾向前！

中国共产党的创始人之一、中国最早的马克思主义思想家李大钊，在“五四”运动时写过一篇文章，题目是《我的马克思主义观》，系统地介绍了马克思主义的政治经济学、科学社会主义和唯物史观的内容。李大钊立言、立行、立德，“铁肩担道义，妙手著文章”，为马克思主义在中国的传播，做出了伟大的贡献。

时间匆匆地走过了90多年，但愿当代大学生确立科学的马克思主义观，也像李大钊那样立言、立行、立德，任重而道远，在马克思主义大发展的现时代大趋势中，做出最大的奉献！

关于“中国近现代史纲要”课程内容设计的几点思考

李春梅

【摘要】“中国近现代史纲要”课在教学设计上要注重史学价值与政治教育功能相结合、学术价值与现实意义相结合。在课程特色上要把握两点：一要将其置于长时段、宽背景和非常复杂的社会场景中进行讲述；二是培养学生的历史意识和历史思维，以与中学历史相区别。在教学内容上要抓住四点：中国近现代史是中国参与世界全球化进程的历史；中国近现代史同时也是一部现代化史；中国近现代史是中国崛起和复兴的历史；中国近现代史是中国近现代社会史。

【关键词】“中国近现代史纲要”课程内容　教学设计

作者简介：李春梅，1971 年生，女，博士，西南财经大学马克思主义学院副教授、硕士生导师（成都，611130）。

笔者拟就“中国近现代史纲要”课的课程内容设计如何将史学价值与政治教育功能相结合、学术价值与现实意义相结合，让学生在更广阔的历史背景中认识中国社会的发展方向，将“中国近现代史纲要”（以下简称“纲要”）上成一门内涵丰富、内容生动而又有吸引力，既有理论性、学术性又有现实指导意义的、深受学生喜爱的思想政治理论课，谈几点看法。

一、教学设计上的基本理念和思路

“纲要”课要求在掌握基础知识之上侧重于对历史背景的探究，对历史事件影响的客观分析，达到总结历史规律和经验教训的目的。这一切都建立在对学生思维能力和认知事物方法的培养上。“三个选择”也好，唯物史观也好，大学和中学的最大区别在于中学侧重于基础知识的灌输，而大学侧重于理论学习和史论的结合，即通过对史实的阐述，得出基本经验和规律，同时用理论去检验史实。“纲要”课很重要的一个教学目的就是要紧密结合中国近现代历史的实际，通过对有关历史进程、事件和人物的分析，帮助大学生提高用科学的历史观和方法论分析和评价历史问题、辨别历史是非的能力。在教学中坚持马克思历史唯物主义的科学方法和正确导向，旗帜鲜明地反对历史虚无主义，坚持对大学生进行马克思主义历史观的教育，使大学生能够正确认识和对待历史以及历史人物。在大学这一阶段，通过学习和总结历史，留给学生的不仅仅是历史知识，而且是从历史知识上升到思想上和理论上的科学认识。马克思主义是我们认识一切社会历史和现实的基本指导思想，如何把学习和研究中国近现代史与马克思主义的历史唯物主义相统一至关重要。学习历史要求做到历史和逻辑的统一，要以科学的理论为指导，对历史过程进行科学的价值判断。在这一过程中，要培养学生发现问题、提出问题、分析问题和解决问题的能力，即培养运用马克思主义理论和方法结合史实分析问题的能力。

二、把握课程的两个特色

首先，从“中国近现代史纲要”这门课程涵盖的内容可知，其是在一个相当长的时间跨度（从1840年至当代）、相当广阔的历史背景、非常复杂的社会场景（政治、经济、文化和社会生活）中讲述中国人民争取民族独立、自强和国家近代化、现代化的历程。鉴于其教学内容的深度和广度，为了把握这一特色，在中国近现代史纲要的教学中要重点突出以下几个方面的内容：一是近现代以来一百多年里中国社会状况的变化；二是近现代以来中国的传统文化与西方文化碰撞与融合的关系，中国人对世界认识的改变；三是近现代以来中国的经济发展情况；四是中国从封建体制向近现代政治体制转型的过程。因此，要以世界历史的眼光审视中国近现代史，注意联系时代特征、国际格局、世界大势论说中国问题，在纵向的历史展开中加强横向的比较；除政治史外，要加强对各个时期的经济史、文化史、思想史等的反映与结合，达到既避免与中学课程在内容上简单重复，又帮助学生开阔视野、拓宽思路、提高思想认识的目的。只有这样做好更广阔历史背景的铺垫和历史演进史的讲述，才能让大学生对中国近现代历史有全景式的了解，对每一阶段中国的社会状况、历史主题、面临的挑战、急迫的任务和完成的方式、历史的经验教训等有清醒的认识，而在这种大历史观教育的同时也实现了这门课的政治教育作用。

其次，“纲要”课绝不是中学历史的简单重复。大学历史与中学历史的区别在于中学侧重于历史知识，大学侧重于历史理论。因此在“纲要”课教学中要从以下几方面培养学生能力：一是培养学生形成历史意识和历史思维，要在对历史进程、历史事件的分析中发现、提炼历史经验和规律，形成历史认识，应用唯物史观分析历史事实，科学地评价历史人物。二是在掌握历史事实的基础上，善于运用史料，分析、提炼、归纳和总结历史经验和规律。三是从历史是发展的和联系的观点学习历史，形成“整体的”大历史观，把握历史之间的内在联系，特别是历史和现实之间的联系，回答现实问题。只有联系现实，把昨天的中国和今天的中国联系起来，才能真正深刻认识“三个选择”的必然性和必要性，正确认识中国社会的发展变化规律，正确认识中国处于社会主义初级阶段的实际，提高认识和分析问题的能力。四是在学习中树立问题意识。学习历史的根本目的不仅仅是为了记住历史，除了了解历史是怎样的，更重要的是要思考“历史为什么是这样的”，因此要引导学生积极思考，善于提问。在考试改革上要改变过去传统的统一闭卷考试，避免学生去“死记硬背”，而把精力主要放在对历史知识的理解和掌握以及分析能力的提高上，既重视对历史基础知识的考查，又要突出理解与应用，融课堂教学、自主学习、能力提高于一体。

三、抓住“四个内容”

以前在讲授大学政治理论课中的历史课时，常常为突出思想教育性而仅仅把它讲成“革命史”、“屈辱史”或“政治史”，但这些都只是中国近现代历史的一部分内容而并非全貌。要把它讲成全景式的历史而又不乏思想性，笔者认为要抓住四个方面的内容：

（1）中国近现代史是中国参与世界全球化进程的历史，而非仅仅是中国自身的演进史。在这门课的讲授中，不能孤立地讲中国的变化，而是要引导学生用全球化的思维、世界的眼光看待中国近现代的历史进程。要让学生认识到，由于中国在1460年哥伦布发现新大陆之后加速进行的全球化进程中裹足不前，故步自封，腐化倒退，造成整个社会的落伍与国力衰微，结果是1840年被外国侵略者裹挟着被动卷入全球化大潮。在屈辱、抗争之后，新中国建立，四个现代化的建设目标本身就表明中国在追赶世界发展的脚步。改革与开放加快了中国与世界融为一体的速度，21世纪初中国加入WTO说明我们已完全主动地走上经济全球化的道路，积极参与国际竞争和国际合作。用这样的线索，从全球化进程的角度理解和认识中国近现代史，不仅可以教给学生思考问题的新视角，同时也有利于他们辨清历史发展方向，激发使命感。在引导大学生用世界性的眼光看待中国近现代历史时，还可以借助对亚洲近现代史的分析达到目的。通过帮助学生考察同一历史时期面对同一机遇和挑战的日本、中国、朝鲜和印度以不同的姿态面对全球化，走上不同的道路，最终有不同历史结局的原因，从中寻找到近现代世界发展的潮流、历史的大趋势，从而认清中国未来的发展方向。

（2）中国近现代史同时也是一部现代化史，而非仅仅是革命史。现代化在中国肇始于首次回应外来挑战的洋务运动。洋务运动是典型的“外生型现代化”，19世纪中叶的两次鸦片战争及其所诱发的大规模的“西学东渐”，是中国现代化不可或缺的外在诱因。虽然此后的中国现代化进程有迂回曲折和中断，但现代化始终是近代以后中国社会发展的主旋律，却是不争的事实。其间，中国的现代化目标频繁更迭，经历了由浅入深、由局部到整体的认识过程。其大致路径是：洋务运动体现现代化的器物层面；戊戌变法、清末预备立宪、辛亥革命体现现代化的制度层面；“五四”新文化运动体现现代化的精神层面。新中国成立初期的“一化三改”、“三个现代化”和“四个现代化”，以及邓小平于改革开放初期提出的“两手理论”，虽然对民主和制度因素有所关注，但主要还是针对现代化的器物和精神两个层面而言的。20世纪末期，随着“政治文明”思想的提出和以科学发展观构建和谐社会的新型现代化理念的形成，“富强、民主、文明”三位一体的现代化思想才真正实质性地出台。可见，现代化的确是中国近现代史演进的一条基本主线。在教学中还原中国近现代史研究的“现代化范式”，是体现教学内容真实性的客观需要。另外，时下很多青年学生都只知道“四个现代化”是现代化，而不知道“洋务运动”是中国最早的现代化。而且，以往的中国近现代史，都被简单地理解为对外的屈辱史、对内的改革史与革命史。这就是要告诉学生近现代一百多年的中国历史，除了革命之外，也有资产阶级改良、社会主义改革，还有社会主义建设的奋斗史。适当地讲授一些社会主义改革与建设史等这些离现在并不遥远的历史，对于帮助学生认识今日之中国从何而来，进一步了解现实国情大有益处。

（3）中国近现代史是中国崛起和复兴的历史，而非仅仅是屈辱史。这就是说，除了讲中国近代以来的屈辱外，还要讲中国崛起的过程。让大学生多了解一些中国崛起的历程与世界意义，对于当下培育平和积极的大国国民心态有一定帮助。

（4）中国近现代史是中国近现代社会史，而非仅仅是政治史。也就是说要讲一些社会发展状况的历史，要生动地给学生呈现一些不同历史时期的社会场景。增添一些关于不同历史阶段中国的经济、文化、社会生活状况甚至在社会剧烈变动下的大众心理等内容，让学生感受到历史是有血有肉、有思想也有内容的，愿意身临其境地经受一场历史风云的洗礼。同时，多讲一点社会史，也会使学生们抛弃用今天的眼光和思维评价历史的错误习惯。这对他们确立正确的历史观、价值观大有益处。

此外，笔者还认为在“中国近现代史纲要”的课程设计中要注意三个结合：一是思想政治理论与当代社会实践及大学生的具体实践相结合；二是中国近现代历史与建设中国特色社会主义的现实相结合；三是历史发展与逻辑规律相结合。只有这样，才能使这门课有史有论，有与当下现实的联系，增强它的现实指导性与鲜活性。

刍议人的需求与思想政治教育

曹 鑫

【摘要】思想政治教育对国家而言至关重要。思想政治教育的效果与人的需求密切相关。从人的需求出发，实行深入人性的思想政治教育是提高其效果的关键。而提高思想政治教育效果的实现过程就是一个谋求个人需求和社会需求相统一的过程。本文首先分析了我国思想政治教育研究的现状与不足，在此基础上论述了马克思主义需求理论以及人的需求与思想政治教育效果的关系，最后阐述怎样实现人的需求与思想政治教育的统一。只有实现人的需求与思想政治教育效果的和谐统一，才能有效提高思想政治教育对个人乃至社会的作用，推动社会的发展。

【关键词】人的需求　思想政治教育　思想政治教育效果

作者简介：曹鑫，1989 年生，女，西南财经大学马克思主义学院 2012 级硕士研究生（成都，611130）。

一、我国思想政治教育研究的现状

作为意识形态的重要组成部分——思想政治教育，从古至今，一直贯穿于我们的历史长河中，存在于各个社会和各个阶层。无论是几千年前孔夫子“仁、义、礼、智、信”的儒学思想，还是几千年后我们所信仰的马克思主义理论；无论是美国的“西部精神”，抑或是我们所坚信的社会主义核心价值观，都是不同国家不同社会所信奉或倡导的不可或缺的上层建筑。

（一）当前思想政治教育的相关研究

随着社会的进步与学科建设的不断发展，学者们对思想政治教育研究的讨论日益增多，研究的队伍也日趋壮大，有关思想政治教育研究的成果也不断推陈出新。近年来，围绕这一研究对象，学者们从多方面开展了研究。

比如，将思想政治教育带入全球化的视野。进入 21 世纪以来，全球化成为当今的时代特征。它在改变人们经济生活的同时，对人们的思维方式、价值判断以及思想政治观念等都产生着巨大的影响。“当代中国思想政治教育指向是通过与全球化的关系而得以彰显的。”① 面对这样的冲击，许多研究人员从分析产生变化的原因以及带来的后果，积极探索新形势下有效开展思想政治教育的途径、各种教育理念的创新等方面开

① 毕红梅. 全球化视野中的思想政治教育研究［D］. 武汉：华中师范大学博士论文，2006.

展了讨论研究，并取得了一定的成果。

又如，网络思想政治教育日渐成为研究者们关注的热点。“互联网（Internet）的迅速扩展应用，极大地影响着人们的生产方式、交往方式、信息传播方式、思维方式和生活方式，深刻地改变了我国思想政治教育的环境、教育主体、教育对象、教育空间和教育过程，也改变了思想政治教育的手段、途径及其教育、引导和管理的方式。这些改变对于思想政治教育既是一个重大的历史机遇，也是一种严峻的挑战”，“网络思想政治教育因教育载体和环境的改变而产生、发展，并迅速成为了思想政治教育的新形态”①。对于这一新兴媒体技术与传统思想政治教育的关系、面对新形势教育者们应采取的应对措施以及如何运用这一新兴技术开展思想政治教育工作等，人们展开了大量的讨论，并取得了一定的成果。

再如，有关思想政治教育队伍的建设发展逐渐引起了人们的重视。“思想政治教育管理队伍是思想政治教育管理的主体，其整体水平关系到思想政治教育目标与内容、过程与评估以及领导能否得到贯彻落实，关系到思想政治教育和管理工作能否取得成效。”② 如何有效地保障这支队伍以饱满的精神走在教育的前列，如何建立健全相关的工作机制体制，已成为许多研究者们关注的对象。

（二）当前思想政治教育研究中存在的不足

目前，对于思想政治教育效果的研究，大多数都是从宏观的层面来分析思想政治教育效果实现的影响因素，如教育环境、教育方法、教育者、教育载体等，然后从这些方面来谈增强思想政治教育效果的对策。但是，这些研究是有一定局限性的。

传统的思想政治教育常常只注重研究人的思想和行为的变化发展规律而忽视问题背后更深层次的问题，即人的需求以及需求的满足问题。思想政治教育的对象是人，最终目的是为了提高人们的思想素质、道德素质、政治素质等，以调动人们奉献于社会的积极性。因此，思想政治教育要加强人文关怀，更要把握人的需求。人的需求，是人的一切活动的最根本的前提。思想政治教育研究如果失去这一根本前提，也就失去了其本身。所以，如今的思想政治教育应该确立“以人为本”的原则和理念。

二、人的需求与思想政治教育

（一）马克思主义的需求理论

对人和人的需求的关注，可以追溯到西方文明的源头——古希腊。早在古希腊德尔斐的阿波罗神庙前，就出现了“认识你自己”的石刻铭文，这标志着人的觉醒以及人的观念的产生。格里戈里扬在《关于人的本质的哲学》中说，“全部希腊文明的出发点和对象是人。它从人的需求出发，它注意的是人的利益和进步”③。

伟大的哲学家、思想家马克思认为，人作为实践的存在，在现实世界中，“人们的需求即他们的本性”④。人的需求就是人的本性，这是马克思主义需求理论中最重要的观点之一。马克思在提到人的需求时曾指出，人的需求是与生俱来的人的“内在规定

① 黄永宜. 网络思想政治教育理论研究［D］. 重庆：西南大学博士学位论文，2011.

② 赵君. 新时期我国高校思想政治教育管理队伍建设研究［D］. 武汉：华中师范大学博士学位论文，2008.

③ 鲍·季·格里戈里扬. 关于人的本质的哲学［M］. 汤侠声，等，译. 北京：生活·读书·新知三联书店，1984：28.

④ 马克思恩格斯全集：第25卷［M］. 北京：人民出版社，1982：514.

性”。人之所以为人，就表现为其具有众多的需求。人的需求与其他生物需求的本质区别在于，人不仅具有其他生物所具有的自然性需求，还在社会实践中产生了社会性需求、精神性需求等，是其他生物根本没有也不可能产生的需求。

马克思在《1844年经济学哲学手稿》中，比较详尽地论述了人的需求问题，提出了肉体的需求、自然的需求、社会的需求、劳动的需求、个人的需求、交往的需求，等等。

马克思认为，人的需求是无限发展和丰富的。人与动物的一个明显的区别就是，人的需求永远不会停留在一个固定的水平上。生产力的无限发展为人的需求的无限发展提供和创造了广阔的空间，因此人的需求也是一个无限发展的过程。“没有需求，就没有生产。而消费则把需求再生产出来。”① 而动物则不同，除非外界给予它更新的条件，否则它是不可能有所发展的。由于人的需求的无限发展，必然导致需求的日益扩充和全面，因此人的需求也是无限丰富的。人在满足衣、食、住、行等物质需求的时候，也会不自觉地加入自己的审美等精神需求，在此基础上，还有社会交往、感情交流、文化教养、自我实现和获得社会尊重的需求，等等。正如马克思所说，“人以其需求的无限性和广泛性区别（于）其他一切动物”②。

（二）思想政治教育应注重人的需求

马克思关于人的需求的理论告诉我们，人的一切行为包括人的思想政治教育接受活动的发生都是为了满足自身的需求，没有需求就没有接受的主动性和积极性。

改革开放以前，人们的需求问题就没有得到应有的重视。面对人民群众日益增长的物质文化需求同落后的社会生产之间的矛盾，人们更多的是从生产力方面进行研究改进，而忽略了对人们物质需求和精神需求的关注。改革开放以来，在全球化的进程中，我国的经济有了巨大的发展，西方的各种文化思潮和多元的价值取向也对我国传统价值观念产生了深远的影响。在这样的情况下，人们的各种物质的、精神的需求也表现得比以往更加激烈化和复杂化。这一变化引起了人们思想观念上的翻天覆地的变化，也给思想政治教育工作带来了重大的挑战。

思想政治教育主要是通过对人的认知问题的解决，使人的思想政治品德及其相应的行为与社会的发展要求保持一致，目的是为了提高人们的思想道德素质、政治素质等以更好地奉献于社会。思想政治教育的效果如何，在根本上取决于人的需求及其满足程度，这里的需求不仅包括物质需求，也包括精神需求。虽然满足人的物质需求在一定程度上有助于思想问题的解决，但就思想政治教育本身而言，解决物质利益的问题不是其直接的、主要的功能。思想政治教育研究和解决的主要问题是人的思想认识领域的问题，是人的精神世界的问题，归根结底就是满足引导和提升人的精神需求、满足人的精神利益的问题。

思想政治教育的对象是人，人的需求是人的行为的目标和方向，是人主动接受思想政治教育的动力源泉，我们不能本末倒置。以马克思主义的需求理论作为切入点，我们就能更好地完成思想政治教育工作，使思想政治教育的效果更加显著。

① 马克思恩格斯全集：第30卷［M］. 北京：人民出版社，1995：33.

② 马克思恩格斯全集：第49卷［M］. 北京：人民出版社，1982：130.

三、如何实现人的需求与思想政治教育的统一

（一）针对个体需求差异，实施思想政治教育

马克思主义原理中的矛盾的普遍性和特殊性关系原理告诉我们，矛盾存在于一切事物之中，并且贯穿于事物发展的始终。不同的事物矛盾各不相同，同一事物的矛盾在不同发展阶段也各不相同。因此，我们要坚持具体问题具体分析，要有针对性。毛泽东指出，“对于具体情况作具体的分析，是‘马克思主义的最本质的东西、马克思主义的活的灵魂’”①。

在社会日益多元化的背景下，个体的需求也出现了明显的差异。对于不同地域、不同年龄段、不同文化教育程度等的个体而言，对于思想政治教育的需求也是不同的。然而传统思想政治教育忽视了个体需求的差异性，出现了教育内容的“假、大、空”和教育方式的公式化、程式化和概念化。“在过去思想政治工作中往往用统一的道德模式、道德标准以政治任务的形式灌输给受教育者，在很大程度上忽视了受教育者的个体差异性和主体性，是不近人情的。”② 我们往往把对成年人采用的方式和教育的内容简单地照搬到未成年人身上来，将经济发达地区的教育方式和内容也一股脑儿照搬到欠发达地区，搞“一刀切”、“一锅煮”。对个体需求研究不够、针对性不强，势必影响思想政治教育的实效性。

因此，这种需求的差异性要求思想政治教育要打破封闭的教育模式，针对不同个体采取不同的教育内容和教育方式。思想政治教育“要注意因地制宜，因人制宜，因事制宜，因时制宜。不同地区、不同部门、不同领域的干部群众，所处的环境、承担的任务、面临的问题不同，其思想活动的特点和要求也会有不同。工人、农民、知识分子、干部、军人、离退休人员等都有自己的特点，千篇一律地做工作，是不会取得好效果的。做工作一定要把握这些特点和要求，有针对性地进行”③。

“世界上没有两片相同的树叶”，承认教育对象的特殊性，尊重教育对象，是增强思想政治教育实效性的基本前提和内在要求。

（二）注重大众现实需求，实施思想政治教育

著名人本主义心理学创始人马斯洛，构建了人类系统化的需求理论。他认为，在认识不断深化和扩展的过程中，人会出现一些欲望：理解的欲望、系统化的欲望、分析的欲望、寻找联系和意义的欲望。如果大众的这些欲望不能得到有效满足，那么他们就不可能获得安全感、爱、尊重以及得到自我实现。由此可见，要想大众接受思想政治教育，提高思想政治教育的实效性，就要让大众从思想政治教育当中获得安全感、爱与尊重以及自我实现。

实践表明，对于能为人们解决实际问题的思想政治教育，人们是很乐于接受的；而脱离实际、不能为人们解决实际问题的思想政治教育，就相当于纸上谈兵，会导致很多人对单纯的理论说教产生反感，思想政治教育的效果也必将大打折扣。对思想政治教育理论的需求就是随着实践的不断深入、认识的不断发展而产生的。如果思想政

① 毛泽东选集：第 3 卷［M］. 北京：人民出版社，1991：939.

② 王茂胜. 思想政治教育评价论［M］. 北京：中国社会科学出版社，2006：217.

③ 江泽民文选：第 3 卷［M］. 北京：人民出版社，2006：90.

治教育的理论难以回答社会的现实问题和热点问题，难以填补大众心中对思想政治教育的认识和理解的空白，使得大众对思想政治教育的需求不能得到有效满足，那么自然会降低思想政治教育的效果。

因此，思想政治教育不能只讲空洞的道理和抽象的概念，而是要以现实为基础，重视人的实际需求，“把解决思想问题同解决实际问题结合起来。既是思想政治工作的一个有效方法，也是思想政治工作必须遵循的一项重要原则”①。因为那些实际问题常常是思想问题产生的根源和诱因，在解决实际问题中融入思想政治教育才能更好地解决人们的思想问题。

当前，我国正处在社会主义现代化建设的关键时期，在人民生活水平得到极大提高的同时，各种矛盾和问题也层出不穷。因此，思想政治教育工作者必须立足当下，及时有效地回答广大群众所关心的实际问题，贴近群众，贴近实际，贴近生活，努力把理论和现实结合起来，给大众心中的问题一个合理科学的解释。只有这样，思想政治教育才能在社会发展中茁壮成长。

（三）实现个体需求与社会需求的协调统一

人既是一个个体存在，也是一个社会存在。按照马克思主义的观点，人的需求是个体需求与社会需求的辩证统一。个体需求与社会需求的一致性表现在：首先，人的需求作为一个社会的历史的范畴，虽然反映在个体身上，直接表现为个人的需求，但是人从出生那天起就是社会的人，所以任何个人的需求都同时体现社会的需求、人类的需求，每一时代的人的需求总是以该时代的社会需求的形式反映出来，以社会需求作为自己存在和发展的形式，在社会需求的实现中实现自己。其次，人的需求产生出人的社会联系，而这种真正的社会联系即是人的本质。人是通过自己的劳动去改造客观物质世界来满足自己的需求的，而进行劳动就必须结成一定的社会关系，人是在一定的社会关系主要是生产关系中从事劳动活动的，人的劳动就是社会劳动。劳动的社会性即需求满足方式的社会性决定了人的需求的社会性。恩格斯说：“历史不过是追求着自己目的的人的活动而已。”②

然而，作为生活在社会和一定群体中的人，他的利益和需求与所属群体及整个社会的利益和需求虽然存在着一致的方面，但也存在着矛盾和冲突。人的需求归根结底总是与人的肉体组织密切联系着的，总是体现着个体自身的一些特点和要求，所以它的个体性任何时候也不可能被舍弃或替代。随着我国社会经济结构的变迁和利益格局的调整，随着市场经济带来的人的主体性的增强和利益主体的多元化，人的个体需求及其利益与群体需求及其利益的矛盾和摩擦不断增多，个人需求及其利益和社会需求及其利益的对立与冲突也日益显现。现代人的独立意识越来越强，也越来越重视个人的自由、权益与发展，这必然会引发更多的利益摩擦和矛盾冲突，也使现代人面临着更多的矛盾、困惑和无奈。在实际工作中，我们往往把社会的要求作为评价人们行为的唯一标准，忽视了个人的利益和需求，甚至在很长一段历史时期中，是没有所谓的个人需求的。这就导致我们在强调和维护集体主义价值观时忽视了个人作为自然存在物、作为生命存在对衣、食、住、行等的本能需求，把人的社会性和精神性需求也简

① 中共中央文献研究室．十五大以来重要文献选编（下）［M］．北京：人民出版社，2003：2220.

② 马克思恩格斯文集：第1卷［M］．北京：人民出版社，2009：295.

单地等同于社会的价值观要求，从而不利于社会和个人的发展。人的本质虽然是社会关系的存在，但是也不能忽视人作为自然存在物的自然性需求，这是个人和社会存在的基础。

需求作为沟通个人与社会的桥梁，起着关键作用。那么，如何做到个体需求与社会需求的和谐统一呢？个人与社会的对立要求我们坚持以集体价值观为主导价值取向；个体与社会的统一则要求教育者重视个体的需求和利益的满足。在这种时候，更需要大局观念和责任意识，需要发扬集体主义精神，以社会利益和群体利益为主，个人需求服从群体和社会的需求，有时甚至需要个体做出奉献和牺牲。但同时，作为群体和社会，也应该兼顾和尊重个人的正当利益和合理需求，在不损害集体和社会利益的前提下，尽可能满足个人的正当需求和利益，处理好两者之间的关系，以使个人和群体、个人和社会能够和谐相处、共同发展、互利双赢。

四、结语

人的需求作为人与生俱来的内在规定性，是人的生命活动的内在根据和奋斗创造的不竭动力。思想政治教育只有关注人的需求，肯定人的主体地位，尊重和提升人的价值，才能真正发挥思想政治教育的导向作用、保证作用、育人作用和激励作用。

人的自由而全面的发展是思想政治教育的终极目标，思想政治教育也是实现人的自由而全面的发展的重要途径。如果思想政治教育仅仅只是灌输大道理而不去了解和尊重人的需求，不针对个体需求差异，不重视大众现实需求，不平衡个体需求和社会需求的矛盾，那么思想政治教育就会脱离受教育者而被受教育者排斥，不能取得期望的效果。

总之，我们的教育工作要尊重群众的不同需求，符合群众的接受心理，改进过去不良的教育方式和教育内容，以增强思想政治教育的亲和力，有效提高思想政治教育的实效性。

参考文献

[1] 鲍·季·格里戈里扬. 关于人的本质的哲学［M］. 汤侠声，等，译. 北京：生活·读书·新知三联书店，1984.

[2] 江泽民文选：第3卷［M］. 北京：人民出版社，2006.

[3] 马克思恩格斯全集：第30卷［M］. 北京：人民出版社，1995.

[4] 马克思恩格斯文集：第1卷［M］. 北京：人民出版社，2009.

[5] 毛泽东选集：第3卷［M］. 北京：人民出版社，1991.

[6] 中共中央文献研究室. 十五大以来重要文献选编（下）［M］. 北京：人民出版社，2003.

全球化背景下我国大学生思想状况变迁研究

吴小莉

【摘要】青年大学生作为最敏感、最活跃、最富于朝气的社会因子，其思想道德变迁状况一直都备受社会广泛关注。伴随着全球化进程的深入推进，大学生的思想道德状况发生了复杂而深刻的变化。“欲知明日之社会，先看今日之校园。”为此，科学地分析当代大学生思想道德变化的外部环境特征，客观准确地把握大学生思想道德变迁的基本轨迹，对于提高大学生思想政治教育的实效性、促进社会主义现代化建设具有积极的作用。

【关键词】国际化　大学生思想状况　变迁研究

作者简介：吴小莉，1966 年生，女，四川荣县人，教授，硕士生导师，四川旅游学院思想政治教育部副主任（主持工作）（成都，610100）。

美国心理学家华生（J. B. Watson）认为，人除了某些基本情感是由遗传所得之外，各种行为模式都是依赖于社会环境，通过社会学习形成的。① 由此，大学生特定的思维方式和行为特点与其成长发展的社会环境紧密相关。高校作为思想、文化、科技和人才资源的聚集地，是培养中国特色社会主义合格建设者和可靠接班人的重要阵地。在全球化日益深入的今天，研究高校大学生思想政治教育工作在全球化背景下的规律和发展趋势，既是经济全球化、信息化、教育国际化发展的客观要求，也是思想政治教育现代化发展的必然走向。目前，比较公认一致的看法认为：全球化是指当代人类社会生活跨越国家和地区界限，在全球范围内展现的全方位的沟通、联系、相互影响的客观历史进程与趋势。② 无论人们愿意与否，随着经济全球化过程的展开，文化、艺术、学术和政治的全球化过程也或多或少开始出现了。我们唯有了解和掌握全球化背景下我国大学生的思想道德变迁特点，积极应对全球化的挑战，才能在理论和实践上掌握新时期思想政治教育的主动权，为实现中华民族的伟大复兴培养一代又一代合格的中国特色社会主义的建设者和接班人。

---

① 陈福国. 人格心理——理论与应用［J］. 诊断学理论与实践，2005（2）.

② 王其巨，左其琨. 浅谈全球化与中国参加全球化的基本思路［J］. 安徽农业大学学报：社会科学版，2001（2）.

一、全球化背景下我国大学生思想道德变迁

（一）理想主义向现实主义的转变

理想主义的人生观、价值观要求人们要有远大的理想，要求人们把个人的人生、命运与国家的利益联系起来，鼓励人们无私奉献、不追求个人名利等。现实主义则强调个人的价值，强调国家、集体、个人三者利益兼顾，强调用经济手段调动人们的积极性，带有一些实用主义和自利主义的影子，极端的现实主义则带有拜金主义、权势主义和过分强调自我价值等消极倾向。

每个时代都有符合社会主流价值观的榜样，这些榜样都有极大的精神感召力，都会在社会大众中产生积极的引导和共鸣。20 世纪 70 年代末，我国开始实行改革开放政策，祖国各项事业开始繁荣起来，这一时期的大学生满怀激情，以雷锋、张海迪、赖宁、许海峰、李宁、邓亚萍等为榜样，"团结起来，振兴中华"、"立志成才，报效祖国"、"从我做起，从现在做起"是大学生发自内心的表白，体现了大学生良好的精神状态。应当说，这一时期大学生的人生理想与价值目标是符合整个社会理想和发展目标的，比起改革开放之前的理想和目标，显得更切合实际，更具有指导意义。到了 20 世纪 90 年代初，开始实行社会主义市场经济制度，国际间的交流与合作日益加强，面对理想与现实，不少大学生感到困惑与迷茫。不少大学生感到为共产主义事业而奋斗这一目标显得有些渺茫，从而失去了这一长远目标，同时又没有明确的近期目标，对人为什么活着、为谁活着、应把自己塑造成什么样的人等问题不能做出肯定的回答。这一时期的大学生像无舵之舟，漫无目的地漂泊在生活的浩瀚海洋中，失去了长远的人生理想和近期的人生目标，也就失去了精神支柱，从而造成学无动力，"厌学风"、"等毕业"、"混文凭"等现象时有发生，应当说，这一时期大学生的思想是比较消极的，失去了长远理想，目标短期化表现明显，同时受市场经济的负面影响，滋生了实用主义思想。

近十多年来，全球化进程日益加速，受到严峻的就业形势以及受市场经济竞争特性的影响，大学生一入学就面临着巨大的压力，他们不再空泛地谈论远大的理想和人生奋斗目标，而是将注意力集中在能够在短时间给自己带来经济利益的事情上，于是忙着外语过级、计算机考试，参加各种资格或证件考试，以增加其就业筹码；在选择就业时，很少顾到自己的兴趣所在，往往选择可能给自己带来较高或较稳定收入的专业，如经济类、贸易类、管理类等专业。应当说，这一时期的大学生过多地关注眼前或短期利益，以事物是否有用、有多大用、在多长时间内能产生效用作为自己取舍的标准。

（二）集体主义向个人主义的变迁

集体主义与个人主义代表了两种截然不同的价值观与方法论。集体主义是无产阶级世界观的内容之一，是指一切言行以合乎无产阶级及其广大人民群众集体利益为根本出发点的思想。个人主义是市场经济的产物，理性的个人主义的题中之义包括自尊、自主、自由、自强、自我控制、自我发展等，而绝对化的个人主义倾向则将个人与社会对立起来。

从 20 世纪 70 年代末期到 90 年代初期，是我国改革开放历史进程的初始阶段，大学生这一群体冲破了思想禁锢，开始接触西方思想文化和价值观念，他们不断地对人

生价值进行反思和求索，此时西方自我论、唯我论等思想涌入了大学生思想阵地的空隙，促成了大学生自我理念的形成。当时计划经济体制仍然有很大存在空间，社会的主流意识和行为规范强调集体主义，加之当时的家庭教育和学校教育并没有完全走出以往的模式，而是更多地承接了过去 30 多年的传统，因此，尽管在当时大学生身上已经可以看出些许的个人主义色彩，但是集体主义无论在思维方式还是行为方式上都对他们产生了深刻的影响。

20 世纪 90 年代至今，随着对外开放程度的加深，社会主义市场经济突飞猛进，社会经济状况发生了很大的改观，社会主流舆论和主要思潮在事实上都在肯定积极的个人主义。于是，当时的大学生表现出奋发进取、自立自强、乐观自信的精神风貌。他们意识到，全球化进程的推进是自己发挥作用、回报社会、建功立业的极好舞台。他们积极为个人成长而不懈奋斗，将目光从书本转向社会，把实现自我放在职业选择的首位，并在大学阶段即开始各类职业的尝试，按照社会要求充实、塑造自己，自立意识、自强观念、成才意识和效率观念明显增强。然而，我国大学生在探索的一开始就沾上了西方资产阶级的个人主义价值观的习气，这使得不少大学生对人的本质的认识发生蜕变，认为人的本质是自私的，崇尚“自我万岁”，从而在探索自我的过程中发生根本性的方向错误。

（三）勤俭节约向拜金主义的转变

改革开放之初，勤俭节约是一种美德，是一种高尚的行为，而铺张浪费则为人们所不齿，甚至是一种犯罪行为。人们少有投资意识，对金钱的态度比较保守，金钱只用于购买日常用品，购买高档用品并不被人们赞许，人们崇尚知识就是力量。20 世纪 80 年代中期至 90 年代初期，由于分配不公和严重的脑体倒挂现象，“知识不值钱”的论调充斥整个社会。此时的大学生就业开始实行“双向选择”，许多大学生开始到人才市场上去自主择业，由于不同职业之间的待遇悬殊，这就使得很多大学生必须在金钱和知识之间做出选择。“知识难道真的没有用了吗?”大学生为此感到困惑和苦恼。在知识与金钱的碰撞过程中，更多的大学生知识意识日趋淡化，而金钱意识得到了强化。于是，在 1989 年前后，大学生中出现了“厌学风”、“退学风”以及“经商热”，为了金钱可以忽略知识，拜金主义思想潜滋暗长。在选择职业时，更多的人崇尚到外资企业或者挣钱最多的单位，与改革开放前的“到基层去，到边疆去，到祖国最需要的地方去”的口号形成了鲜明对比。

20 世纪 90 年代初至今这一时期，全球化浪潮席卷世界，我国社会主义市场经济体制逐步完善，经济秩序日趋稳定。国家的主要任务是发展经济，而个人的奋斗目标都在直接或间接地跟经济利益挂上钩，整个社会出现浮躁现象。在高校中的大学生也处处感受到了金钱的气息。高校全面实行收费并轨，这对大学生的心理产生了很大冲击，强化了他们的金钱意识。许多学生为了减轻家庭经济负担，利用课余时间积极参加各种勤工助学活动，有的学生甚至一边上学一边下海经商。同时，许多大学生已认识到“一夜暴富”的时代已不复存在，获取经济利益还需以知识为基础，市场竞争的胜负取决于知识和能力的强弱，认清了自己在未来社会中的角色，把大学看成使自己适应未来市场竞争的培训基地，从而重视知识的学习和多种能力的培养。进入新的世纪，大学生们在追求综合素质提升的过程中越来越明白一个道理，那就是只有人的全面发展才是人生价值的最高境界。因而，这一时期的大学生将知识与经济利益相结合，并在实际行动中促成知识向金钱的转化。应当说，大学生的这种思想和行为与经济全球化的发展氛围是相融洽的。但是有相当部分的大学生把握不好知识与金钱之间的分寸，把获取知识的目的仅仅看成是获得经济利益的手段，从而丧失了一名大学生应有的崇高理想和高尚品质。

二、大学生思想道德变迁状况对大学思想政治教育的深刻启示

马克思主义认为，物质决定意识，人们总是从自己的生产和交换关系中吸取道德观念，并逐步调整，使自己适应社会生产关系的要求。这一动因，“归根到底是由生产力和交换关系的发展决定的”。“人们头脑中发生的这一思想过程，归根到底是由人们的物质生活条件决定的”①。全球化浪潮之下，大学生的思想道德意识也随着时代发展而变迁，全球化的大背景对高校大学生思想政治教育工作提出了许多新的要求，不仅要求我们对大学生普遍存在的思想倾向特别是政治思想倾向要及时了解、分析并努力解答学生们普遍关心的重要理论和实践问题，而且要正确把握学生的生理、心理、思想特点，因材施教。

1. 实现思想政治教育全球化意识与民族化意识的统一

首先，要增强全球化意识，在思想观念上有所突破。要打破不同性质思想政治教育不能接触、交流的思想障碍，扩大同资本主义国家特别是发达资本主义国家的思想政治教育的交流，进行比较，借鉴、吸收别人的有益的东西以发展自己；要增强思想政治教育的忧患意识和危机意识，努力在国际竞争中发展自己。正确处理与资本主义在意识形态问题上的分歧，坚信马克思主义的科学性和真理性，敢于同资本主义国家的思想政治教育相比较，在比较中推动发展，同时还要注重维护社会主义的立场和观点。其次，要处理好全球化与民族化的关系。树立思想政治教育全球化观念，并不是要淡化思想政治教育民族化和本土化意识，淡化思想政治教育意识形态化，而是要处理好全球化与民族化的关系，民族化是基础，全球化必须依赖于民族化，而民族化必须借助全球化发展，使得二者在思想政治教育的改革和发展中得到很好的统一。

2. 弘扬中国传统人文精神，重建校园文化

全球化进程的推进与我国社会主义市场经济制度的建立和发展，不仅使我国经济建设取得了巨大成就，也推动着人们思想观念的解放和更新。当代大学生生活在一个变化迅速、色彩斑斓的时代，他们的创新意识、效率意识、公平意识、民主意识、法制观念、爱国主义情感进一步得到增强，这是社会进步、时代发展的体现。然而，步入新世纪以来，随着人们的利益关系、思想观念、行为方式和生活方式的转变，以及当前市场发育过程中的多元文化良莠不齐，逐渐形成了各种意识流派、文化思潮，时代大背景纷繁复杂、交错碰撞。置身于其中，极易使人沉溺于滋生蔓延的物欲中而无法自拔。

关乎天文，以察时变；关乎人文，以化成天下。“天文”指自然造化，“人文”指人伦之理。人文精神是一种关于人自身的生存、生活、发展的精神，这种精神是对人的人性、人格、人生、价值、责任心和责任感的尊重、关心、关注、关怀和弘扬，是人类体现自身尺度，洋溢人生理想和信念，对真、善、美的一种向往和追求。从当今

① 马克思恩格斯选集：第4卷［M］. 北京：人民出版社，1995：251.

时代来看，人文精神的核心是人生的态度和价值取向。中华民族自古以来就有着悠久的人文传统，任何时候、任何情况下，人文精神缺失都会使人丧失作为人应有的一切生存意蕴，从而沦为纯粹的经济动物。毋庸讳言，人文精神也是当代大学生不可或缺的基本素质，没有人文精神的支撑必将导致大学生的畸形发展。基于此，人文精神对人生价值和人生理想追求的倡导，有利于引导当代大学生树立开拓进取的人生观、价值观与远大崇高的人生理想，激发其强烈的责任心、爱国情和使命感，成为当代大学生战胜一切困难、无往不胜的强有力的精神支撑与动力。因此，在新的社会历史背景下，我们应该认识到大学教育不是简单的工匠的培养，不能只见“才”而不见“人”，加强人文精神的培养不可或缺。要以中国传统人文精神重建校园文化，加强和改进大学生思想政治教育工作。

3. 注重全球化背景下思想政治教育人才队伍的培养和理论的发展

全球化背景下，我们要重视人才的培养，高校思想政治教育工作者应具有坚定的共产主义信念、浓厚的民族意识、强烈的爱国主义情感以及良好的合作意识和自主发展能力。只有这样，在面对各种外来文化、学派、思潮时，才能保持坚定的政治立场和较好的鉴别能力、选择吸收能力和批判抵制能力。我们要加强国际交流，学习国外思想政治工作先进理念和方式方法，在比较中发展自己，在竞争中完善自己，使我们的思想政治教育理论有着长足的发展，使我们的思想政治教育工作立于不败之地。

参考文献

[1] 邓小平文选：第2卷 [M]. 北京：人民出版社，1994.

[2] 马克思恩格斯选集：第4卷 [M]. 北京：人民出版社，1995.

[3] 中共中央文献研究室. 十六大以来重要文献选编（中）[M]. 北京：中央文献出版社，2006.

[4] 中共中央文献研究室. 十二大以来重要文献选编（下）[M]. 北京：人民出版社，1988.

[5] 教育部社会科学司. 普通高校思想政治理论课文献选编（1949—2006）[M]. 北京：中国人民大学出版社，2007.

我国大学教育思想史对当代教育的借鉴意义

乔　谦

【摘要】我国的现代大学植根于中华民族博大精深的文化底蕴之中，经历了跌宕起伏的政权更迭和错综复杂的文化冲突过程，历史的经验值得注意。回顾和总结两千多年来特别是近代以来我国大学教育的思想解放和改革创新的历史进程，对于我国大学在新的时代背景下实现一次新的思想解放和文化觉醒，理智地应对21世纪人类社会面临的新的严峻挑战，促使我国古老的"大学之道 "以中西文化为基础实现新的超越，开辟我国高等教育和大学更加光辉的未来，具有重大的理论价值和实践意义。

【关键词】大学教育思想　当代教育　借鉴意义

作者简介：乔谦，1986年生，女，汉族，四川攀枝花人，四川旅游学院思想政治理论教学部教师。

我国的大学教育思想源远流长，大学教育的思想尤其是近现代大学教育思想的产生、发展、改革、创新，对今天的大学教育有着极其重要的借鉴意义。

一、我国大学教育思想的发展历程回顾

(一) 从"五学之所"到"科举取士"

我国在夏商时代就有了学校，并且有了小学与大学之分。大学被称为"上庠"、"东序"、"右学"。《尚书大传·周传》曰：古之帝者，必立大学小学。而周天子所立大学分为五学，即譬雍、上庠、东序、瞽宗、成均，分别为举行盛典之所、学书之所、学干戈羽龠之所、演礼之所和学乐之所。① "五学之所"是中国古代教育史上最早有文献记载的高等教育机构。而战国时齐国设立的稷下学宫作为国家养士机构也具有自由论争、学术交流、灵活教学、师生平等大学教育的特点。汉代的"太学"是我国正式设立大学的开始，太学教授被称为"博士"，学生被称为"博士弟子"，汉武帝时设五经博士。"博士"专掌经学传授，其职责主要是掌管图书。太学要求"博士"必须熟悉儒学经史百家，讲授的内容以及考试都以儒术为准，学生入学须年满十八，而学习的目的仅是进入仕途。另外，唐代的"六学二馆"中的国子学、太学、四门学已具有大学性质，律学、书学、算学已具有专科性质。

我国先秦时期的经典文献《大学》开宗明义的第一句话就是："大学之道，在明明

① 慕平. 尚书［M］. 北京：中华书局，2009.

德，在亲民，在止于至善。古之欲明明德于天下者，先治其国；欲治其国者，先齐其家；欲齐其家者，先修其身；欲修其身者，先正其心；欲正其心者，先诚其意；欲诚其意者，先致其知；致知在格物。"① 由此可见，自古以来，我国就把育人作为大学之本，"明德济世，修齐治平"是孔子儒学教育理想的核心内涵。"明德"就是通过格物、致知、诚意、正心，尤其是要通过"修身"，使受教育者养成君子和士的人格理想；"济世"就是要求受教育者在养成君子和士的人格理想之后，以天下为己任；"齐家、治国、平天下"，就是服务和引领社会前进。自汉武帝采纳了董仲舒关于"罢黜百家，独尊儒术"的对策以后，在长达两千多年的封建社会里，我国传统文化一直是以孔子儒学及其教育理想为核心的，儒家文化中君子、士的人格理想在对我国这样的泱泱大国的维系中发挥了极其重要的历史作用。

（二）从"废科举到兴学堂"的发展

1840 年鸦片战争中国战败之后，中国社会逐步沦为半殖民地半封建社会。在西方列强坚船利炮的猛烈轰击和以"科学、民主"为核心的西方文化的强烈冲击下，以孔子儒学及其教育理想为核心的中华民族传统文化在我国的统治地位被动摇，这一历史现状迫使近代中国进行新的重大文化变更，在内外双重压力之下，晚清政府终于在 1905 年做出了"废科举、兴学堂"的重大决策。潘懋元教授在其主编的《中国高等教育百年》一书中称"从科举到学堂"是"20 世纪初中国高等教育的划时代变革"，并指出："就 20 世纪中国高等教育发展历程"而言，1905 年的"废科举、兴学堂"乃是一条划时代的分界线，它标志着中国近代人才培养与选拔制度的根本改革。② 从中国高等教育近代化进程来看，废科举所产生的影响是全方位的和深远的，它最终确立了新式学校的独立地位，推动了中国近代高等教育行政管理体制的创立和转型，促进了高等教育培养目标与课程结构的重大变革。这些表明中国高等教育近代化跨入了新的发展阶段。1912 年南京国民临时政府颁布的《大学令》③ 是在中国建立现代大学制度的早期文本，其中明确规定："大学以教授高深学术，养成硕学闳材，应国家需要为宗旨。"

这一时期的大学教育思想具有鲜明的大学意识，在我国得到积极传播的以"通识教育、求是创新、学术自由、教育独立"为核心的欧美大学理念，在全国产生了广泛而深刻的影响，促使我国教育战线在思想上获得了一次前所未有的解放，为我国效法西方建立和发展近现代大学奠定了坚实的基础。特别值得一提的是，抗战期间经过在北大、清华、南开三校原有精神的基础上整合并逐步形成的以"刚毅坚卓、独立自由、民主进步、关注社会"为核心的"联大精神"，就是当时大学教育精神的明显体现。

（三）从"拨乱反正"到中国特色的大学教育

从 1949 年新中国成立到 1956 年三大改造完成，我国总结全面学习苏联的经验并吸取了其中的教训，从当时的实际情况出发制定出了一整套"走自己的道路"的指导方针，这个方针创造性地提出了"百花齐放、百家争鸣"的繁荣科学文化艺术的思想和"应该使受教育者在德育、智育、体育几方面都得到发展，成为有社会主义觉悟的有文

① 李安泰. 四书［M］. 昆明：云南教育出版社，2010.

② 潘懋元. 中国高等教育百年［M］. 广州：广东高等教育出版社，2003.

③ 1912 年，蔡元培作为教育总长主持制定《大学令》，确定了大学"教授高深学术，养成硕学闳材，应国家需要"的宗旨，作了"学"与"术"的分离，确定了大学以文、理两科为主的综合性。

化的劳动者”的教育方针。然而，1966年，有人从文化教育战线开刀，发动了所谓的“史无前例”的“文化大革命”，使我国教育战线特别是使我国大学受到了严重的破坏。改革开放以来，我国大学教育思想经历了从以政治为本位的教育到以经济、科技为本位的教育的转变，从单纯传授知识的教育到注重能力培养的教育的转变。伴随着这次转变，先后形成了“为经济建设服务”的教育价值观、“教师为主导，学生为主体”的师生观、邓小平提出的教育要“面向现代化，面向世界，面向未来”的教育时空观，以及“产—学—研”相结合的教育实践论。这一转变是中国共产党执政以来面临的一次新的重大文化选择，在拨乱反正的思想指导下，我国的大学走上了改革开放和社会主义现代化建设的道路，中国特色社会主义的教育理念促使大学走上了依法执教的教育实践历程。

二、我国大学思想史对当代大学教育的借鉴意义

我国是一个历史悠久的文明古国，大学教育思想源远流长。在我国，“大学之道”有两层意思，一是大学的本质及其办学的客观规律，二是人们关于大学的本质及其办学规律的哲学思考体系，后者与西方的“大学理念”是相通的。二者相比，我国的“大学之道”较之西方的大学理念更富有哲理，更加本土化，而人们对它的认识也有一个在办学实践中逐步深化的过程。

两千多年来的我国的大学教育思想史对于当代大学教育有重要的借鉴意义。总结我国的大学之道，主要有以下三个方面值得借鉴：

首先，育人为本。两千多年来，特别是自中世纪产生近现代意义上的大学以来，就始终把“人的发展”作为教育活动的永恒主题。“育人是大学之本”的思想已经被实践证明为“大学之道”的核心内涵。作为大学存在的第一要义和最根本的大学哲学观，“育人是大学之本”的培养理念是大学教育区别于纯粹研究机构的重要标志。大学从它诞生之日起就把文化育人作为自己应当承担的永恒的根本任务和第一文化使命，古典大学和一般大学是这样，现代大学和研究型大学也是这样，“育人为本”思想的践行确立了大学是人类文明的精神家园和人才养成的重要基地的历史地位。教育活动的本意要求大学教育始终坚守以“致力于照亮人性的美”为核心的人文关怀，始终注重提高受教育者的“基本文化修养”。

其次，科学为根。经过长期抗争，在文艺复兴、宗教改革和启蒙运动等一系列思想解放运动之后，理性终于成为人类认识自然和驾驭自然的认识论基础，从而极大地推动了现代科学的巨大进步。从此，科学正式进入大学这个知识殿堂，实现了从传统大学向现代大学的深刻转变，大学逐渐成了知识的集大成者，进而确立了大学是最富创造力的学术殿堂和人类社会的知识权威的历史地位，为大学成为人类文明的精神家园和人才养成的重要基地奠定了坚实的科学基础。

然而，第二次世界大战结束以来，尤其是人类社会进入以经济全球化为基本特征的崭新时代的办学实践充分证明，在当代，以人文关怀和追求真理为核心的大学科学理性精神正在随着外部世界各种力量的介入而日趋淡化，大学组织正在由人类文明的精神家园、人才养成的重要基地、最富有创造力的学术殿堂和人类社会的知识权威向技术人才与科技成果生产基地蜕变，这种状况被人们称为“大学文化和精神缺失现象”。这种大学文化和精神缺失现象在我国突出表现为教育本义的某些缺失、大学办学

目标的功利化倾向、官僚化气息对大学的侵袭严重和盲目攀比，甚至出现了相当严重的教育、学术腐败现象，以至于有的学者惊呼“我国有些大学至今仍然迷失在政治权力和经济森林之中”，时代强烈呼唤我国大学实现一次新的思想解放和文化觉醒。

最后，文化为魂。“文化”是大学存在的核心价值和又一个极其重要的大学哲学观，文化是大学教育的灵魂也有其自己的含义。文化是一个内涵非常广泛的概念，广义的文化是一个包括知识、信仰、艺术、道德、法律、习俗和任何人作为一名社会成员而获得的能力和习惯在内的复杂整体，狭义的文化专指文化知识和文学艺术。文化深层次的核心内涵指的是一种人们有关世界和人类的基本思想体系，其核心是文化精神和使命，其灵魂是一种文化品位和崇高理想，它是建立在对事物的本质及其在人类社会发展中的历史地位的深刻认识的基础之上的。

“五四”新文化运动以来，特别20世纪80年代以来，我国教育战线思想解放继续得到深入和发展，人们越来越深刻地感悟到，在当代，作为一所真正意义上的大学，更应建立“文化是大学之魂”这个崭新的关于大学的本质及其办学规律的哲学思想体系，确认大学的本质是一种功能独特的文化组织，坚守和尊重大学固有的文化个性，明确大学应当承担的重大文化使命和大学兴衰在国家兴衰中的历史地位，把主要凝聚在深厚的文化底蕴之中的大学文化作为大学核心竞争力之所在。它既是大学赖以生存、发展、办学和承担重大文化使命的根本，也是国家“国际核心竞争力”特别是国家文化软实力的重要内涵和基础。

当前和今后一个时期，我国古老的“大学之道”优秀的思想值得我们继承和弘扬，“育人为本、科技为根、文化为魂”的大学理念将贯穿于大学人才培养的全过程。以史为鉴，全面提高高等教育的教育质量，促进高等教育的全面发展。

参考文献

[1] 慕平. 尚书［M］. 北京：中华书局，2009.
[2] 李安泰. 四书［M］. 昆明：云南教育出版社，2010.
[3] 孙培青，李国钧. 中国教育思想史［M］. 上海：华东师范大学出版社，1995.
[4] 潘懋元. 中国高等教育百年［M］. 广州：广东高等教育出版社，2003.

坚持社会主义核心价值体系，强化高校思想政治教育自觉

俞佩玉

【摘要】在我国社会主义发展的新阶段，高校学生的思想政治教育工作呈现出新的问题，特别是“90后”大学生表现出新的特点。大学要回归育人本质，就应该首先将社会主义核心价值体系融入思想政治教育中，实现全员育人、全过程育人，以理想信念教育为核心，以爱国主义教育为导向，实现师生共同学习、与时俱进的教育格局。

【关键词】社会主义核心价值体系　高校思想政治教育　理想信念　爱国主义教育

作者简介：俞佩玉，1979年生，男，西南财经大学马克思主义学院2011级研究生、西南财经大学保卫处副处长（成都，611130）。

大学是广大青年学子完成身份转变的最后、最重要的阶段。大学的使命规定着大学发展的基本方向，反映出大学理应具备的职能。然而，在社会主义市场经济大背景之下，大学正面临着各种各样的难题，诸如急功近利的教学导向、“90后”大学生思想的多变性与个性、大学精神与文化的迷失、网络时代如何引导学生成长等，层出不穷的新现象引起了社会公众甚至在校学生自身对高校教育的质疑。

2010年，胡锦涛同志在第四次全国教育工作会议上的讲话中强调：要坚持社会主义办学方向，牢牢把握党对高校意识形态工作的主导权。国内诸多学者、教育专家也纷纷呼吁大学应当回归育人本质，而重中之重便是将社会主义核心价值体系自觉融入高校的思想政治教育工作，以理想信念教育为核心，以爱国主义教育为导向，引领教师、学生树立正确的世界观、人生观和价值观，首先成为正直之人，进而将个人理想融入中国特色社会主义共同理想之中，承担历史使命。

一、全员育人、全过程育人，适应学生新的要求

马克思主义中国化的最新理论成果就是社会主义核心价值体系，其主要内容包括以下四点：第一，马克思主义指导思想；第二，中国特色社会主义共同理想；第三，以爱国主义为核心的民族精神和以改革创新为核心的时代精神；第四，以“八荣八耻”为主要内容的社会主义荣辱观。

当前，在校大学生以“90后”为主体。在经济快速发展、网络文化广泛传播、社会加速转型的社会大背景之下，“90后”大学生的成长环境更加复杂，呈现出与以往青年学生不一样的个性特征。

（一）“90后”大学生的突出特征与高校育人现状

首先，主体意识明确、集体意识相对弱化。他们更加注重个性，愿意展现自己，注重实用，但是相对缺乏集体主义的观念。

其次，创新思维活跃，受挫能力不强。由于从小接受的教育更加完备、系统，同时网络为其学习、研究提供了极大的便利性，他们普遍呈现好奇心强、学习能力强的特点，但由于其成长环境相对优越，承受挫折的能力有所下降。

最后，民主观念强烈，享乐主义泛滥。由于社会与公民的民主意识不断增强，他们渴望在学习、生活中充分行使自己的民主权利，以利益主体的视角审视个人与家庭、学校、社会的关系。但由于西方拜金主义以及当前部分负面的社会风气影响，造成他们过分追求物质生活和享乐的特点。

可以看出，这类学生群体具有优点突出、缺点明显的特征，他们更加需要高校的教育引导，而对世界观、人生观和价值观的引领，更多的是思想政治教育方面的工作。党的十七届六中全会提出，推进社会主义核心价值体系建设、巩固全国各族人民团结奋斗的共同思想道德基础，是以科学发展为主题建设文化强国的根本任务，并强调要把社会主义核心价值体系融入国民教育中。社会主义核心价值体系建设的根本目的是提高人的思想道德素质。这对于青年学生完成身份转换，以健全的心智走向社会具有重要的实际意义。

针对当代大学生呈现出的新特点，教育形式成为重要的研究课题。一方面，目前高校重智轻德的现象仍然存在，全员育人、全过程育人的理念尚未得到充分发展，对大学生思想政治教育工作的不重视导致教育引导效果不佳；另一方面，大部分高校长期不能摆脱单纯教育、规范式教育的理念，片面强调教育者的意志体现，采用灌输式的教育方法，忽略了大学生的主观能动性，也无法对学生产生吸引力。因此，高校应当就形式与内容两个方面进行反思，努力适应当代大学生的新需求。

（二）加大高校育人改革力度

第一，内容应当更加贴近大学生的实际需求，与现实热点问题紧密结合。马克思说过：“人们奋斗所争取的一切，都同他们的利益有关。”“‘思想’一旦离开‘利益’，就一定会使自己出丑。”这里，笔者并不是强调功利主义，而是坚持高校的思想政治教育应该给大学生带来实实在在的利益。例如，利用讲座交流等形式引导大学生的择业观，让他们理解工作不仅是谋生的手段，更是实现个人理想和价值的过程，引领他们将自己的职业生涯与人生目标、工作选择与社会贡献相结合。只有让学生在活动中得到启发、产生共鸣，并且对其今后的人生道路有所帮助时，他们才会主动接受看起来枯燥无味的思想政治教育，并且付诸实践。

第二，形式应当更加自主化、丰富化、无意识化。虽然我们都亲身感受到网络技术所带来的便捷，但多数大学生思想政治教育工作仍然采取理论学习的方式，对学生进行单向的灌输。这种教育手段既不符合当代大学生学习知识的习惯，也无法调动他们主动参与的积极性。理论知识的传授是高校思想政治教育工作的基本保证，但以社会实践为主要形式的“第二课堂”教育在践行社会主义和谐新价值体系上发挥着越来越重要的作用。组织大学生广泛参与“三下乡”、社会调查、学术调研、志愿服务、专业实习等，让大学生走出校门，在团队协作中发挥主观能动性，亲自设计、亲自联系、亲自实践、亲自总结，能够在短时间内获得巨大的成长。在校园内，更应该利用基层团组织、党组织的凝聚作用，抓住重大节日、重大事件、重大活动的契机，以学生社团为依托，开展主题突出、特色鲜明的活动，形成有利于践行社会主义核心价值体系的生活情境和良好氛围。

二、以理想信念教育为核心，以爱国主义教育为导向，增强青年学生凝聚力

胡锦涛同志曾指出："理想信念是一个政党治国理政的旗帜，是一个民族奋力前行的向导。"有了共同的理想，才能使青年学生凝聚在一起，朝着共同的目标发展。这不仅是高校育人的一个核心，更因为当代大学生在树立正确理想信念方面的缺失，而成为将社会主义核心价值体系融入思想政治教育之中的重点、难点。

（一）当前高校教育功利化倾向严重

中国当前的高校教育中，过度的"社会化"导向使得大学教育距离应有的大学使命、大学精神越来越远。一方面，有些大学教育者过度看重经济利益，将学生当成投资的手段，将知识仅当成商品的交换；另一方面，有些大学教育者过度强调功利主义、实用主义，以学生找到好工作、进入更好学府为唯一目标，忽视学生精神、品格和境界的提升。这就需要高校在开展思想政治教育工作时，更加注重对大学生远大理想的培养和人生长期目标的塑造，突破这种狭隘、局限的功利主义眼光。

（二）以社会主义核心价值体系引导青年学子树立崇高的理想信念

党的十七届六中全会通过了《中共中央关于深化文化体制改革 推动社会主义文化大发展大繁荣若干重大问题的决定》，用"五个坚持"对文化发展成就做了概括，其中之一便是：坚持推进社会主义核心价值体系建设，用马克思主义中国化的最新成果武装全党、教育人民，用中国特色社会主义共同理想凝聚力量，用以爱国主义为核心的民族精神和以改革创新为核心的时代精神鼓舞斗志，用社会主义荣辱观引领风尚，巩固全党全国各族人民团结奋斗的共同思想道德基础。

社会主义核心价值体系是社会主义意识形态的本质体现，也是适应现实中国国情的科学命题，它不仅与全体社会成员的日常生活密不可分，还有助于在价值取向多元化的今天，在尊重差异、包容差异的基础上，形成和保持全社会共同的理想信念和道德规范。而大学生的理想信念教育就是社会主义意识形态的生动实践，其实质就是"培养什么人、如何培养人"。

1. 崇高的理想信念是人生的奠基石

对大学生的理想信念教育，要求广大青年学生普遍认同以及高度信赖社会主义核心价值体系，最终实现对社会主义价值取向的高度自觉，增强对社会主义美好未来的信念，确立起对共产主义奋斗目标的科学信仰。只有在思想政治教育工作中积极融入理想信念教育，才能从思想上、政治上真正对学生产生引领作用；只有经过充分的理想信念教育，才能使大学生对自己肩负的历史责任与使命更加清晰，在确定个人理想的同时，还拥有远大的社会主义共同理想，才能够使他们在日常言行中有所担当。"90后"大学生的个性化是高校思想政治教育中的难题，也是必须面对的特点，让他们对共同理想有所理解，才能够形成强大的凝聚力，在民族兴亡、大是大非面前坚持原则、辨清黑白。

2. 民族精神与时代精神是改革创新的力量源泉

以爱国主义为核心的民族精神和以改革创新为核心的时代精神是社会主义核心价

值体系的精髓，弘扬爱国主义精神则是培育大学生理想信念教育新的生长点。在祖国还很落后的时代，各个领域的许多专家、学者放弃西方国家给予的优厚待遇，回到祖国发光发热。而当前，随着社会的高速发展、经济的迅速崛起，越来越多的学生选择了出国深造、发展。我们尊重学生的个性发展与自我选择，但是这也反映出爱国主义教育的不力。应当启发大学生成长为具有强烈爱国主义精神的建设者和接班人，帮助他们在走入社会之前认识到社会主义制度的优越性，坚定共产主义信仰，自觉把自我价值的实现融入社会主义现代化建设和实现中华民族伟大复兴上来，把个人的发展与社会的进步、国家的强盛统一起来。

三、创新教学手段，创造平等乐学的教学氛围

社会主义核心价值体系融入高校育人的全过程，已经成为高校思想政治教育的铸魂工程。在思想政治教育的过程中，有两个主体。一是教师，他们是传授、引导、组织和服务的主体；二是学生，他们是受教、学习、创新和领悟的主体。如今高校思想政治教育工作中的各种缺失与不足，不仅与学生呈现出的新特点有关，还与教育者自身修养有所欠缺息息相关。

在新的社会环境下，不仅是学生，部分教师身上也呈现出道德失范、诚信缺失等问题；部分教师没有自觉地接受思想政治教育，更新自己的知识体系，掌握学生的特点，仍然以落后的、传统的灌输方式来完成思想政治教育的任务，因此，高校思想政治教育的对象不仅应该囊括教师群体，还应当对他们提出特别的要求。

首先，创新教学手段，选择学生喜欢、乐于接受的形式完成教学。教师应当在教学环节扮演引导者、组织者和服务者的角色。传统的授课模式略显枯燥，不仅效果不好，甚至可能起到反作用。可以以项目、课题的模式分解教学内容，利用先进的网络技术，采用学习小组、网络社区、课外实践、辩论交流等多种形式完成思想政治教育。

其次，树立师生平等的观念，形成共同学习、共同进步的氛围。“90后”大学生强调民主、平等，对自己认可的事情愿意付出努力去完成，对于不认可的事情有强烈的逆反心理，因此教师应当根据大学生对于平等的诉求，明确其学习主体的事实，成为他们学习、生活中的伙伴、朋友，潜移默化地对学生们产生良好影响。

最后，建立长效机制，把握舆论引导工作这一重点。当下，社会思潮易于向高校集散、社会问题易于向高校投射、社会热点易于向高校传导、社会矛盾易于向高校转移，在面对社会问题时，大学生往往没有足够的辨别能力，容易受到一些极端思想和做法的影响，从而造成极为严重的负面后果。注重舆论引导，绝不是限制学生的思想自由、言论自由、行为自由，相反，是引导他们学会正确、客观、冷静地看待事物，进而做出正确的选择。

四、结语

民族的根本事业在于教育。在新的社会环境下，高校的教育者在孜孜不倦地总结着过往的经验与教训，但随着社会、经济、科技的发展，我们仍然面临各种各样的育人难题。不言而喻，高校的思想政治教育工作需要将社会主义核心价值体系的方方面面融入教育过程中，回归大学育人的本质，实现全员育人、全过程育人，引导学生树立正确的世界观、人生观和价值观，以理想信念教育和爱国主义教育为先导，凝聚学

生、鼓舞斗志，从而使其真正成为对个人、对家庭、对社会有用的人。

参考文献

[1] 马克思恩格斯全集：第1卷 [M]. 北京：人民出版社，1995.

[2] 胡锦涛. 高举中国特色社会主义伟大旗帜，为夺取全面建设小康社会新胜利而奋斗——在中国共产党第十七次全国代表大会上的讲话 [OL]. http://paper.people.com.cn/rmrb/html/2007-10/25/content_27198418.htm，2007-10-15.

[3] 白云鹤. 试析社会主义核心价值体系下的高校学生思想政治工作 [J]. 前沿，2012 (10).

[4] 顾海良. 努力形成和实现高效思想政治教育新格局新目标 [J]. 中国高等教育，2012 (5).

[5] 吴勇. 新媒体时代大学生思想政治教育创新的途径 [J]. 学校党建与思想教育，2012 (5).

[6] 姜华. 论社会主义核心价值体系对大学生理想信念教育的引领 [J]. 学校党建与思想教育，2012 (5).

[7] 李海玉. 以社会主义核心价值体系为根本推进大学文化建设探究 [J]. 教育探索，2012 (4).

全球化背景下大学生的马克思主义信仰危机及其重建

徐新瑶

【摘要】全球化是一把双刃剑，随着对外开放的不断深入，全球化所带来的弊端日益凸显。当代大学生在经济全球化背景下出现了马克思主义信仰危机甚至信仰缺失等一系列问题。研究大学生出现信仰危机的原因及如何进行信仰重建，不仅关系着如何扭转这种不良现象，更可为以后的发展提供更好的思路。

【关键词】全球化　大学生　马克思主义信仰危机　信仰重建

作者简介：徐新瑶，1989 年生，女，西南财经大学马克思主义学院 2012 级硕士研究生（成都，611130）。

我国改革开放至今已三十余年。正因为实行改革开放这一伟大决策，我国才从闭关锁国的状态逐渐走向世界，融入地球村这个大家庭。全球化不仅使我国经济得到了迅速发展，也使人们的思想有了很大的进步。全球化带给我们的利益是不容忽视的，但其带来的弊端也是非常明显的。这种弊端不仅表现在经济层面，更对政治层面和思想层面形成了较大的冲击。

一、全球化对思想层面的负面影响

改革开放以来，我国在思想建设方面一直承受着较大的压力，伴随着苏联的解体及世界范围内的社会主义阵营陷入低谷时期，国际力量对比严重失衡，这些大的国际环境使我国在建设社会主义的过程中遭遇了前所未有的挑战。我国加入 WTO，是我们国家融入世界的实质性首要步骤，但伴随而来的就是西方思想对我国主流思想的严重冲击。

首先表现在对我国社会主义价值观念的影响方面。马克思有一个基本观点，即任何统治阶级的思想总是社会的统治思想。在当今“一超多强”的世界格局下，美国所拥有的强大的军事、经济、政治和科技等实力，决定了美国不仅能在经济上掌控世界，更是在思想文化方面具有很大的影响力。1999 年，时任美国国务卿奥尔布赖特曾自信地说：“中国将随着信息流通而民主化。只要中国想在经济上竞争，就不可能不让国际互联网和全球化的风潮进入中国。随着信息的流通，民主就会到来。”如今我们不得不承认，国内有越来越多的学者、干部等越发认同西方的文化。有人曾主张实行指导思想多元化，否定马克思主义、毛泽东思想、邓小平理论等的指导地位，更有人开始推崇西方的“自由、民主、人权”观念，对党的领导持怀疑态度，否认社会主义初级阶段的基本经济制度等。

其次表现在对我国文化方面的冲击。我国是传统文化大国，虽然近些年高喊弘扬民族文化的口号，某种程度上也取得了很大的成绩，但是我们也应认识到，我国长期在科技、经济和管理等方面落后，致使我们的文化产业不够发达，适应不了社会主义市场经济的发展。相比之下，外国的文化产业已经发展得相对成熟，其文化产品一旦涌入中国，国民在文化选择上就有了更多的选择自由。这方面从外国大片在我国放映时的火爆场面就可想而知。

一个国家的意识形态与其文化有着非常紧密的联系，如果一个国家的传统文化不能形成较强的支撑力，就会危及主体意识形态的政治权威。而这也是我国正在面临的问题之一。

在这样的世界形势下，我国当代大学生也难以逃过西方思想冲击的洪流，因此部分大学生也逐渐表现出对马克思主义怀疑、对社会主义怀疑的倾向。

二、大学生马克思主义信仰危机出现的原因

信仰是人类对于某种事物的主张和尊敬，它决定着一个人的世界观和价值观。马克思主义信仰是指“人们对马克思主义的相信和信奉，并作为行动的指南，包括对马克思主义的信仰态度、信仰内容和信仰的价值性”①。作为社会主义国家的大学生，我们应当坚定马克思主义信仰，并以此作为指导思想，为建设社会主义事业贡献自己的力量。但在全球化的今天，经济和思想上的双重冲击，使当代大学生的马克思主义信仰出现了危机。主要原因如下：

（一）历史原因：苏联解体和东欧剧变挫伤了部分信仰者的信心

世界上曾经因苏联的出现而使人们相信共产主义的力量，相信马克思、恩格斯的一系列理论。可以说马克思主义信仰与共产主义实践运动是密不可分的。但是20世纪80年代末90年代初的东欧剧变和苏联解体，使一些人开始怀疑共产主义理论，这是导致马克思主义信仰危机的一个重要原因。

改革开放之初，一切都像邓小平所讲的一样，“摸着石头过河”。邓小平说“不管黑猫白猫，抓到老鼠的就是好猫”，主张发展社会主义市场经济。这使得一部分人对马克思主义理论产生误解，认为并不是一切都必须得按照马克思所言行动，一切都是可以改变的。经济要发展，最终还是会走向资本主义道路，因此开始怀疑马克思主义。

（二）理论原因：理论同现实脱轨，使一些人开始怀疑马克思主义

部分马克思主义研究者在研究马克思主义的过程中不免产生片面的见解。马克思在对资本主义进行分析和批判的基础上提出了资本主义必然走向灭亡的判断，认为资本主义是落后于共产主义的社会制度，在那里人们受尽剥削和压迫，没有民主和自由。然而我们如今所见到的资本主义国家，恰恰大都是经济高速发展、相对民主和自由的国家。而且根据马克思这一理论，当时的苏联社会主义和东欧社会主义国家应当高速发展，但最终的结果却是以东欧剧变和苏联解体而告终。这大大削弱了马克思主义理

① 刘建军. 论马克思主义信仰［J］. 马克思主义研究，1997（2）.

《光华思想政治教育论坛》征稿启事

《光华思想政治教育论坛》是由全国高等财经教育研究会思想政治教育协作委员会主任委员单位西南财经大学马克思主义学院主办的关于高校思想政治教育理论研究的辑刊,旨在为全国财经类高校及其他高校的思想政治教育研究搭建一个学术思想交流的平台。

本辑刊由西南财经大学出版社出版发行,主要面向高校思想政治教育教学工作者和思想政治理论研究者征稿。辑刊设有马克思主义理论研究、马克思主义中国化时代化大众化研究、党史党建理论研究、社会主义文化理论研究、思想政治工作和理论研究、高校思想政治理论课教育教学研究、马克思主义理论学科建设研究、大学生党团组织建设研究及其他重大现实问题研究等栏目。

来稿请遵循以下事项:

(1)稿件为学术性论文,融思想性、理论性和实用性为一体,要求观点鲜明、论据充足、论证清晰、资料翔实,篇幅以8000字左右为宜。

(2)请提供作者简介,包括出生年月、性别、民族、籍贯、工作单位、职称职务、学位、主要研究方向、通信地址、邮政编码、电子邮箱、联系电话,等等。

(3)来稿请附300字以内的内容摘要和3~5个关键词。若属基金项目,请标明项目名称及编号。

(4)注释和引用文献全部以页下注形式标出,编号格式为①②③……,编号方式为"每页重新编号"。若参考文献列于文后,编号格式为[1][2][3]……。

(5)注释和参考文献的著录方式为:

①专著、论文集、学位论文、报告等,著录方式为:[序号] 主要责任者.书名[文献类型标识].出版地:出版者,出版年:页码.

文献类型标识为:专著M,论文集C,学位论文D,报告R,其他文献Z.

②期刊,著录方式为:[序号] 主要责任者.篇名[J].刊名,年卷(期):页码.

③报纸文章,著录方式为:[序号] 主要责任者.篇名[N].报纸名,出版日期(版次).

④电子文献,著录方式为:[序号] 主要责任者.电子文献题名[电子文献及载体类型标识].电子文献的出处或可获得地址,发表或更新日期/引用日期.

电子文献及载体类型标识为:[DB/OL]——联机网上数据库,[DB/MT]——磁带数据库,[M/CD]——光盘图书,[CP/DK]——磁盘软件,[J/OL]——网上期刊,[EB/OL]——网上电子公告。

稿件作者请邮寄A4纸打印稿一份,并同时发来电子稿。来稿一俟刊用,即致电通知,逾3个月未收到用稿通知,作者可自行处理。本辑刊本着"学术至上"的原则选用稿件,不收取任何版面费。诚挚欢迎广大专家、学者赐稿!

来稿请寄:四川省成都市温江区柳台大道555号 西南财经大学马克思主义学院 陈宗权老师收;邮政编码:611130。电子稿请发至:ghszlt@163.com。联系电话:028-87092165。

《光华思想政治教育论坛》编委会

西南财经大学马克思主义学院

2013年10月

论的解释力量。

还有一部分学者认为社会主义经济实践同马克思经济学有出入，认为马克思经济学已经过时，甚至很多高校教师更加偏向于相信西方经济学。“在现实生活中，马克思主义的劳动价值论受到挑战。劳动价值论认为只有劳动才创造价值，而物化劳动只转移价值。但事实上我国实行多种分配形式，生产要素参与分配，这实际上已经承认资本等要素也参与了创造价值。”①但是由于大学生对理论学习还不够深入，因此一些人对马克思主义经济学理论产生了一定偏见。

（三）社会原因：学校教育和社会环境严重影响一些大学生的马克思主义信仰

可以说社会环境对大学生的影响是最大的。社会原因可以分两点来谈。首先是学校。现在高校对信仰教育这一块是严重缺失的。学校教育更加注重实用主义，与其说是信仰教育，不如说是政治教育，把党和国家所信仰的理论体系硬性地灌输给学生，这就使得课程内容枯燥乏味，从而使得学生产生排斥心理。部分高校甚至把马克思主义教育当成硬性规定、不得不完成的任务来看待，往往是敷衍了事。当然这同教师素质也是有很大关系的。现在很多教师专业素养不够，科研水平不高，缺乏马克思主义的理论基础，对一些理论甚至不能给出准确的解释，这就使得这一理论看起来缺乏真理性，不能得到大学生的认同。

其次是在对外开放的过程中，西方思潮对我国的冲击也非常之大。尽管对外开放使得我们国家获得了前所未有的机遇，然而随之而来的西方思潮也对我国的思想领域发起了很大的挑战。西方一方面宣扬“民主、自由、平等、博爱”等思想，一方面对我国社会的某些不良现象夸大其词，歪曲事实，导致很多大学生的思想处于混沌状态，甚至开始怀疑我国的政治体制，怀疑马克思主义思想理论。可以说我国正处在经济体制和政治体制深刻变革的时代，西方传入的新自由主义、社会民主主义和虚无主义思潮都在处心积虑地批判社会主义，直接或间接地否定马克思主义，很大程度上颠覆了中国人民的信仰。再加上我国正处于并将长期处于社会主义初级阶段，经济体制、政治体制发展还很不完善，与真正的共产主义还有很大的差距，因此我国还存在贫富差距、贪污腐败等社会问题。这些负面的影响就使得部分青年学生在西方思潮的诱惑之下逐渐摒弃了马克思主义信仰。

三、大学生马克思主义信仰危机的表现

（一）政治意识模糊

在我国经济迅速发展的同时，我们应该认识到国家的政治体制改革并没有跟上经济发展的步伐，因此我国面临着许多政治问题和社会问题，这些现象渐渐使得部分青年学生对社会主义失去信心，特别是对外开放以来国外各种政治思潮对部分青年学生的冲击，再加上部分大学生对马克思主义存在片面理解，甚至不了解马克思主义，从而导致了部分青年学生的政治信仰越发模糊。

（二）功利主义倾向严重

在当前时期，“80 后”普遍面临着工作难、买房难、还贷难等问题。在金钱价值

① 李小静. 当代大学生马克思主义信仰危机的原因探析［J］. 科教文汇，2006（12）.

凸显的当代社会，不少青年大学生往往回归现实，认为有价值、有意义的事情才会去做，否则就采取“事不关己，高高挂起”的态度。这种严重的功利主义倾向使得当代不少大学生的责任意识淡薄。

（三）道德信仰缺失

大学生的道德认同感与社会主流价值具有一致性，然而当今大学生的道德认同感却出现了下降的趋势。他们甚至批评某些优良的道德行为，反而去欣赏、赞扬某些不道德的行为。比如当下对待老人跌倒是否应扶的问题就争议很大。按照中国的传统道德伦理来讲，上前扶起跌倒的老人是美德，是乐于助人的表现。然而实际情况是大家能避免就避免，能装看不到就装看不到。当然这不仅是大学生的道德信仰出现了问题，而且是整个社会都陷入了一种道德困境，与社会主义道德完全背道而驰。同我们的前几代相比，我们的道德信仰出现了严重的危机。现在的青年大学生对道德“信而立”者占大多数，“仰而为”之人却为数不多，知行不一的现象越发严重。

（四）法律信仰难以建立

我国是法治国家。虽然在社会主义初级阶段，我国的很多法律并不完善，但我们仍然是法治国家。而不少当代大学生却对法律常识知之甚少，甚至无知，因此容易忽视法律的约束和保护作用，认为所谓的自由就是为所欲为。2013 年 4 月 11 日，上海市公安局文化保卫分局接复旦大学保卫处报案称：复旦大学枫林校区 2010 级硕士研究生黄某自 4 月 1 日饮用了寝室内饮水机中的水后出现身体不适，有中毒迹象，正在医院抢救。经公安机关现场勘察和调查走访，初步查明，林某因生活琐事与室友黄某关系不和，心存不满，经事先预谋，3 月 31 日中午，将其做实验后剩余并存放在实验室内的剧毒化合物带回寝室，注入饮水机内。4 月 1 日上午，黄某饮用饮水机中的水后出现中毒症状，后经医院救治无效，于 4 月 16 日去世。此案件凸显大学生对法制的无知和淡漠，值得警醒。加之前几年出现的马加爵事件、药家鑫事件，都应引起我们对青年大学生法律教育的重视。而我国的青少年犯罪率较高的原因之一就是青年难以建立法律信仰。

四、大学生马克思主义信仰的重建

国家的未来掌握在青年学生的手里，因此坚定青年大学生的马克思主义信仰是至关重要的事情。可以从个人、学校、社会三个方面着手重建大学生的马克思主义信仰。

（一）个人对马克思主义的重新认识

当人们有信仰作为精神支撑之时，方向就会有保证，行动就会有动力。作为社会主义国家的一分子，特别是作为祖国未来的栋梁，我们应该加深社会主义意识，坚定共产主义理想，认真学习马克思主义，建立自己坚定不移的马克思主义信仰。

心理学研究表明，信仰首先来自于认识，对马克思主义信仰应首先来自于对马克思主义理论的认识。而当代大学生在大众传媒、情感交流等其他方面对马克思主义理论的认识出现了误解。因此青年学生应认真学习马克思主义，通过阅读马克思主义经典著作，纠正自己对马克思主义的片面理解，真正了解马克思主义的真正使命、价值追求及人文关怀。

强调信仰和理想的重要性并不是纸上谈兵、脱离实际的道德说教，而是应该在社会实践过程中亲身体验的。实践出真知，只有大学生们在实践中真正感受到马克思主义的人文关怀，才能在实践中培养自立、自强、自信、艰苦奋斗的优良精神。

此外，大学生还应积极面对现实生活中出现的种种不如意事情，要持有乐观积极的态度，不应该一遇到困难就惊慌失措，就找一个精神依托，相信宗教。相反，遇到困难我们应该用正确的理论武装自己，用积极向上的态度面对困难、解决困难，这才是大学生的正确做法。

（二）学校教育至关重要

信仰是每个人的自由，如果国家一味地希望每个人都持有马克思主义信仰，这显然是违背信仰构建心理原则的，因此要有重点地培养马克思主义信仰者。大学生是祖国未来的栋梁，自然是被培养的主体。重建大学生的马克思主义信仰，除了大学生自己通过了解学习之外，学校扮演着一个不容忽视的角色。

高校应该改革课堂教学方式。马克思主义是一门理论性较强的课程，如果课堂上老师只是注重向学生灌输理论，那么课堂必定死气沉沉，久而久之，学生就会对此门课程甚至对马克思主义产生排斥和厌烦的心理。因此高校应该反思课堂教学方式。老师们可以组织大学生参加辩论会，设置正反两方面让同学进行辩论，这样大学生在准备的过程中就会对相关知识有一定的并且是主动的掌握，而通过同学之间的辩论更能加深印象；可以组织大学生观看一些革命历史题材的电影，在放松的学习环境中加强学生的主动接受能力；参观历史博物馆，让大学生通过了解前辈们为共产主义事业付出的努力、前辈们所取得的功绩等来坚定自己对马克思主义的信仰。这些活动都可以很好地使大学生投入到课堂中来，使其积极性得到提高。同时学生也可通过对这些活动的准备过程，真正学到知识。

目前高校还出现了学校重视不够、教师素质不高、功利主义教育等消极现象。教师作为带动学生学知识的引导者，也是传播马克思主义思想的重要人物之一，应当具备较高的学科素养和教师素养。首先高校领导要在教育过程中注重对大学生的马克思主义信仰教育，积极鼓励和推进马克思主义理论研究工作和大学生理想信仰教育的工作制度化。定期开展调研，及时发现问题，然后寻求有效的方式方法解决问题，真正做到客观评价工作情况。其次在教育过程中，教师不能只搞形式主义，要丰富充实理想信仰教育的内容。同时教师也应转变课堂教学方法，不能仅仅单纯地将马克思主义理论等相关内容在课堂上灌输给学生，要将课堂拓展到社会，联系实际，让同学们在实践中接受锻炼，在实践中增强同学们树立崇高理想的自觉性。同时也要通过社会实践，使同学们认识到改革开放以来我国在各方面的迅速发展，通过这些鲜活有说服力的例子来引导大学生用马克思主义的立场、观点和方法观察、认识现实并解决现实问题，从理性、实践的层面体验马克思主义的真谛。此外教师也要不断提高自身的专业素养。高校政治理论等相关课程的教师要认真学习钻研马克思主义的相关理论，丰富马克思主义理论的背景知识，增强马克思主义理论的分析能力，不断提高马克思主义的理论水平和业务素质，真正成为当代青年大学生树立马克思主义信仰的领路人。

（三）社会扮演着重要的角色

实践是检验真理的唯一标准。马克思主义是不是真正可以作为我们的信仰，社会要给出很好的证明。因此重建大学生们的马克思主义信仰，社会应承担很大的责任。

首先，要努力构建社会主义核心价值体系，加强马克思主义主流意识形态建设。随着区域一体化、经济全球化的不断发展，西方发达国家利用其强大的科技、政治、经济实力，利用非科学的社会思潮向其他国家特别是社会主义国家传播其资本主义价值观和意识形态，企图达到和平西化的目的。在这样的背景下，我们国家更应加强马克思主义主流意识形态的建设和教育，加快构建社会主义核心价值体系。党的十七大报告指出："建设社会主义核心价值体系，增强社会主义意识形态的吸引力和凝聚力。"通过思想政治理论教育，用社会主义核心价值体系引导高校大学生树立正确的价值观，必然有利于马克思主义主流意识形态在高校的弘扬和传播。

其次，利用现代传媒，拓展马克思主义信仰教育的新路径、新方法。人们生活在一定的社会环境中，社会文化和氛围总是对人的价值观、世界观产生着不同程度的影响。随着科技的高速发展，近几年大众传媒对人的价值取向的影响越来越大。以互联网为代表的现代传媒成为各种思想文化、信息传播的重要载体，同时也影响着大学生的思想观念、生活方式和价值取向，也成为师生交流的平台和获取知识、拓展思想境界的重要平台。因此通过现代媒体来传播马克思主义思想，拓展大学生马克思主义信仰教育的途径、方法，积极通过网络平台开拓网络马克思主义宣传阵地和平台，并根据在校大学生的不同特点，有针对性、差异性和选择性地进行宣传教育，这样才能在"西化"的网络文化中找到自我，不会迷失方向。

最后，大力开展反腐倡廉活动。目前党内存在的贪污、腐败案件逐渐被新闻媒体曝光，导致大学生开始怀疑党的先进性，削弱了大学生对马克思主义的认同感。因此要大力开展党内的反腐倡廉，党员作为马克思主义的践行者，要以身作则，为大学生树立榜样，增强大学生对马克思主义理论的信心。2009 年 1 月 13 日，胡锦涛在中国共产党第十七届中央纪律检查委员会第三次全体会议上发表重要讲话。他强调要准确把握党风廉政建设和反腐败斗争面临的形势和任务，充分认识反腐败斗争的长期性、复杂性、艰巨性，深入学习和实践科学发展观，重点完善惩治和预防腐败体系，坚持反腐倡廉常抓不懈，将党风廉政建设和反腐败斗争不断推向深入。只有党内廉政，国家才会得到稳定快速的发展，社会才会安定和谐，也才能有利于大学生坚定马克思主义信仰。

五、结语

对于东欧剧变和苏联解体，我们要有正确的认识，即当时的社会条件不够成熟，对理论的研究不够透彻，加上领导人的错误决策导致了这一结果。而在当下，我国已经进入社会主义初级阶段，马克思主义中国化的理论有了很大的发展，特别是我国领导人一贯实事求是，从我国国情出发，走中国特色社会主义道路，做出了正确的决策。虽然我国现在经济、政治体制方面还存在很多不完善的地方，贫富差距大、就业率低等相关问题仍然存在，但是我们需认识到，我国正处于并将长期处于社会主义初级阶段。随着我们对马克思主义理论的更深刻的认识，及我国的综合国力的不断发展，今后政治体制、经济体制肯定会逐渐得到完善，社会问题肯定会逐渐减轻减少、人民生活水平肯定会有更大的提升。因此在全球化的今天，我们应当坚定不移地树立马克思主义信仰，坚定不移地走中国特色社会主义道路。相信我国的明天会更好！

参考文献

[1] 熊英，阳海音，周行. 价值多元背景下青年大学生马克思主义信仰的建构[J]. 学校党建与思想教育，2011 (13).

[2] 柯琳. 对当代马克思主义“信仰危机”的哲学探微 [J]. 学理论，2012 (8).

[3] 杨华，郑卫荣. 大学生的马克思主义信仰问题及缘起 [J]. 浙江社会科学，2011 (9).

[4] 周辉. 马克思主义信仰建构的心理困境探析 [J]. 教育与教学研究，2012 (2).

[5] 赵路. 转型期大学生马克思主义信仰危机原因浅析 [J]. 求实，2011 (S2).

财经院校推行艺术教育的思考与探索

沈思　乔谦

【摘要】作为促进人全面发展的重要手段，艺术教育在传承人类文明、促进思想交流、培养大学生人文素养、提升其创新精神及能力方面起着关键性作用。财经院校肩负着为国家培养高素质财经人才和经济建设领导者的历史使命，基于学科比较单一的现状，人才培养不仅要突出财经特色，更要注重学生艺术修养的培养。在推行艺术教育中，不应满足于知识层面目标，也不应满足于“取悦”学生，而应紧紧围绕提升艺术素养目标，大力深化教学改革。

【关键词】财经院校　艺术教育　思考　探索

作者简介：沈思，1981年生，男，西南财经大学人文学院讲师；乔谦，1986年生，女，四川攀枝花人，四川旅游学院思想政治理论教学部教师。

创新是一个民族进步的灵魂，是国家兴旺发达的不竭动力。我国高校教育担负着全面提升受教育者素质，培养创新型人才的重要使命。艺术教育对创新型人才的培养有着极其重要的意义，通过接受艺术熏陶，使大学生较为全面地了解艺术与人类、艺术与生活、艺术与情感、艺术与科学的关系，促进情感、态度、价值观的发展，培养他们的人文精神，提高生活品味，从而促进全社会的进步。财经院校在为国家和经济社会培养高素质财经专门人才和经济建设领导者的同时，更要注重学生艺术素质的全面提升，从而培养出适应国家发展需要的创新型人才。西南财经大学是教育部直属的“211工程建设”的全国重点财经大学，其开展艺术教育的实践探索较早，在财经院校开展艺术教育具有典型性。本文重点以该校的艺术教育实践为例进行分析。

一、艺术教育与通识教育

通识教育（General Education），中国学者也将它译为“普通教育”、“一般教育”、“通才教育”等。它是美国高等教育在其历史发展中，将西欧的自由教育与美国本土的教育实践相结合而产生的一种高等教育思想和实践，是美国高等教育的创新之举。原哈佛大学哈佛学院院长哈瑞·刘易斯曾这样解释当代大学使命：“追问什么是真、善、美；赋予学生思考深刻问题的灵感与技巧；挑战传统的思想和习俗；让学生追问什么给他们带来生活的意义，什么使他们能更加热爱生活。”①对大学生这个特殊群体来说，

① 哈瑞·刘易斯. 失去灵魂的卓越——哈佛是如何忘记教育宗旨的［M］. 上海：华东师范大学出版社，2007.

通识教育可以引导他们发现和探索人生的价值，使他们懂得在满足物质需求的同时，要在精神世界里追求更高的境界。

通识教育的理念被引进中国之后，理论界从不同层面对它作了阐释和定义："就其性质而言，通识教育是高等教育的组成部分，是所有大学生都应接受的非专业性教育；就其目的而言，通识教育旨在培养积极参与社会生活、有社会责任感、全面发展的创新型人才；就其内容而言，通识教育是一种广泛的、非专业性的、非功利性的基本知识、技能和态度的教育。"①在这种理论背景下，中国高等教育的目的和内容被重新审视，教育界开始反思以往"专业化教育"在人才培养方面存在的偏颇和缺陷，希望借助通识教育的全新思路来促进学生在智力、体力、道德、情感诸方面的全面发展。

进入21世纪以来，中国越来越多高校逐渐意识到"专业化教育"在人才培养方面的短视和狭隘：大学生片面追求成绩，而不能积极发展个性、拓展视野、开拓思维；更重要的是，高校在努力将学生打造成一件（有谋生能力的）合格产品的同时，忽略了对学生作为一个完整的"社会人"的培养，导致许多学生的社会责任感降低或缺失，很少站在社会发展的高度来考虑个人成长、社会进步、国家富强。因此，有必要改变教育理念和实施方式，通过开展通识教育来完善学生的知识结构，拓宽学生的视野，提高学生的综合素质。

艺术教育是通识教育不可或缺的重要内容。苏联教育家苏霍姆林斯基曾指出："理解和感受美是自我教育的强大源泉"②，他把美比作心灵的体操，认为美能够矫正人的精神、良知、信念和情感。艺术教育是培养正确的审美观并使人具有欣赏美、创造美的能力的教育，也是高校教育内容的有机组成部分，它为人们提供了认识世界、改造世界的重要手段，也为人类实现自身美化、完善人格塑造提供了重要途径。作为美育核心内容的财经院校艺术教育，是针对非艺术专业学生施行的一种艺术教育（本文中的"艺术教育"特指在高等院校开展的"公共艺术教育"），这种教育既不等同于艺术专业院校的技法传授，也不仅仅停留在丰富校园文化与学生课余生活这一初级层面上，而是通过艺术教育来培养人的道德感、审美情趣、意志和创造力等基本素质，使学生感受真、善、美，进而健全人格、修炼气质，促进个性健康发展。这与以完善人格为目标的通识教育理念是相通的。因此，艺术教育理应在通识教育中占有一席之地。

我国财经院校肩负着为国家和经济社会培养高素质财经专门人才的历史使命，虽然学科相对比较单一，但绝不应满足于培养"工匠"。在这类大学中推行通识教育，从学科、资源、文化积淀等条件方面以及办学思路方面肯定不同于综合性大学。她必须既要注重学生的综合素质培养，也要突出财经特色。从2006年起，以西南财经大学为代表的财经院校陆续推行通识教育，并根据教育部要求，将艺术教育纳入人才培养的重要内容，"艺术修养与审美体验"（即"艺术导论"）被作为艺术教育的核心课程，纳入了该校本科生培养方案（第一课堂）。同时，在第二课堂也继续推进并深化已有的各种艺术活动。

---

① 李曼丽，汪永铨. 关于"通识教育"概念内涵的讨论［J］. 清华大学教育研究，1999（1）.

② 苏霍姆林斯基. 苏霍姆林斯基选集：第2卷［M］. 蔡汀，等，译. 北京：教育科学出版社，2001：231.

二、财经院校实施艺术教育的现状及面临的问题

（一）第一课堂艺术教育课程开设现状分析

“艺术修养与审美体验”是西南财经大学第一课堂开设的通识核心课程之一。另外开设有“书法鉴赏”、“音乐鉴赏”、“影视鉴赏”等自由选修课程，以满足学生的个性化需求。该核心课程自设立之初就受到各专业学生的青睐。经过几年的建设，该门课程不仅得到广大师生的高度认可，在培养学生的艺术修养和审美能力上也取得了积极成效。尽管如此，艺术教育课程建设及教学仍然存在不少问题。现将目前第一课堂艺术教育核心课程在授课内容、授课方式、考核方式等方面问题作如下简要分析：

1. 授课内容：偏重于知识与技巧的传授，审美创造与审美人格方面的熏陶不够

目前课程所使用的教学大纲以及教材是2007年年初本课程组的几位任课教师共同编写完成的《艺术导论》。教材分为八章，前四章为艺术理论部分，分别为“艺术的起源”、“艺术的本质”、“艺术家与艺术品”、“艺术的心理”，按教学计划每章学时为4学时，八周完成。后四章为实际艺术部分，分别为“雕塑”、“音乐”、“绘画”、“舞蹈”，同样按教学计划每章学时为4学时，八周完成。另有2课时的艺术实践环节。课程往往都是面向全校本科生的，基本上是60~80人的大班授课。由于课堂教学基本按照教学大纲的学时安排进行，加上课时有限，教师常常以知识和技巧的讲授为主，辅以有限的艺术观摩或欣赏。而在艺术观摩或欣赏的过程中，由于人数和时间的限制，无法开展深入有效的讨论，学生的艺术鉴赏水平并没有实质性的提高，更难以在此过程中提升美的感悟、美的创造能力，进而陶冶性情，完善人格。因而，在课程结束之后，学生往往只停留在记住艺术作品和作者的名字，或者了解一点艺术史乃至一些专用术语等知识目标层面。

2. 授课方式：以教师讲授为主，学生的参与性与主体性发挥不够，对艺术的体验不够

一方面，受传统教学观念的影响以及班级人数（常常在80人左右）较多的限制，第一课堂的课程教学主要以教师讲授为主，学生处于被动接收、机械记忆地位，难以真正营造活泼开放的课堂教学气氛。而艺术的本质是追求个性、崇尚自由和体验，当它只能以知识灌输的方式传授给学生，就失去了艺术最核心的功能和内涵。虽然在课堂教学中也曾尝试过小组课堂展示等方式，但也由于人数偏多的限制，效果并不理想。另一方面，多媒体技术的作用在教学中没有充分发挥，与学生进行网络交流与互动不足，仅凭课堂难以尽可能丰富、生动地展示优秀的艺术作品，学生对于“艺术”的认识是抽象而模糊的，课堂外也无法及时了解学生的困惑与期望，从而难以有针对性地释疑解惑。

3. 考核方式：多以知识点的考查为主，难以真正检验学生在艺术修养和审美能力提升方面的效果

目前该课程的考核方式为平时成绩占总分40%，期末成绩占总分60%。平时成绩根据课堂作业给出，期末成绩多采用开卷或闭卷考试的方式给出，题型主要是简答和论述等，除了最后一道论述题允许学生有限发挥外，其他题型都以背诵为主，这样的考核方式实际上使“美育”变成了“记忆力测试”。当鲜活的艺术体验活动变成了冷冰冰的概念与名词背诵之后，它所挑战的只是学生的记忆力而已，难以启发其艺术感

悟，增加其艺术体验，发挥其艺术创造，更难以通过艺术来触及其灵魂，完成心灵的净化与素质提升。

（二）艺术教育第二课堂现状分析

西南财经大学第二课堂的艺术教育主要通过一系列活动来实现，包括每年一次的艺术节、新生文艺汇演、定期不定期的书画艺术展、偶有的音乐会、话剧社活动等。这些活动从总体上看缺乏学生广泛的参与性。如果说艺术课程进入第一课堂在一定程度上体现了艺术知识教育的普及性，那么作为艺术教育第二课堂的学生艺术活动以及学生艺术社团事实上是在艺术方面已经学有专长的学生提高艺术水平的舞台。对于大多数学生而言，艺术体验俨然成为了“身外之物”，难以触及。目前由学校各学生管理职能部门以及各学院组织的各项艺术活动比赛层出不穷，学校各类艺术社团也是琳琅满目。但长期以来，由于认识上的误区，第二课堂的学生在各种比赛中艺术技能也许得到了提高，但这仍主要是一种技巧上的训练，而不是心智上的丰盈。学生艺术社团也只是少数艺术特长生活动的场所，无法在社团活动中真正做到对广大学生精神层面的引导与熏陶。

目前存在于西南财经大学艺术教育中的问题，也基本上反映了整个中国高校特别是财经院校艺术教育的不足，这与当前高校专业教育的功利化倾向是一脉相通的。当某些高校把一切教育的无限目的都化解为谋取生存适应的有限目的时，教师和学生也就只习惯于从实用主义、经验主义、功利主义层面去思考问题，而无意于寻找超越现实利益的生活意义、理想、信仰与终极关怀。如能在艺术教育中真正贯彻落实通识教育的理念，当代大学生的创新意识与创新能力培养必然会有显著的提升。

三、通识教育背景下财经院校艺术教育的改革思路

针对目前高校艺术教育要么异化为应试教育，要么满足于在各种文艺比赛中获奖的现状，我们需要正本清源，真正理解“艺术教育”的性质和目的，站在非功利的立场来认识艺术教育的作用和意义，需要在“通识教育”的背景下调整思路，转变观念，着眼于学生的全面发展。笔者认为，高校艺术教育应该从以下几个方向努力：

（一）调整第一课堂的授课内容、授课方式和考核方式

由于通识教育强调对人的培养，尤其重视对创新精神的培养，因此，在艺术教育的第一课堂，应该大力调整授课内容、授课方式和考核方式，让学生在感受、体验艺术美的基础上，运用现有的艺术知识和理论解释、品味、分析美的原由，寻找和评价美之所以美的根据，培养学生知道美、发现美、鉴赏美、创造美的能力，进而实现审美人格的达成。

首先，在授课内容上，高校艺术教育应发挥直观形象性、情感体验性、自由开放性的特点，以美怡人，以情感人，使人在愉悦的审美享受过程中获得精神上的自由与升华。以“艺术修养与审美体验”课程中“雕塑”一章为例，在讲授的过程中，可以从雕塑的一般概念入手，在具体的雕塑作品鉴赏中介绍中西方雕塑发展史、雕塑表现手法的变化等相关知识，从而带领学生在深入理解艺术家的手法、意图之后，获得对世界、人生、人类命运的深切观照，或者通过对具象的雕塑作品的分析窥得时代变迁、社会历史文化语境等讯息，在此基础上，学生也可以尝试对周围校园雕塑进行分析并进行主题创作，使之与个人当下生活产生共鸣。

其次，在授课方式上，要充分利用多媒体技术进行网络互动。利用学校现有的网络教学平台，将课堂上未能充分展示的艺术作品、艺术书籍、艺术史的内容在网络上共享，将平时作业通过网络完成教师与学生的互动，使教师与学生能在课堂内外及时交流，达到教学相长的目的。

最后，在考核方式上，要紧紧围绕对“素质”、“能力”目标的考核来设计考核内容和形式。考核方式应有利于发掘学生艺术潜能，激发学生的艺术创造性，有利于学生将平时学习中素养训练的成效体现出来，使学生深切感受到艺术的魅力。例如：在平时成绩中加入艺术创作的部分，对艺术创作的形式不加任何的限制，充分调动学生思考并动手参与艺术实践的兴趣；而在期末考试中，以实际艺术作品鉴赏为主，充分考查学生对各种艺术形式的理解以及个人情趣的表达。

（二）在艺术教育中注入人格教育与生命教育内容

人格是人与环境交互作用的产物，是个体与环境交互作用中所形成的一种具有倾向性的心理特征的总和。艺术教育对于个体人格的健全和完善的作用，历来为艺术教育思想家们所重视。我国儒家学派创始人孔子在人格培养、人性发展问题上，曾提出了“兴于诗，立于礼，成于乐”的主张[①]。同样，德国古典美学家席勒也为社会改革和人格塑造的目的而弘扬艺术教育和审美教育。他认为，“政治方面的一切改进都应从性格的高尚化出发”，而“这个工具就是美的艺术，这些源泉就是在美的艺术那不朽的典范中启开的”[②]。马斯洛在论述人的创造力时，首先强调的是人格，而不是成就，他认为成就是人格放射出的副现象。可见，无论中国还是西方，艺术教育都被看成是人格改造和人格塑造的重要手段和途径，与通识教育的理念是一脉相承的。

大学阶段是学习知识、掌握技能、人格形成与发展的重要时期，是人才成长发展的重要阶段。通识教育带给学生的并不仅是获得某种专业上的知识、技能和特长，更重要的是获得综合素质的发展。学生不仅要学会怎样做事，还应学会如何做人。借助艺术教育的手段，不仅能拓展大学生的知识面，使他们获得“真”，使他们的心灵获得艺术的陶冶以强化“善”，同时，艺术的实践还能给大学生带来心理和精神的愉悦，使他们充分享受“美”。真、善、美皆有所获，使受教育者的精神领域得到充实完善。因此，艺术教育在决定人的心理内容和发展水平上，在弥补人的素质缺陷上，在促使人的健康心理要素成熟上，进而在通识教育的体系之中，有着其他教育方式所不可替代的功能。

① 论语［M］. 北京：中华书局，2006.

② 席勒. 席勒美学文集［M］. 张玉能，编译. 北京：人民出版社，2011.

第二编　社会主义建设理论与实践研究

中国近代的国家干预经济思潮

贾国雄

【摘要】 国家干预经济的思想由来已久，到了近代，由于种种原因，国家干预经济思想更是在世界范围内成为一种影响深远的潮流，直至发展出国家干预经济的极端模式——计划经济体制。中国曾采用了计划经济体制，这种体制在中国的产生，是以国家干预经济思潮在中国的发展作为基础的。中国近代的经济思想演进中存在一条不断强调国家干预，并最终走向计划经济的认识之路。

【关键词】 中国近代　国家干预经济　思潮

作者简介： 贾国雄，1972 年生，男，博士，西南财经大学马克思主义学院副教授、硕士生导师（成都，611130）。

新中国成立以后，中国共产党领导建立了社会主义计划经济体制。对于计划经济体制为什么会建立、计划经济体制的源头在哪里等问题，学术界争议颇多，各种观点见仁见智。笔者认为，作为新中国相当长一个时期的基本经济制度，计划经济体制的建立固然受到了当时的国际环境和党的意识形态的巨大影响，但也是中国近代经济思想和经济制度自身演进的必然结果。从本质上看，计划经济体制是国家干预经济的一种极端模式，这种模式的产生，必然会以国家干预经济思潮作为其思想基础。在中国近代的经济思想演进道路中，确实存在一条不断强调国家干预，并最终走向计划经济的认识之路。

一

1793 年，工业革命刚刚起步的大英帝国派出了庞大的马嘎尔尼使团到访中国，提出了通商、驻使、租地等要求。但这次访问除了留下著名的觐见礼仪之争外，并没有让中国真正感受到全球化的强大压力，统治中国的大清王朝仍然沉浸在天朝大国的幻想之中。然而，资本主义所推动的全球化的扩张具有摧毁一切旧势力的强大力量。1840 年开始的鸦片战争中，一支并不庞大的英国舰队就把庞大的大清帝国打得一败涂地，“一个人口几乎占人类三分之一的大帝国，不顾时势、安于现状，人为地隔绝于世并因此竭力以天朝尽善尽美的幻想自欺。这样一个帝国注定最后要在一场殊死的决斗中被打垮”①。“英国的大炮破坏了皇帝的权威，迫使天朝帝（大）国与地上的世界接

① 马克思恩格斯选集：第 1 卷［M］. 北京：人民出版社，1972：716.

触。”① 以林则徐、李鸿章等为代表的一些清朝重臣首先感受到了他们所处的时代“实为数千年来未有之变局”，而西方工业化国家“又为数千年来未有之强敌”。生活在这个时代，较为清醒的中国人已经意识到，面对这样的竞争与冲击，仅仅采用旧的政治经济制度已经不可能应对了。19 世纪末期，严复的著名译作《天演论》风靡一时，正是因为他宣传的“物竞天择”、“适者生存”的道理，向中国人提出了不振作自强就会亡国灭种的警告。中国人从这里深刻地认识到了“优胜劣败”的公式在国际政治经济上的意义，新的经济思想和新的制度安排在“救亡图存”的压力下开始出现。一批时代的先进人物在思考中国走上富强的道路。这些人物中既有像李鸿章这样的清政府经济政策的主导者，也有像孙中山这样的新时代开拓者。他们中很多人都不是经济学家，他们的政治立场和观点也可能大相径庭，但我们仍然能够在他们的经济发展思想中发现一些共同或相近的东西，那就是推崇国家和政府干预经济，追求通过建立大企业或大工厂来增强竞争能力。

李鸿章是清末洋务企业官办和官督商办的开创者，也是官督商办体制的大力倡导者，他有很多为官督商办体制辩护的文字，而与同时代其他洋务官僚比较起来，李鸿章的主张中最为突出的是已经有了通过扩大企业规模以参与国际竞争的想法。他曾经批评各地兴办洋务企业小而散的布局，主张“归并一局，分济各省，或无扩充，以抵西洋之一小局”②。显然，李鸿章“归并一局，分济各省”的想法就是要集中力量办大企业。在他看来，小企业与西方国家的企业比较起来根本没有竞争力，而办大企业可以在一定程度上增强竞争力。洋务运动的另一重要代表——专注于创办重工业企业的张之洞——在洋务企业的兴办上与李鸿章有许多不一致的地方，但在坚持官商体制上却与李鸿章一样坚决。张之洞曾以冶金开矿为例来说明坚持官督商办的官商体制的理由。他认为：“大抵商人自谋，约有数弊：一不能延聘真师，二不能考寻善地；三不能烹炼得法，四不能得货即售。如官为聘师、寻地、授法、考工，所产之矿收归官用……二者相辅，商得其利，官收其功。”③ 在这里，张之洞应该是已经意识到了中国当时的企业缺乏林毅夫等人所说的“自生能力”了（林毅夫等，1999），必须由政府来帮助解决。

在李、张二人之后，在政治上主张君主立宪的康有为也对中国经济发展提出了自己的设想，这主要体现在康有为的《大同书》里。他所设计的大同社会在经济体制上有以下特点：首先，大同社会里不存在私有制，土地和一切生产资料都归公有。“凡农工商之业，必归之公。举天下之田皆为公有，人无得私有而私买卖之。”④ 其次，大同社会的一切生产活动都按社会的统一计划进行。康有为为大同社会设计的最高领导机构是公政府，它设有农、工、商部，作为统一领导和全面计划、安排整个社会的农、工、商业的最高机构。公政府之下的“度界小政府”即各地方政府则分设农、工、商曹，其下还有局、分局等各级计划管理机构，基层生产经营单位则是农场、工厂和商店。公政府通过这一生产管理系统，按全社会的需求量实行有计划的生产和分配。⑤ 最

① 马克思恩格斯选集：第 1 卷［M］. 北京：人民出版社，1972：693.

② 中国史学会. 中国近代史资料丛刊 · 洋务运动：第 1 册［M］. 上海：上海人民出版社，1961：29.

③ 张文襄公全集：第 1 册［M］. 北京：中国书店，1990：515.

④ 康有为. 大同书［M］. 北京：北京古籍出版社，1956：240.

⑤ 康有为. 大同书［M］. 北京：北京古籍出版社，1956：246、249.

后，在大同社会里，人人都参加劳动，活劳动由社会统一组织和安排。劳动者实行按劳分配制度，实行等级工资制，并在劳动报酬上实行奖勤罚懒制度，等等。虽然康有为的《大同书》属于空想社会主义性质的著作，但书中关于未来社会经济的设想与后来中国实践的计划经济还是有许多相同的地方的。

康有为的学生也是中国近代著名思想家的梁启超，在经济制度上不反对私有制，但他主张通过政府对经济进行干预来推动中国经济的发展。他认为，由于中国“民智未开，群力未团，有政府干涉之驱策之，其发荣增长，事半功倍”①。至于国家干预的程度，他认为取决于国民素质，国民愈幼稚、素质愈低下，政府干预范围就愈大、程度也愈深。而对于外国的竞争，梁启超主张采取一些类似于重商主义的经济政策，“将国民打成一丸，以竞于外”②。梁启超还特别钟情于建立规模巨大的企业来对外竞争。他说：“今日乃经济上国际竞争你死我活一大关头，我若无大资本家起，则他国之资本家将相率蚕食我市场，而使我无以自存。”他在企业形式上极力主张采用股份公司形式，他认为股份公司有利于集中资本，扩大企业规模，进而与国际资本进行竞争。他曾直言不讳地说：“吾之经济政策，以奖励、保护资本家并力外竞为主，而其余皆为辅。”③ 由于存在这种认识，他特别对当时发达资本主义国家出现的巨大垄断组织——托拉斯——持赞赏态度。他在1903年写成的《二十一世纪之巨灵托拉斯》一文中，对这种巨大垄断组织极口称赞。他说：“托拉斯者，生计界之帝国主义也。夫政治界之必趋于帝国主义与生计界之趋于托拉斯，正物竞天择自然之运，不得不尔。”梁启超之所以把托拉斯之类的垄断组织看作中国振兴实业的理想的组织形式，主要还是希望建立大型企业来参与国际间的竞争。

二

资产阶级革命派代表人物孙中山看到了中国在全球化进程中处于后进者这一现实，对于中国经济的发展，他认为“中国如一后至之人，可依西方已辟之路径而行之”。孙中山所谓“西方已辟之路径”并非自由竞争的办法，因为他对亚当·斯密的自由放任学说不以为然。他认为：“实业未革命以前，人皆奉斯密之说为圭臬，一致主张自由竞争，及机器既出，其结果卒酿成社会上贫富激战之害。”④ 他认定“最直捷（接）之途径，不在竞争，而在互助”⑤。孙中山的经济思想明显倾向于国家对经济的干预。在国家对国民经济管理的作用问题上，他主张通过国家的力量对经济活动实行控制和调节。他主张节制私人资本，但更强调发达国家资本主义的重要性。他说：“因为外国富，中国贫，外国生产过剩，中国生产不足，所以中国不单要节制私人资本，还要发达国家资本。”⑥ 孙中山把实业的发展看成“此后中国存亡之关键”。为此，孙中山在第一次世界大战后写出了《建国方略》一书。他认为“此书为实业计划之大方针，为国家经济之大政策”。他在该书中主张：“中国实业之开发应分两路进行……至其不能委诸个

---

① 梁启超. 饮冰室合集·文集：第12卷［M］. 北京：中华书局，1989：19.

② 梁启超. 饮冰室合集·文集：第28卷［M］. 北京：中华书局，1989：50.

③ 梁启超. 杂答某报［N］. 新民丛报，第86号。

④ 孙中山全集：第2卷［M］. 北京：中华书局，1982：520.

⑤ 孙中山选集［M］. 北京：人民出版社，1981：369.

⑥ 孙中山文集［M］. 北京：团结出版社，1997：266.

人及有独占性质者，应由国家经营之。”① 这一主张是与孙中山特别欣赏当时方兴未艾的垄断大公司的态度相一致的。他认为“大公司之出现，系经济进化之结果，非人力所能屈服”。“盖大公司能节省浪费，能产出最廉价物品，非私人所能及。不论何时何地，当有大公司成立，即将其他小制造业扫除净尽，而以廉价物品供给社会，此固为社会之便利。”但他也看到了私人垄断组织的消极作用：“大公司多属私有，其目的在多获利益，待至一切小制造业皆为其所压倒之后，因无竞争，而后将各物之价值增高，社会上实受无形之压迫也。”怎么办呢？孙中山认为：“如欲救其弊，只有将一切大公司组织归诸通国人民公有之一法。”在此基础上，孙中山更进一步提出他发展中国实业的想法：“拟将一概工业组成一极大公司，归诸中国人民公有。”在这里，孙中山的思想实际上已经接近建立“国家大工厂”的想法了，而这个时候，就连苏联的计划经济体制都还尚未建立。

孙中山未能把他关于经济制度的设想变为现实，自称为孙中山信徒的蒋介石在考虑中国经济的发展时，基本上也未能跳出孙中山的民生主义经济制度范畴。他在《中国经济学说》中也反复强调“经济以计划为必要”②。蒋介石重申了孙中山的主张，认为“中国的经济的道理，不取放任自由，不取阶级斗争，而要以计划经济，使‘资本国家化，享受大众化’，实现‘民享’的理想，达到富强康乐的境域”。他进一步提出，“中国久在不平等条约束缚之下，工业落后，不能够与工业发达的各国竞争，故在国际贸易方面必须采取保护政策；在工业的建设方面，必须采取计划经济制度。如果工业建设，付托私人资本去经营，他们便没有充足的资本，树立巨大的规模，以与外国的大托拉斯以及国营企业竞争，这是自由主义经济学说不能适用于中国的最大缺点”③。

由于德国用军事化带动经济发展给蒋介石留下了深刻印象，他特别强调要实现“民生与国防之合一”。在经济上和政治上，蒋介石都有“以德为师”的思想。1933年1月希特勒上台执政，第一次世界大战后元气大伤的德国竟在纳粹统治下迅速恢复和发展，更令蒋介石赞叹、羡慕不已。从1934年开始，在以蒋介石为首的军事委员会下成立国防设计委员会，后来改组成为国民政府的资源委员会，请翁文灏、孙越崎等知识精英做智囊。这些技术官僚满腔热情，他们的建设思想是要政府投入，搞官办企业。④

三

其实，在民国时期，不但作为国家统治者的蒋介石强调国家干预经济，提倡他的“计划经济”，许多学术界和实业界的代表性人物都对“计划”经济非常欣赏，比如著名学者马寅初、张君劢，著名实业家穆藕初、卢作孚等人。张君劢在政治上主张“国家主义”，但在20世纪30年代，他对苏联的“计划经济”模式推崇备至，认为它是人类的一条“新路”，“对于世界经济，实有至大之贡献”。他还总结出了苏联的“计划经济”模式的四大优点：①苏联为一国独立自足之经济单位，不受世界市场的牵掣；

① 孙中山选集［M］. 北京：人民出版社，1981：218.
② “总统”蒋公言论总集：卷五［M］. 台北：国民党党史委员会编印，1984：24.
③ “总统”蒋公言论总集：卷五［M］. 台北：国民党党史委员会编印，1984：24、26.
④ 袁伟时. 蒋介石如何考虑中国经济的发展［J］. 炎黄春秋，2003（7）.

而西欧工业国及欧洲以外之农业国均受世界市场的支配，货物价格忽高忽低，大大影响国民经济与国民之生活。②苏联之对外贸易，以一国全体之农工商为单位，故而回旋的余地较大；而西欧之资本家各自独立，不相为谋，视其资本力量之大小而定其在市场上之胜负。③苏联之经营工商，由国家为之统一设计，不会陷入生产过剩的危机；而西欧资本家之企业属于个人，以市场价格为生产标准，以致有供过于求的现象和“过犹不及”的弊病，容易形成经济上的无政府状态。④苏俄合全国之心力，以实现其一定之计划；而西欧资本家的经营是以牟利为第一目的，虽然政府也有保护和调剂的功能，但其支配力远不如苏联强。[①] 马寅初是美国哥伦比亚大学的经济学博士，受过系统的西方教育，对统治者直言不讳，经常严厉批判国民党的错误经济政策，特别是通货膨胀政策。在经济思想上，马寅初坚持要保障私有经济的发展，但他也接受了德国国家主义经济学的影响，认为经济要有国家的干预，特别是作为一个贫弱的国家，更需要政府的统制。他认为：“今日之中国，根本谈不到自由贸易。斯密之说，实可置之不论……若再主张自由贸易，是自愿为外货之尾闾，而国内气息奄奄，脆弱不堪之工业，反将因此而促其灭亡。”[②] 马寅初也同样受到苏联的影响，他对苏联计划经济的推崇溢于言表，认为“就现在之情形而论，苏俄之统制经济可谓大告成功”[③]。因此，他认为中国的经济要吸取苏联的经验，搞带有社会主义性质的东西。从20世纪30年代开始，他就一再鼓吹中国应该实行“统制经济”、“管制经济”。

作为民国时期上海著名的实业家，面对中国经济的严峻形势，穆藕初曾大声疾呼：“我国今日国家经济已濒于全部破产之状态：言工业则各个产业部门奄奄一息，言农业则农村整个凋敝不堪，民生涂炭，国本动摇。而由于经济恐慌狂潮之激荡，列强且正眈眈虎视，无不欲以其庞大之经济力量，控制我国，使我国实际沦入次殖民地之地狱。故今日我国实已处于最艰难之时期，若此时我国尚不准备实施统制经济，以有计划之行动，打破当前经济之紊乱状态，则长此以往，国脉民生断难延续，其结果终必沦于列强经济共管之惨局。”[④] 民国时期另一位著名的实业家卢作孚也对政府计划经济非常感兴趣。1936年10月，卢作孚发表《如何加速国家的进步》一文，认为要加快中国经济建设的步伐，改变中国落后挨打的局面，应当“确定整个计划”。“中华民国需要进步，尤其需要在整个计划下进步，整个计划必须决定于政府，尤其必须决定于中央政府。”[⑤] 抗日战争胜利前夕，卢作孚在《战后中国究应如何建设》一文中明确提出了“计划经济”的概念，并解释说：“使一切经济事业——生产事业、交通事业、贸易事业、金融事业——在国家的整个秩序上发展，在国家预定的计划上发展，这是经济建设最进步的方法。经济建设而有预定计划，应叫做计划的经济建设，或简称计划经济。”[⑥] 他进一步指出：“中国未来的经济建设，极应以计划经济代替自由经济，以竞赛

① 翁贺凯．“国家社会主义下之计划经济”——张君劢1930年代的社会主义思想论析［J］．福建论坛：人文社会科学版，2007（8）．

② 张纯元．马寅初经济论文选集：上册［M］．北京：北京大学出版社，1981：35．

③ 马寅初全集：第9卷［M］．杭州：浙江人民出版社，1999：245．

④ 翁贺凯．“国家社会主义下之计划经济”——张君劢1930年代的社会主义思想论析［J］．福建论坛：人文社会科学版，2007（8）．

⑤ 凌耀伦，熊甫．卢作孚文集［M］．北京：北京大学出版社，1999：438．

⑥ 凌耀伦，熊甫．卢作孚文集［M］．北京：北京大学出版社，1999：606．

代替斗争，集中人力、物力在成功的事业上，减少无谓的损失，加速建设的完成。”①

马寅初、卢作孚等人的观点代表了当时知识分子阶层和实业界精英们普遍性的一种主张。这些主张使得20世纪30~40年代的中国一度出现了鼓吹计划经济和统制经济的热潮（这时的“计划经济”与“统制经济”是两个内涵相近但比较模糊的概念，很多地方是指同一个意思）；计划经济与统制经济成为各派政治人物争相谈论的一个时髦名词，正如丁文江在1934年7月1日发表的一篇文章中所感叹的：“现在流行的口号要算是‘统制经济’了！‘左倾’的也好，右倾的也好，大家都承认放任经济的末日到了；统制经济是人类走向极乐世界的大路。”② 经济学家王传伦通过自己的亲身感受，回忆那个时代一般大学教师和青年学生们对于经济制度的想法：“……从均衡原理也可以引出‘自由放任’的经济原则，但当时无论教师还是学生，对此都没有什么热情。书本知识和经济现实两不搭界，使这帮初学西方经济学的年轻人另找思路。那时候就想，如果没有投机倒把和囤积居奇，如果没有通货膨胀和物价飞涨，如果没有贪污腐化和挥霍浪费，我们学生依靠的‘公费’、吃的‘平价米’是否可以改善一点呢？学生们有这种想法，教授们也是如此。20世纪40年代，昆明和北京的报刊上，经济学教授写的文章中，既表达了他们对经济状况的不满，也要求国民党政府实行经济改革，加强对市场、对商业的管制。这些想法不免模糊，但从其趋向看，应是离所谓‘经济自由主义’越来越远，不知不觉中走向其对立的一面，应该说是计划经济。”③

正因“计划经济”几乎成为当时社会各界共识，所以，连反共反苏的国民党政府也承认“考近代之言经济建设者，莫不知苏俄之足资借镜”。因为孙中山先生《建国方略》中有“实业计划”部分，国民党当局把苏联实行计划经济对国民经济严格控制和德国通过计划实行统制经济这两者混为一谈，表示要加以效仿，宣称要在中国实行“计划经济”。1933年国民党通过的《实业四年计划》（1933—1936年）就体现了国民政府决定强化国家对国民经济控制的意向。1934年1月，国民党四届四中全会对《实业四年计划》作了补充，对加强中央经济集权作了具体阐述。1936年，国民政府又制订了《重工业五年计划》，并于同年特设“国民经济计划委员会”，负责领导实行“计划经济”。1937年2月国民党五届三中全会，明确宣布“中国经济建设之政策，应为计划经济，即政府根据国情与需要，将整个国家经济，如生产、分配、交易、消耗诸方面制成彼此互相联系之精密计划，以为一切经济建设进行之方针”④。直至全面抗战爆发后的最初几年，国民政府虽已采取了紧急调整措施加强经济统制，开始向战时经济转变，但仍强调要实行“计划经济”。1938年3月，在武汉召开的国民党临时全国代表大会通过的决议，无论是作为战时施政根本方针的《抗战建国纲领》，还是大会宣言，都在其中强调要实行“计划经济”。⑤

虽然20世纪30~40年代经济学界和实业界高涨的“计划经济”思潮基本上都是主

① 凌耀伦，熊甫. 卢作孚文集［M］. 北京：北京大学出版社，1999：608.

② 转引自：黄岭峻，杨宁.“统制经济”思潮述论［J］. 江汉论坛，2002（11）.

③ 王传伦. 计划经济的想法曾是很有吸引力的［J］. 金融博览，2006（4）.

④ 浙江省中共党史学会. 中国国民党历次会议宣言决议案汇编［G］. 杭州：浙江省中共党史学会，1981：295.

⑤ 浙江省中共党史学会. 中国国民党历次会议宣言决议案汇编［G］. 杭州：浙江省中共党史学会，1981：416.

张在私有制基础上加强国家对经济的干预，未能跳出资本主义的国家干预经济思想范畴，但“计划经济”概念的流行本身已经能说明很多问题，它至少使中国人对“计划经济”概念变得非常熟悉而易于接受。国民党政权在这一时期主张实行所谓“计划经济”或者“统制经济”（实际上也只是政府力图建立对国民经济尤其是重要产业部门的控制，实行国家垄断资本主义），由于是在经济私有制的基础上进行的，其效果实在乏善可陈。当时的舆论对国民党政权的“经济统制”提出过许多批评，大多数的批评其实不是从自由主义出发针对“经济统制”制度本身的，而是针对国民党政权的腐败与“经济统制”的混乱和无力的。也就是说，在许多人看来，国民党政权的主要问题不在于对经济实行了“计划”和“统制”，而是对经济“计划”和“统制”的不力和无效。正是有了这样的思想基础和社会条件，新中国建立以后，中国共产党重提“计划经济”的时候，社会上并无多大的反对声音，即使是资产阶级内部也不敢明确进行反对。在此基础上，中国共产党为了确保经济计划的有力和有效，对于生产资料私人所有制的改造也就成为必然选择。建立在生产资料公有制基础之上的有计划经济也就成为了社会主义计划经济体制。

对新型城镇化问题的一些思考

赵 莉

【摘要】 目前，我国正处于工业化、城镇化发展的关键时期。中国的新型城镇化之路，是关乎几亿人生活与命运的改革之路，将是中国未来5~10年综合发展的核心主题。在当前构建和谐社会的过程中，了解、分析新型城镇化概念，新型城镇化对中国经济、社会的作用，在推进新型城镇化过程中政府应做好的工作，引导城镇化健康、有序和可持续发展是非常必要的。

【关键词】 城镇化　新型城镇化的作用　政府工作着力点

作者简介： 赵莉，1962年生，女，西南财经大学马克思主义学院副教授（成都，611130）。

党的十八大报告提出中国要“坚持走中国特色新型工业化、信息化、城镇化、农业现代化道路”之后，新型城镇化成为这“新四化”中提及最多的词汇。2013年的《政府工作报告》更是单独用200余字的篇幅阐述了“城镇化”问题。梳理近年《政府工作报告》可以发现，这种专门对“城镇化”进行阐述的情况并不多见。

一、相关概念辨析

关于新型城镇化，目前从官方的文件里还没有找到其确切定义以及新型城镇化与传统城镇化的区别。

一般认为，城镇化是指农村人口不断向城镇聚集的过程，其本质特征是农村人口的空间转换、非农产业向城镇聚集、农业劳动力向非农业劳动力转移。从世界发展史上看，城镇化水平是一个国家工业化、现代化的重要标志。

传统城镇化主要体现为粗放型工业化推动下，城镇人口规模量的增长、城镇空间无序膨胀、资源大量消耗、城镇环境显著恶化。在我国，以沿海地区早期粗放型工业化背景下城镇化大规模量的扩张为典型代表。

新型城镇化，区别于传统城镇化，是指资源节约、环境友好、经济高效、社会和谐、城乡互促共进、大中小城市和小城镇协调发展、个性鲜明的城镇化。新型城镇化更加重视城镇化质量，强调适度和健康的城镇化发展速度，强调投资环境的改善和人居环境质量的提升。

新型城镇化主要有四个方面内涵：一是与工业化、农业现代化协调发展的城镇化；二是人口、经济、资源和环境相协调的城镇化；三是大、中、小城市与小城镇协调发展的城镇化；四是人口集聚、“市民化”和公共服务协调发展的城镇化。

二、新型城镇化对中国经济、社会的作用

新型城镇化是中国改革的总抓手。2011 年，中国的城市化率达到 51.3%，城镇人口首次超过农村人口。中国城市化进入关键发展阶段。新型城镇化被社会各界寄希望于拉动未来几十年中国经济增长，它蕴含了中国未来变革的诸多要素：土地、户籍、财税等。从这个意义上来看，新型城镇化不是简单的造城、移民，而是中国经济发展模式的深刻变革。

1. 新型城镇化建设将创造大量新的投资需求

新型城镇化一方面将继续扩大城市数量和规模，另一方面对城市基础设施提出了更高的要求。推进城镇化将带动房地产业建设、基础设施建设、市政工程建设，直接扩大对第二产业中的冶金、建材、建筑、装备制造、电子信息等行业的需求；同时还将扩大对房地产、现代物流、设计规划、咨询服务、金融保险等第三产业的需求。以上产业都将延伸产业链条，产业相关效应明显，其发展能够扩大投资需求。据测算，每增加一个城市人口，城市基础设施建设投资至少需要 10 万元，若每年增加 1 000 万城市人口，就需要 1 万亿元基础设施建设投资，再加上需要增加的公共服务投资，投资潜力巨大。由此引发的投资可以消耗大量的钢铁、水泥等建筑材料，极大地缓解冶金、建材等行业产能过剩的压力。

2. 新型城镇化发展有利于扩大消费需求

城镇化的核心是真正实现农村进城人员从农民到市民的转变。新型城镇化把农民变为市民，必然会带来消费方式的转变和消费规模的提升，实现经济的服务化，文化、旅游、休闲、家政等行业的服务水平将不断提升，享受型消费所占比重必然会不断提高，进而逐步实现消费结构的升级；新型城镇化将改善居民消费环境，逐步改变农村进城人员的消费行为，在劳动收入占比和人均收入增加的基础上，逐步提高边际消费倾向；城镇相对较好的社会保障体系，也有利于减少预防性储蓄，从而促进消费。据测算，城镇居民消费水平是农村居民的 3.6 倍，一个农民转化为市民，每年将增加 1 万多元消费，我国城镇化每提高一个百分点，就可以吸纳 1 000 多万农村人口进城，可以带动 1 100 多亿元的消费需求。

3. 新型城镇化进程有利于提高居民收入

首先，从农村转移到城镇来的人员主要从事第二、三产业，他们的收入水平高于原来在农村的收入水平。其次，每年数以千万计的农村人员转入城镇，带动万亿级投资和新增消费，可以增加原有城镇居民的收入。再次，大量的农村富余人员转入城镇，加速土地向专业户集中，农村劳动生产率可以提高，可以提高留在农村的人员的收入。最后，推进城镇化，大量农民进入城镇，增加了城镇人口对农产品的需求量，有利于农产品价格稳中趋涨，也将增加农民的收入。

4. 新型城镇化将推动产业集聚和升级

一方面城镇化可促进产业集聚。由于城镇相比于农村，往往具有资本技术、交通运输、居住条件、人力资源、通信设备等方面的比较优势，大量的劳动力和生产活动不断向城镇聚集，城镇市场规模不断扩大，推动产业结构不断升级。另一方面推动第三产业快速发展。城镇化发展不仅能够推动以教育、医疗、社保等为主要内容的公共

服务发展，也能够推动以商贸、餐饮、旅游等为主要内容的消费型服务业和以金融、保险、物流等为主要内容的生产型服务业的发展，而且这种发展的特点是城镇越大，发展越快，服务业发展越快，新市场扩充的量就越大。

5. 新型城镇化有利于缩小城乡之间的差距和差别

从供给的角度讲，提高城镇化率是可以提高劳动生产率的，生产率提高就能扩大经济总量。现在农村约40%的劳动力仍未得到充分利用，他们大多是在从事农业生产，而农业目前只占中国GDP的10%。城镇化能为农村劳动者提供收入更高的工作机会，改善他们的生活，并为那些选择留在农村的人提供更多的土地，缓解收入不均。新型城镇化可以对缩小城乡收入、生活水平和基本公共服务等方面的差距，加快实施城乡统筹协调和一体化发展做出贡献。

三、推进新型城镇化应做好的工作

作为后发国家，中国在城镇化过程中具有一定的后发优势，可以汲取、借鉴先行国家的经验教训，避免出现其他国家城市贫民窟、城市危机与社会骚乱等现代“城市病”。在当前快速推进城镇化的过程中，政府应着重关注以下问题：

1. 推进户籍制度改革，积极推进农民向市民的转化

新型城镇化的最大特点是人的城镇化，即农村居民的市民化，特别是已经进城务工的2.6亿人。他们已经习惯了城市生活，也有相当稳定的就业岗位，应把这部分人尽快变成当地的市民。为此，应放宽直至放开城市和城镇的户口迁移的准入限制，实行按居住地管理的户籍制度；加强社会管理配套制度改革，以社保、医疗等公共服务为突破口，切实解决农民工实际生活困难，对进城农民给予充分的身份认同，同时提高农村公共服务供给水平，对农民提供基本社会福利。逐步剥离附着在户口上的不公平福利制度，实现公共服务均等化。

在推进城镇化过程中还不能以牺牲农民利益尤其是土地权益、牺牲农村发展为代价。因为城市的背后是乡村，乡村问题是与城市问题紧扣在一起的。目前，我们面临的不仅仅是农村的凋敝和“空心化”，城镇化过程中的大量拆迁，使得原有的城市社区以及附着在其上的传统社区关系网络纷纷瓦解，新型的社区人际关系网络又难以在短时期内形成。因此，如果“三农”问题处理不好，那么，几年之后，我们可能就不需要再讨论“三农”问题，而是直接讨论城市“贫民窟”问题了。但那时为时已晚。城乡关系的断裂，意味着社会主要阶层的断裂和社会的分裂。研究表明，城镇化水平每提高1个百分点，就有1 000多万农民转化为城里人。因此，在城镇发展与农村发展之间形成良性互动非常重要。

2. 在新型城镇化进程中要发挥市场“无形之手”和政府“有形之手”的双重拉动作用

一般来讲，城市的形成大致有三种模式，一是靠自然力量：交通便利、资源充裕的优越地理环境自然形成的人口密集区。二是靠市场力量：经济发达、产业集聚而形成的经济中心；一般发展中国家的城市化进程：在工业化过程中，由于城市的现代经济部门增多，农村剩余劳动力逐渐从农业部门转移到城市的现代经济部门就业。这一农村人口逐步迁徙至城市的过程就是城市化进程。三是靠行政力量，即依靠行政权力建立起来的区域。

未来的新型城镇化需要市场“无形之手”和政府“有形之手”两只手结合，形成“市场拉动”和“政府推动”双重动力，我个人就反对完全去政府化。

一方面，要发挥市场配置资源的基础性作用，探索多种形式的民间投资模式，通过采取招标、让民间资本直接参与、特许经营等方式更多地吸引民间力量参与城镇建设。

另一方面，要加强政府在城镇建设规划、建设体制等方面的机制体制创新。目前很多声音认为城镇化需要按市场规律来做，反对政府参与。但现在城镇化存在的许多问题，就是因为过去没有顶层设计，没有规划，基本上是市场的无序发展。在新型城镇化中，政府一定要参与，科学、合理地制定城镇总体规划、发展规划与土地利用总体规划，确保规划的可持续性，并妥善处理好几大规划之间的关系，避免出现规划之间相互矛盾、冲突、不协调的情形。同时，注意城镇规划制定中的公众参与和区域规划之间的统筹协调。区域发展规划有助于提升地区差异化核心竞争力。要注重加强各省之间、城市之间发展意图的相互衔接与配合，而不是各自为政、低水平重复，形成地方性恶性竞争。

此外，城镇规划的制定必须考虑到城镇长远发展的需要，具有前瞻性，应避免出现“垃圾围城”、“化工围城”、“逢雨必涝、逢涝必瘫”等现象，在条件较好、生态承载能力足够的地方建新城镇。

3. 政府要合理引导要素集聚，实现土地集约式发展

首先，政府要对土地的开发利用进行科学长远的规划布局，促进生产功能配套、完善和高效，发挥生产领域的经济效益；促进生活功能安全、便捷和舒适，发挥生活领域的社会效益；促进生态功能平衡、稳定和可持续，发挥生态领域的环境效益。其次，政府要创新市政基础设施的筹资、运营和管理模式，要统筹城乡基础设施建设，尤其是促进城镇设施为农村服务，提高城镇基础设施建设的效益。最后，政府要支持产业结构调整和优化，推进以高新产业为主导的新型工业化，实现工业化和城镇化的良性互动。根据不同地区的发展潜力，推进产业特色化发展。

4. 提升创新能力，增强城市发展后劲

政府应着力在体制机制、服务功能、科技教育、创新主体、人才素质、政策引导、居住环境等方面提升城市创新功能，推动创新型城市建设，激发城市创新活力，增强城市创新竞争力。要合理统筹发展劳动密集型和资本技术密集型产业，注重提供就业机会和打造创业平台，为提高收入和消费水平提供支撑；加大科技研发投入和人才培养、开发和利用，发挥企业主体和政府引导扶持作用，促进集成创新和自主创新等多种方式加快发展，提升城镇化的技术含量和创新意识。

参考文献

［1］仇保兴. 新型城镇化带动西部大开发——以南疆为例［OL］. http://money.163.com/10/0109/17/5SJS2F9500254391.html，2010-01-09.

［2］张占仓. 河南省新型城镇化战略研究［J］. 经济地理，2010（9）.

［3］胥会云. 新型城镇化需热议冷思考［N］. 第一财经日报，2013-03-11.

［4］易鹏. “新四化”新意在何处［N］. 人民日报，2013-01-17（5）.

［5］朱信，永高伟. 新型城镇化背景下的农村土地制度改革［J］. 宏观经济管理，2013（3）.

论蔡元培高等教育思想的当代价值

李禄俊

【摘要】蔡元培的高等教育思想不仅在我国近代教育改革史上影响巨大，而且对于当代高等教育改革实践，也具有十分重要的借鉴意义。本文阐述了蔡元培高等教育思想的主要内容，并着重分析了蔡元培高等教育思想对当代高等教育的重要借鉴价值。

【关键词】蔡元培　高等教育思想　价值

作者简介：李禄俊，1965 年生，男，中共四川省委党校科社部副教授（成都，610071）。

蔡元培是我国近代著名教育家。他的一生有许多重大的业绩，但其中最为光彩夺目的，无疑是对高等教育事业做出的重大贡献。他在担任北京大学校长期间，运用独到深邃的高等教育思想，在治校理念、管理方法等诸方面开一代新风，让当时的北大走出困境，进入正轨，并出现了精英人才汇集的北大景观。而时至今日，蔡元培先生的高等教育思想仍然闪耀着智慧的光芒。如今，我国的高等教育事业不仅面临着历史上少有的发展良机，也存在着很多挑战。如何合理运用前人的教育思想，为今所用，关系到我国高等教育改革能否顺利实施。在这样的情况下，重新研究和学习蔡元培先生的高等教育思想，具有十分重要的现实意义。

一、蔡元培高等教育思想的主要内容

1. 思想自由、兼容并包

“思想自由、兼容并包”思想主要体现在三个方面。一是对教师的聘任要唯才是举，不拘一格使用人才。众所周知，蔡元培聘用教师的标准是真才实学，只要有真本事的，不论属于何种学派、不论持有何种政见，都一视同仁，聘为教师。这一前所未有的人才延揽方式，顿时使北京大学成为我国众人瞩目的人才荟萃之地，更成为了学术界百家争鸣的场所。由于蔡元培的大力纳贤，当时的北大教员中，既有陈独秀、李大钊、胡适、鲁迅、钱玄同等主张革命的阵营，也有辜鸿铭、刘师培等著名的保守派学者。尽管他们政见不同，但并不妨碍他们在学术上进行争鸣。蔡元培所主张的“各行其是”，充分体现出“思想自由、兼容并包”的办学原则。比如，当时北大校园里的白话与文言之争，便盛极一时，多年以后仍为人所津津乐道。这与我们如今在招聘教师时，一味看其学历是否达标、是否为重点大学毕业生的做法截然不同。二是充分尊重学术自由。蔡元培认为，在学术上，无论为何种学派，都有言之成理之处，所以不必进行限制或者打压，要让其自由发展，只有这样，才能促进高校学术的繁荣。因此，在蔡元培的大力倡导下，北大的各种学术观点层出不穷，学术活动空前繁荣，并形成了新旧两派剧烈的斗争，北大已经成为科学、民主的革命思想与封建旧派思想激烈交锋的场所，从而为革命思想的传播提供了表演舞台。三是肯定学生的学习自由。在学生的学习环节上，蔡元培觉得，学生应广泛接触不同派别学术教师的观点，不要拘泥于一己之见和一家之言。学生在学习中有权自主选择教师、选择科目，持不同观点的学生之间还可以开展学术讨论，从而让学生也能从不同派别的比较中，得出自己的观点和见解。这样一来，学生们研究学术的积极性得到了很大的提高。与此同时，蔡元培还利用组织社团、创办刊物等形式丰富学生的课余生活，使北大的面貌焕然一新。蔡元培还提出，大学是包容各种学问的机关，学科内容要博采众长，课程设置要注重开放，吸收古今中外各种学术思想的精髓，以利于中西兼容。

2. 教授治校

蔡元培始终认为，教育是一项十分崇高和神圣的事业，不仅要脱离某些政党的控制，寻求个体与群体的协调发展，超越政党所谓的群体性，而且要全力摆脱宗教所带来的影响，推陈出新，始终处于变化之中。鉴于此，他得出的观点是“教授治校”。这充分显示出他对知识的尊重。他提倡教授要广泛参与到学校的管理中来，从而排除专制，实行民主体制。要通过职能机构的分化，完善相关的管理制度，深入开展学术研究。蔡元培主张，大学校长处于学校各项工作的核心决策地位，要具备丰富的管理知识。他的大学理念是，大学是“研究高深学问”的机关，因此，“研究高深学问”便成为了大学理想的价值取向；大学是“囊括大典、网罗众家”的所在地，要以民主、自由的学术氛围培养出人格健全的一流人才。由此可见，教育的主要任务就是培养服务社会的人才。在蔡元培看来，高校校长不仅应该是管理专家，而且首先必须是教育专家。蔡元培不仅是北大的校长，给我们印象更为深刻的是，他是一位杰出的教育家。

3. 教学与科研并重

蔡元培专门研究过大学的生存之本问题。他主张，大学要成为研究高深学问的学府。在担任北大校长之后，他更是反复强调自己的这一思想：“今人肄业专门学校，学成任事，此固势所必然。而在大学则不然。大学者，研究高深学问者也。”鉴于他认为大学的办学目标在于研究高深的学问，所以又在此基础上进一步提出，大学不能只从事教学，还应当大力开展科学研究。他觉得，这是大学区别于一般的中小学和高等职业院校的一个本质特性。他在担任国民政府教育总长期间，又在《大学令》中提出“大学为研究学术之蕴奥”。为使大学能真正承担起教学和科研工作的双重任务，他还大力主张在大学内设立各专业、各学科的研究所。蔡元培的这些改革措施，为我国的现代学位工作和研究生教育奠定了基础。

4. 四育并举、塑造健全人格

蔡元培先生一直将高等教育的目标定位于促进大学生体智德美等方面的全面和谐发展，塑造具有健全人格的社会精英。他将健全人格划分为四育，一是体育，二是智育，三是德育，四是美育。而且这四育同样都具有重要作用，一项都不可放松、偏废。蔡元培觉得四育对人的全面发展，不仅各自具有独特作用，而且还能彼此相互制约、相互促进，从而共同构建成为一个相互之间有机联系的整体。体育的作用在于能够发达学生的身体，振作学生的精神，让学生有充沛的精力学习知识，陶冶情操。智育不但能够拓展学生的视野，而且还能够深化学生对事物的认识，让学生能够深明事理，并有助于学生在其他各方面素质的提高。德育“实为完全人格之本。若无德，则虽体魄智力发达，适足助其为恶，无益也”。美育的作用是不但让学生能够拥有有益的娱乐，而且能陶冶学生的情操，为其增添“勇敢活泼的精神”。综合起来，蔡元培认为，只有四育并举，才能真正提高大学生的整体素质，从而培养出健全的人格。

二、蔡元培高等教育思想对当代高等教育的重要借鉴价值

1. 重建大学精神

教育家梅贻琦先生曾经说过：“所谓大学者，非有大楼之谓也，有大师之谓也。”大学教授的作用，一方面在于要向学生传授知识和智慧，另一方面则要培育出大学的精神修养，而大师就是一所大学精神力量的支撑。我国古代的大学理念，就突出强调大学的精神在于发扬人性之善，培养健全人格，化民成俗。根据柏林大学创始人洪堡的办学理念，大学既不是职业的培训所，也不只是培养专家的知识传授场所，而是一个国家、一个民族创造性思想的源泉，这就是大学最早的自身价值定位。而蔡元培的高等教育思想就将大学的精神放在十分重要的位置来强调。如今，随着市场经济的快速发展，高等学校随之出现了教育产业化的倾向，一切向钱看，使大学丧失了其本来作为知识分子精神家园的崇高定位。蔡元培的高等教育思想提醒我们，大学精神的重建，是要坚持回归大学的本来面目，并非为了迎合社会的功利需求。就如同蔡元培所主张的“思想自由、兼容并包”，在真正民主自由的大学校园里，要允许有不同的声音出现。片面强调思想上的统一，必然不利于知识的传播和社会的发展。

2. 尊重学术自由

大学的本质属性完全可以用四个字来进行概括：学术自由。学术自由、追求真理一直是现代大学始终不渝的追求。世界上一流大学的主要标志，是具有世界一流的学术水平。我国评价一所大学的优劣，一个重要的指标也是学术声誉。但是，如果没有学术自由，缺乏相互交流，肯定无法达到一流的学术水平。所以，当代大学应该吸取蔡元培“思想自由、兼容并包”的观点，广泛吸引各种人才加盟，容纳不同学派，允许教师有开展学术研究的自由，学生有学习和信仰的自由，只有这样，大学才能培养出高质量的人才，进而推动学术发展，形成自身的特色。

3. 鼓励学术研究

在蔡元培进行大刀阔斧改革之前的北大，教师与学生的封建思想意识十分浓厚。学生读大学的目的，并非为了学问，而是为了做官。这些学生普遍认为，读书上大学是为了取得未来做官的资格。蔡元培清醒地意识到了这一点，认为这是北大各种腐败的总因。所以，他大力主张，大学“不是升官发财之阶梯”，而是研究“高深学问之学府”。为了保证自己这一思想的真正实施，他还做好了制度上的切实保障，即在大学内设置研究所，鼓励学生在力所能及的情况下组织各类学术研究团体，创办学术理论刊物，邀请国内外著名学者到校进行演讲，重视办好图书馆和实验室等场所，为师生更好地开展科学研究创造各种有利的条件。

科研是高等学校的一大功能，也是大学不同于普通中小学的显著特征。可是，我国高等教育的现实却并不尽如人意，主要是科研能力的发挥，尤其是研究型高等院校的科研功能还亟待进一步加强。与此同时，高等学校特殊的氛围和大学教师的工作特

点，决定了高校应当是学术发展的前沿。但是，我国当前高校的学术氛围却十分缺乏民主自由的气息，以至于阻碍了学术的不断发展。蔡元培先生在担任北大校长时，为提高教学质量而大力加强学生对基本理论的学习，但是，他并未简单地就教学谈教学，而是在强化教学管理的基础上，尤为重视教师的科研工作。他觉得，假如教师不进行科学研究的话，就很有可能陷入抄发讲义、不求进取的状态。北京大学之所以能够在我国高等教育界中占据如此重要的地位，这与当年蔡元培所提倡的“研究高深学问”，创造良好的学术氛围密不可分。所以，高等学校自身要结合实际，为教师创设良好的学术研究氛围，鼓励教师全面深入地开展科研工作。

蔡元培关于科研问题的论述，主要给予我们以下启示：一是研究高深学问是高校的本职工作，可以说是立校之本。德国柏林大学的创建者洪堡提出的大学教育思想就是主张大学要注重研究学问，走向学术研究之路。洪堡把教育的着眼点放在对高深的学问的专业研讨和科学技术水平的提高上。其后，蔡元培首先将这一思想应用于北京大学，并取得了十分理想的效果，其主要标志就是北大的面貌从此之后焕然一新。直到今天，我们的高等院校仍要坚定不移地走科研兴校之路。评价一所高校的办学实力，不能只看学校的规模如占地面积、学生人数，最重要的在于大学的科研水平，尤其是社会科学、自然科学等领域的研究水平和影响力，有哪些方面是处于国际、国内领先地位的。二是明确了在大学里，教师最重要的工作是教学。但如何保证教师教学质量，关键就在于教师自身的科研功底。因此，提高大学教师的科研能力，已成为提高教师素质和教学质量的重要途径。三是要重视学生的科研能力培养。蔡元培将学生的科研能力培养定位于“养成学问家之人格”，这说明他认为高校的科学研究工作不仅仅局限于教师，还包括大学生群体。即使学生的科研无法取得非常理想的效果，但是仍然要让他们积极参与到科研活动中来，以熟悉科学研究的规律、方法、手段，为今后开展独立研究奠定基础。

4. 实施教学改革

当前，全世界范围内的教学改革均把课程和教学内容改革作为核心环节来抓，要培养怎样的人才，就传授给他们相应的知识内容。尽管在高等教育人才的培养上，尚存在通才与专长之争，但是不管持哪种观点，有一点是共识，那就是蔡元培所提出来的大学应成为“包容各种学问的机关”。可见，在教授专业课之外，蔡元培认为，还应加强对学生基础课的教学，注重拓宽大学生知识面。对于我国来说，教育事业要取得发展，就应面向世界、面向未来，那就必须在教学内容上广泛涉猎古今中外一切文化成果中的精华部分，中西兼容，综合运用。在课程的开设上，不仅要借鉴西方国家的先进经验，而且要结合我国高校的实际，使基础课与选修课的开设相互协调。如果要重现当年蔡元培先生执掌北京大学那种百家争鸣的学术氛围，那么就要学习蔡元培先生的教学理念，为学生提供开放的课程与教学内容。教师不能给学生设定种种限制，而是要创设情境，促进学生独立自主思考。

5. 明确价值取向

当前，社会上对于我国高等教育的价值取向，存在着种种不合理的观点：有一种看法是把高等院校看成单纯的职业培训场所；另外一种观点觉得，高等教育是人们为实现加官晋爵的目标而选择的道路；还有一种观点表示，高等教育是农村学生跳出农门、融入城市生活的唯一道路。实际上，随着我国市场经济体制的深入发展，大学这片曾经的"净土"，如今已被各种浓厚的功利色彩所包围。所以，当前我们所要做的，就是要像蔡元培先生那样，先明确大学到底是什么场所。只有认识到大学是研究高深学问的专门场所，大学的办学目标是培养具有健全人格的社会精英时，我们才能进一步理解，高等教育的价值取向就是人类对于新知识、新技能的不懈追求，对于生命价值的不断探索，而学有所成、服务社会仍然是这一价值取向的延伸。

6. 注重人文关怀

当前，我国各类高校在人文关怀方面开展了不少有益的工作，但是仍存在着人文关怀流于形式的问题。人文关怀其实并不仅仅是表面上进行的说教，也不仅仅是物质上的一些奖励，而且应当是面向全体师生的精神上的尊重。蔡元培主张将对人的关怀和尊重付诸实践，提出要尊重教师的学术自由、政治自由，实施兼容并包的方针。蔡元培先生聘用教师时，最主要是看教师本人有无真才实学，是否具备研究学术的兴趣和能力，只要符合要求，就可聘为教师。但是，如果学术水平偏低，那么不管是什么人，都要坚决予以辞退。更为可贵的是，他对于教师的政治主张和学术派别，只要不影响授课，就不作为录用与否的标准。这就给我们今天的教师聘任提供了大量值得借鉴的经验。他十分尊重教授，实行教授治校理念，从而极大地调动了教授们的主动性和积极性，使学校的管理效率大为提升。借鉴这些经验，对于我国高校走出目前的管理逆境，促进高等学校管理体制的进一步科学化，具有特别重要的意义。他还十分尊重学生，按照个性化教育原则，提出并倡导师生员工人人平等，给学生充分的自由和民主，让学生个体得到全面发展。这对于我们今天改善高校之中的师生关系，增强学生的主人翁意识，具有极好的指导作用。

7. 科学设置学科

当前，我国的高校课程设置中有了学分制、选修课等形式，但是，在开设学科的实用性方面还显得远远不够。部分课程的开设不科学，主要表现在：有的基础课程安排在专业课程之后上；有些实用性很强的课程未能开设起来，有的没有实际意义的课程反而开设起来；文科学生普遍缺乏理工科知识训练，而理科的学生也十分缺乏基本的人文修养。鉴于以上种种情况，蔡元培先生当年提出的四育并举、文理沟通，在今天仍具有很好的借鉴意义。高校在课程设置上，要切实围绕人才培养的目标，注重所开设课程的实用性和专业性。

三、结语

总之，蔡元培高等教育思想的最核心特征体现为民主和科学，其主要目标是要把大学办成高水平的科学研究中心。蔡元培先生的高等教育思想，不仅为我国近现代高等教育理论的形成和发展奠定了坚实的基础，而且其中许多创造性的思想，如"思想自由、兼容并包"等、教授治校等，对于我们当代高等教育事业的发展，仍然具有十分重要的参考价值，值得我们加以继承，并发扬光大。

参考文献

[1] 张晓唯. 蔡元培评传 [M]. 南昌：百花洲文艺出版社，1993.

[2] 项贤明. 蔡元培的高等教育管理思想及其启示 [J]. 高等教育研究，2001 (2).

[3] 孙守敏. 蔡元培高等教育思想探微 [J]. 同济大学学报：社会科学版，2001 (5).

[4] 胡楠. 从蔡元培的高等教育思想透视大学校长的角色定位 [J]. 河北青年管理干部学院学报，2007 (3).

“两个必然”视域下的中国特色社会主义生态文明

鲁长安

【摘要】“两个必然”是科学社会主义理论的核心。在新的历史条件下，从“两个必然”的视角，按照历史与逻辑相一致的原则，深刻分析资本主义与生态危机的必然联系，系统回顾传统社会主义与环境保护的历史与逻辑关系，有助于我们清醒地认识中国特色社会主义生态文明的历史意义。

【关键词】两个必然　资本主义　生态危机　传统社会主义　中国特色社会主义生态文明

作者简介：鲁长安，1982 年生，男，博士，西南财经大学马克思主义学院讲师（成都，611130）。

1848 年 2 月，马克思、恩格斯在《共产党宣言》中，运用科学的世界观和方法论，考察人类社会发展的一般规律以及资本主义社会发展的特殊规律，最终得出了资产阶级的灭亡与无产阶级的胜利是不可避免的“两个必然”（后来发展成：资本主义必然灭亡、社会主义必然胜利）这一科学结论。“两个必然”是科学社会主义理论的核心。在新的历史条件下，面对第二次世界大战结束后资本主义经济的繁荣发展和东欧剧变、苏联解体等所带来的严峻挑战，我们从“两个必然”的视角看当代中国特色社会主义生态文明的发展，有助于坚定马克思主义信仰和社会主义信心，有助于推进中国特色社会主义现代化建设的绿色发展。

一、资本主义与生态危机

（一）生态危机是资本主义发展的历史产物

恩格斯说：“历史从哪里开始，思想进程也应当从哪里开始。”[①] 翻开人类发展史，从某种意义上来讲，一部资本主义的发展史，就是一部处理人与自然关系的人类生态发展史。马克思说：“资本来到世间，从头到脚，每个毛孔都滴着血和肮脏的东西。”[②] 其实，资本来到世间，从头到脚，每个毛孔也滴着自然的血和肮脏的东西。生态危机是资本主义发展的历史产物。在资本主义工业化初期，生态环境破坏没有达到危害人

① 马克思恩格斯文集：第 2 卷［M］. 北京：人民出版社，2009：603.

② 马克思恩格斯文集：第 2 卷［M］. 北京：人民出版社，2009：266.

类继续生存的程度，人类社会面临的主要矛盾是人类自身的生存与生活资料不足的问题。但是，马克思、恩格斯以卓越的思想智慧始终如一地关注着人与自然之间的生态关系。

在《共产党宣言》中，马克思、恩格斯客观公正地写道："资产阶级在它的不到一百年的阶级统治中所创造的生产力，比过去一切世代创造的全部生产力还要多，还要大。"① 资本主义生产方式相对于封建社会生产方式而言，使社会经济面貌发生了历史性的改变，是人类社会的巨大进步。然而，与此相伴随的是："自然力的征服，机器的采用，化学在工业和农业中的应用，轮船的行驶，铁路的通行，电报的使用，整个大陆的开垦，河川的通航，仿佛用法术从地下呼唤出来的大量人口——过去哪一个世纪料想到在社会劳动里蕴藏有这样的生产力呢？"② 以资本为基础的生产创造出的资产阶级社会，也创造出了社会成员对自然界和社会联系本身的普遍占有。在资本主义社会里，自然界服从于资本主义生产方式追求利润的最大化，服从于资本增值的内在驱动机制的运行，为资本家榨取剩余价值服务。因此，资本主义生产方式只强调人对自然的对象化利用以及人对自然的无休止滥用、掠夺和盘剥，必然对生态环境造成破坏。

19 世纪 40 年代，马克思、恩格斯就开始分别从不同的角度，对资本主义工业革命时期的生态环境污染问题展开调查研究，并对人与自然之间的生态关系进行深入探讨。马克思在《1844 年经济学哲学手稿》中，这样描绘资本主义社会早期工人阶级的环境："甚至对新鲜空气的需要在工人那里也不再成其为需要了。人又退回到穴居，不过这穴居现在已被文明的污浊毒气污染，而且他在穴居中也只是朝不保夕，仿佛它是一个每天都可能离他而去的异己力量——如果他付不起房租，他每天都可能被赶走。他必须为这停尸房支付租金。明亮的居室，这个曾被埃斯库罗斯著作中的普罗米修斯称为使野蛮人变成人的伟大天赐之一，现在对工人来说已不再存在了。光、空气等，甚至动物的最简单的爱清洁，都不再是人的需要了。肮脏，人的这种堕落、腐化，文明的阴沟（就这个词的本义而言），成了工人的生活要素。完全违反自然的荒芜，日益腐败的自然界，成了他的生活要素。"③ 在资本主义条件下的生产对生态环境的破坏是触目惊心的。恩格斯对受工业污染的伍珀河谷作了真实的描述："这条狭窄的河流泛着红色波浪，时而急速时而缓慢地流过烟雾弥漫的工厂厂房和堆满棉纱的漂白工厂。然而它那鲜红的颜色并不是来自某个流血的战场……"④ 而是完全源于许多使用土耳其红颜料的染坊。资本主义生产不仅造成了自然环境的污染，也带来了城市的拥挤和脏乱。马克思、恩格斯留下了许多对工业革命后的资本主义生态环境状况的真实写照。

西方工业革命的进程，也是人类大规模破坏自然环境的过程。恩格斯明确指出："所有已经或者正在经历这种过程的国家，或多或少都有这样的情况。地力损耗——如在美国；森林消失——如在英国和法国，目前在德国和美国也是如此；气候改变、江河淤浅在俄国大概比其他任何地方都厉害，因为给大河流域提供水源的地带是平原，没有像为莱茵河、多瑙河、尼罗河及波河提供水源的阿尔卑斯山那样的积雪。"⑤ 这就

① 马克思恩格斯文集：第 2 卷［M］. 北京：人民出版社，2009：36.
② 马克思恩格斯文集：第 2 卷［M］. 北京：人民出版社，2009：36.
③ 马克思恩格斯文集：第 1 卷［M］. 北京：人民出版社，2009：225.
④ 马克思恩格斯文集：第 2 卷［M］. 北京：人民出版社，2009：39.
⑤ 马克思恩格斯文集：第 10 卷［M］. 北京：人民出版社，2009：627.

是说，资本主义生产方式经营工农业生产过程中的盲目性和反自然的本质，对世界上许多国家造成了一种普遍性的生态破坏。

马克思认为，资本主义的生产方式造成了一种双重破坏：“资本主义生产使它汇集在各大中心的城市人口越来越占优势，这样一来，它一方面聚集着社会的历史动力，另一方面又破坏着人和土地之间的物质变换，也就是使人以衣食形式消费掉的土地的组成部分不能回归土地，从而破坏土地持久肥力的永恒的自然条件。这样，它同时就破坏城市工人的身体健康和农村工人的精神生活。但是资本主义生产通过破坏这种物质变换的纯粹自发形成的状况，同时强制地把这种物质变换作为调节社会生产的规律，并在一种同人的充分发展相适合的形式上系统地建立起来。”① 资本主义生产方式既破坏自然环境，又损害工人的身心健康。人与自然之间的物质变换以破坏的形式表现出来。随着资本主义社会城市化进程的加快和生产规模的扩大，科学技术越进步，生态破坏过程越迅速。

进入20世纪以来，随着资本主义发达国家的生活质量的提高，公民的生态环保意识逐步觉醒，资本主义国家的生态环境法律制度建设日益完善，资本主义国家的自然环境和城市面貌大大改观。但是，资产阶级追逐剩余价值的本性并没有改变。当代发达资本主义国家在经济全球化过程中加速了对自然的榨取和掠夺，把资本的势力范围扩展到全世界和整个自然界。一方面，发达资本主义国家在享受田园风光的同时，将那些生产高污染的产品，源源不断地倾销到公众生态意识差、环保控制力弱的广大发展中国家；另一方面，发达资本主义国家以投资、经济援助为名，把破坏生态的产业诸如石化、冶金、化工等工业项目迁移到发展中国家，利用当地廉价的劳动力、丰富的自然资源和不完善的环境法规等进行生产，将发展中国家的人民推到生态灾难的第一线去承担资本主义经济发展的外部影响，而在本国大力发展第三产业、绿色产业和高新技术。② “生态帝国主义”的这些生态殖民主义行为导致了全球生态环境危机日益加剧。这就表明，资本主义的本质并没有改变，资本主义生产方式转嫁了生态成本，对生态环境的破坏只不过变换了一种新形式。

（二）生态危机是资本主义发展的必然产物

1. 人与自然关系的异化

马克思认为，在资本主义社会里，作为人与自然中介的社会劳动，是一种异化劳动，由此必然产生自然的异化。这是由于异化劳动从人那里夺去了他的生产的对象，也就从人那里夺去了他的类生活，即他的现实的类对象性，把人对动物所具有的优点变成缺点，因为从人那里夺走了他的无机的身体即自然界。在社会实践和现实世界中，通过异化劳动，形成的人与自然之间的关系，就表现为人的自身自然和外部自然两个方面的异化。一是劳动者同他的自身自然相异化。马克思指出：“劳动创造了美，但是使工人变成畸形”，“劳动产生了智慧，但是给工人生产了愚钝和痴呆”，使工人的“肉体受折磨，精神遭摧残”。二是劳动者同外部自然相异化。马克思认为，异化劳动不仅使“人自身的身体”，而且使“在他之外的自然界”“同人相异化”。由此可见，在资本主义社会里，人与自然的关系是一种异化的关系。异化劳动从自然界获得的东西越多，劳动者的所得就越少，越成为自然界的奴隶。马克思深刻地指出，人与自然

① 资本论：第1卷［M］. 北京：人民出版社，2004：579.

② 刘增惠. 马克思主义生态思想及实践研究［M］. 北京：北京师范大学出版社，2010：94.

关系的异化，实质上是人与人的异化、人与社会的异化。在资本主义社会中出现的自然界的各种异化现象，实际上都是资本主义社会异化的必然产物。正是因为资本主义社会无序竞争的无政府状态必然导致人在自然面前榨取、占有的无政府状态，使人与自然关系的危机日益加深，最终导致了生态危机。

2. 技术的资本主义使用

马克思、恩格斯在分析资本主义制度下人与自然关系异化的社会根源时，还深刻地指出了服务于资本的科学技术成为资本征服、掠夺与占有自然的手段与工具。马克思指出："只有资本主义生产方式才第一次使自然科学为直接的生产过程服务，同时，生产的发展反过来又为理论上征服自然提供了手段。科学获得的使命是：成为生产财富的手段，成为致富的手段。"① 恩格斯在《反杜林论》中也明确指出科学技术的资本主义的应用，这就是被人类视为工具的理性的科学技术成为对自然普遍的占有和掠夺，服务于资本追求剩余价值的工具，导致科学技术运用的盲目性、反自然性和极端的功利性，也就成为"资本主义的应用"的突出表现。

法兰克福学派继承了马克思主义将科学技术置于社会背景之中加以考察的传统，将生态危机理解为资本主义通过科学技术对自然和人类进行双重控制的必然结果。马尔库塞强调"技术的资本主义使用"，他在1972年出版的《反革命与造反》中提出，资产阶级贪婪的本性不仅使资产阶级通过高生产高消费疯狂地剥削和掠夺无产阶级，在追求利润最大化的过程中，资产阶级还利用技术理性使大自然屈从于商业组织，迫使自然界成为商品化了的自然界，破坏了生态平衡，造成资本主义社会特有的生态危机。

3. 异化消费

生态马克思主义者莱斯和阿格尔认为，资本主义的危机已经由生产领域转移到消费领域。他们参照马克思的异化劳动理论，构建出了当代资本主义的异化消费理论。异化消费就是指无产阶级通过消费奢侈品以补偿异化劳动过程中的艰辛和痛苦，追求所谓的自由和幸福；资产阶级在控制无产阶级整个消费的过程中也被消费所控制，整个资本主义社会因此而被消费品所异化。② 在当代资本主义社会里，只有在消费中而不是在劳动中，无产阶级才能够体会到幸福，无论消费是否需要，消费都成为了无产阶级的避难所。资产阶级通过控制科学技术使之服务于奢侈品的生产，通过广告和媒体刺激和引导无产阶级对奢侈品的消费，获得对生产和消费的控制，消除了经济危机，资本主义暂时获得政治上的合法性。但是，由于生态系统的有限性和资本主义生产能力的无限性之间存在着不可调和的矛盾，由异化消费而引起的生态危机比经济危机具有更大的破坏性。

4. 自然和资本的矛盾是资本主义的总矛盾

生态马克思主义认为，传统的历史唯物主义理论更注重揭示资本主义生产力和生产关系的矛盾，以及由这一矛盾所导致的生产过剩和经济危机，并以此探寻社会主义的实现途径。与此不同，生态马克思主义在凸显自然的生产性地位的基础上，提出了"存在于资本的自我扩张和自然界的自身有限性之间的总体性矛盾"③，即自然的有限性

① 马克思. 机器、自然力和科学的应用［M］. 北京：人民出版社，1978：206.

② 刘仁胜. 生态马克思主义概论［M］. 北京：中央编译出版社，2007：43.

③ 詹姆斯·奥康纳. 自然的理由：生态学马克思主义研究［M］. 唐正东，臧佩洪，译. 南京：南京大学出版社，2003：16.

和资本的无限性之间的矛盾是资本主义总体性矛盾的理论观点，揭示出资本主义的第二重基本矛盾——生产力、生产关系和生产条件（即自然和劳动力）的矛盾，以及由此导致的生态危机。

二、传统社会主义与环境保护

（一）传统社会主义环境保护的历史概况

20世纪以来，时代的主题是战争与革命，随着苏联等社会主义国家的建立，很多社会主义国家的生态文明建设停留在环境保护这一初级阶段。在继承和发展马克思主义生态文明理论的基础上，以苏联为代表的传统社会主义的生态文明得到了一定程度的发展。在列宁的关心和重视下，苏联的环保运动在新经济政策时期兴旺起来，但他领导社会主义建设的时间过于短暂，生态文明思想没来得及真正贯彻实施；布哈林的生态哲学思想伴随着斯大林主义的胜利而受到排斥；斯大林时代，苏联逐步走上了高度集中的计划经济体制，生态理论和实践未入经济社会发展主流；20世纪70年代以后，苏联生态马克思主义学者们的生态文明思想也未能有效发挥对生态危机的遏制作用；1987年戈尔巴乔夫执政以后，"绿色新思维"这一指导思想促使苏联迅速解体。总之，由于时代的局限性，苏联理论界没有重点关注马克思主义的生态思想，也没有形成系统的马克思主义生态文明理论，有限的生态思想也没有转化为成功的生态实践，苏联传统社会主义的生态问题不断积累并加重，成为苏联解体的重要因素之一。

生态马克思主义者认为，只有社会主义才能从根本上解决资本主义社会的基本矛盾，从而解决生态的可持续问题。生态马克思主义者推崇生态社会主义，但不推崇现实的社会主义或传统社会主义。生态马克思主义者对历史中的苏联及东欧社会主义模式进行了思考和分析，认为它们同资本主义国家类似，也存在着生态问题，不是真正的生态社会主义。

（二）传统社会主义依然存在生态问题

社会主义的本质与生态文明的本质是一致的。但是，传统社会主义依然存在生态问题。以苏联为代表的传统社会主义的生态问题的根源与长期推行工业化战略、传统社会主义计划体制的逆生态性以及执政党领导人不重视生态问题有关。

工业化战略的粗放型发展模式是导致传统社会主义生态问题不断积累和恶化的根源。在资本主义的汪洋大海中生长起来的苏联等传统社会主义国家，大多产生于资本主义世界的相对落后地区，因此，在"冷战"氛围这一国际大环境中，传统社会主义国家在经济上必然面临生存权、发展权第一的问题，"社会主义建设"和"赶上西方"加深了粗放型经济发展对环境的影响，尤其是在资源丰富的苏联。在追求生产力的发展上，传统的社会主义和资本主义是一样的。传统社会主义国家为了迅速地达到经典社会主义所描述的"生产力的极大发展和物质产品的极大丰富"，常常不顾本国自然环境资源的承载能力，大肆开发和利用自然资源，忽视对生态环境的保护。以苏联为代表的传统社会主义国家的政府长期坚持以经济增长为核心的发展战略和以重工业为主导的产业结构政策，走粗放型经济发展道路，具有严重的资源依赖性，盲目采用西方工业化的技术，造成了极为严重的生态环境问题，生态问题未能及时得到治理。因此，凡是在西方资本主义工业化时期也已发生的生态危机和生态不可持续都在传统社会主义国家悉数上演。传统社会主义国家自然退化的原因和后果基本上和资本主义国家是一样的。随着社会主义国家把自己融入世界性的资本主义市场中去，同一种系统化的生产性力量在东方就像在西方一样有效。

高度集中的计划经济体制引发了“公地悲剧”。以苏联为代表的传统社会主义长期推行一种高度集中的官僚化的政治体制模式和计划经济体制，悖逆了人与自然和谐相处的自然规律，导致了“公地悲剧”，决定了传统社会主义发展的不可持续性。这是因为：资源计划经济体制下均为公共性资源的所有权和经营权结构的失衡，导致处于经济微观层面上的企业以完成和超额完成计划为最高任务，从不关心资源节约，资源利用效率低下，大量资源被挥霍；公共资源的产权明晰与实际使用中的产权模糊的不对称性，容易造成责任主体缺位和资源监管缺位，使公共资源经常处于一种无人问责同时又任人攫取的悲惨境地；计划体制下的苏联各加盟共和国之间的功能分工制，各个共和国之间为了地区利益之争，没有形成统一的环境保护机制。[①] 加上高度集权的政治体制和严格的思想垄断，传统社会主义执政党及其领导人的生态文明意识缺失，他们忽视对生态问题的治理，环境保护难以进入国家战略决策的核心位置，有限的环境保护法律法规和相关政策措施流于形式，加上传统社会主义长期采取资源输出型出口结构，超常规开采和使用自然资源，导致生态环境遭受巨大破坏。传统社会主义的生态问题成为了持不同政见者向政府施压的砝码。为了防止资本主义国家将生态问题政治化，并使之成为反对社会主义制度的借口，苏联等传统社会主义国家最终消解了民主的生态政治参与和可持续发展要求。

三、中国特色社会主义与生态文明

（一）中国特色社会主义生态文明建设的历史进程

生态文明是我们党不懈奋斗的目标。顺应“两个必然”的历史规律，我们不可能也不应该选择资本主义和传统社会主义曾经走过的“先污染、后治理；先破坏、后建设”的发展道路。生态文明是在中国特色社会主义生态文明建设的伟大实践中提出的。

新中国成立后，特别是1972年6月，我国政府首次派代表团参加了在斯德哥尔摩召开的联合国人类环境会议之后，我国的生态文明建设进入了开创阶段，我们党为促进生态文明而努力探索，特别是在保护环境方面进行了艰辛探索，积累了正反两方面的经验和教训，取得了重要进展。

党的十一届三中全会以后，随着国家战略重心转移到社会主义现代化建设上，我国的生态文明建设进入了初步发展阶段。1979年，《中华人民共和国环境保护法（试行）》通过，我国环境保护工作走上了法制化轨道。1983年12月，第二次全国环境保护会议将环境保护确立为基本国策。在这一阶段，环境保护的法律法规体系初步形成，环境保护被纳入了国民经济和社会发展计划，环保主管部门成为了国务院直属机构，环境教育全面开展，我国的生态文明建设朝着制度化、法制化和规范化的方向发展。

1992年，邓小平发表南方讲话后，我国的生态文明建设进入了加快发展阶段。随着我国把可持续发展作为国家的一项基本战略，实施力度不断加大。1992年，我国参加了在巴西召开的联合国环境与发展会议，并提交了《中华人民共和国环境与发展报告》。1994年，我国在发展中国家中率先制定并实施了向可持续发展模式转变的纲领性

① 刘希刚. 苏联对生态环境问题的探索及其历史启示［J］. 理论导刊，2012（8）.

文件——《中国21世纪议程——中国21世纪人口、环境与发展白皮书》。1997年，党的十五大明确提出实施可持续发展战略。2002年，党的十六大把“可持续发展能力不断增强，生态环境得到改善，资源利用效率显著提高，促进人与自然的和谐，推动整个社会走上生产发展、生活富裕、生态良好的文明发展道路”作为全面建设小康社会的重要目标之一。在这一阶段，环境保护战略逐步转变，利用经济手段保护环境得到重视，环境保护被纳入了中央人口工作座谈会的议题，排污许可制度试点逐步开展，清洁生产大力推进，环保产业积极发展，节能减排的环保技术政策逐步出台，环境标志制度得到推行，环境教育进一步加强。

党的十六大以来，我国生态文明建设进入了深化发展阶段，我们党对生态文明的认识也不断深化。党的十六届三中全会提出了以人为本，全面、协调、可持续发展的科学发展观，进一步总结了我国在可持续发展方面的实践经验，把统筹人与自然和谐发展提升到新的战略高度。党的十六届四中全会提出人与自然和谐相处是和谐社会的一个重要特征和重要目标。党的十六届六中全会把“人与自然和谐相处”作为和谐社会的基本要求。我们党还及时提出了建设资源节约型、环境友好型社会的思想。胡锦涛同志在党的十七大报告中，把“建设生态文明，基本形成节约能源资源和保护生态环境的产业结构、增长方式、消费模式”，生态文明观念在全社会牢固树立，作为对实现全面建设小康社会奋斗目标的新要求之一首次明确提出来。党的十八大报告把生态文明建设放在突出地位，纳入中国特色社会主义事业总体布局，进一步强调了生态文明建设的地位和作用，明确提出努力建设美丽中国，实现中华民族永续发展，进一步昭示了我们党加强生态文明建设的意志和决心。

（二）中国特色社会主义生态文明建设的理论价值与实践意义

我们党以马克思主义生态文明思想为理论指导，以中华民族优秀传统文化中固有的生态文明观为哲学基础和思想源泉，提出建设生态文明，这不仅是一个发展理念上的创新，更是一项十分紧迫的现实课题和任务。牢固树立生态文明观念，必须在认识上着重把握建设生态文明的理论价值和实践意义。

生态文明建设是全球化背景下应对生态危机的迫切需要。20世纪末期以来，随着资本主义的全球化，资本主义国家内部的生态灾难已经演变成了全球性的生态危机。“中国作为一个发展中大国，同样面临着严重的生态危机的挑战。”① 生态文明走上当今社会发展主旋律的位置，进而成为全球性的时代潮流。要解决全球生态危机，就要形成全球共识，通过全球合作解决。因此，在国际关系中，应在环保上相互帮助、协力推进，共同呵护人类赖以生存的地球家园。特别是在应对温室气体排放引起的全球气候变化方面，我们应该承担共同但有区别的责任。

生态文明建设是中国特色社会主义的题中应有之义。在当代中国，坚持中国特色社会主义道路，就是真正坚持社会主义。社会主义的本质与生态文明的本质是一致的。因此，“中国特色社会主义是一种既坚持科学社会主义的基本原理，又立足于中国国情的社会主义，这两个方面都要求建设中国特色社会主义必须以生态文明的标准来进行”②。建设生态文明，是我国社会主义初级阶段基本国情的必然要求。我国人口众多，

① 曾文婷.“生态学马克思主义”研究［M］. 重庆：重庆出版社，2008：195.

② 陈学明. 生态文明论［M］. 重庆：重庆出版社，2008：16.

资源相对不足，生态环境承载能力弱，这就是我国社会主义初级阶段的基本国情。党的十八大报告立足国情，把生态文明建设放在突出地位，具有重大的现实意义。

生态文明建设是贯彻落实科学发展观的客观要求。党的十六届三中全会完整地提出了科学发展观，即“坚持以人为本，树立全面、协调、可持续的发展观，促进经济社会和人的全面发展”。会议强调的“五个统筹”之一就是“统筹人与自然和谐发展”。科学发展观的核心是以人为本，生态文明建设体现着以人为本的发展理念。二者在本质上是一致的。中国特色社会主义是一种把科学发展作为基本发展战略的社会主义，这就决定了中国的发展应该是一种生态化导向的现代化发展过程。建设生态文明，可以有效地维护人民的环境权益，有利于广大民众共享现代文明成果，对保护人民群众的生存权和发展权，促进人的全面发展具有重要意义。我们要以科学发展观为指导，追求人与自然、人与人关系的良性互动，实现人与自然、人与人关系的双重和谐。

生态文明建设是全面建设小康社会的新要求。党的十七大报告提出到 2020 年全面建设小康社会目标实现之时，我国将成为生态环境良好的国家。党的十八大报告进一步明确了大力推进生态文明建设的总体要求，这就是：树立尊重自然、顺应自然、保护自然的生态文明理念，这是推进生态文明建设的重要思想基础，体现了新的价值取向；把生态文明建设放在突出地位，融入经济建设、政治建设、文化建设、社会建设各方面和全过程，这是推进生态文明建设的实质，也是对我国社会主义现代化建设过程提出的更新更高要求；坚持节约资源和保护环境的基本国策，坚持节约优先、保护优先、自然恢复为主的方针，这是推进生态文明建设的基本政策和根本方针；着力推进绿色发展、循环发展、低碳发展，这是推进生态文明建设的基本途径和方式，也是转变经济发展方式的重点任务和重要内涵；形成节约资源和保护环境的空间格局、产业结构、生产方式、生活方式，这是推进生态文明建设的重要目标；从源头上扭转生态环境恶化趋势，为人民创造良好生产生活环境，努力建设美丽中国，实现中华民族永续发展，为全球生态安全做出贡献，这是推进生态文明建设的目的。生态文明建设，是全面建设小康社会的新要求，也是今后十几年必须着力加强的重点环节。

生态文明建设是构建社会主义和谐社会的必然要求。党的十六届六中全会明确提出，我们所要构建的社会主义和谐社会，其总要求之一就是人与自然和谐相处。到 2020 年，构建社会主义和谐社会的目标和主要任务之一就是资源利用效率显著提高，生态环境明显好转。为此，要加强环境治理保护，促进人与自然和谐。我们要构建社会主义和谐社会，必须以尊重和维护生态价值和秩序为主旨，重视资源和生态环境承载能力的有限性，实现可持续发展能力不断增强，人与自然和谐发展，发展循环经济和低碳经济，建设资源节约型、环境友好型社会，走生态文明发展之路。

综上所述，在新的历史条件下，从“两个必然”的视角，按照历史与逻辑相一致的原则，深刻分析资本主义与生态危机的必然联系，系统回顾传统社会主义与环境保护的历史与逻辑关系，有助于我们清醒地认识中国特色社会主义生态文明的历史方位。中国特色社会主义生态文明建设是“两个必然”规律在当代中国的具体体现，是未来中国科学发展的必然选择。

美国巨额的贸易逆差并非"中国制造"

张小波

【摘要】近年来，美国的对华贸易巨大逆差已经成为两国在经济和政治关系中最为棘手的难题之一。本文主要探讨美国与中国贸易逆差问题的成因，并反驳了美国国内流行的"美国的巨大贸易逆差是中国制造的"的论调。

【关键字】中美贸易　贸易赤字　人民币升值　全球化

作者简介：张小波，1970年生，男，美国佐治亚大学国际关系学博士，西南财经大学马克思主义学院副教授（成都，611130）。

一、导言

1. 美国和中国经济贸易关系的发展和冲突

三十多年来，美国与中国的经济贸易关系发生了影响深远的变化。一方面来说，自从美国在1979年与中国建立正式的外交关系以来，两国贸易发展非常迅速，两国已经逐渐成为了相互最重要的贸易伙伴之一。根据中国商务部2010年的公告，中、美两国互为第二大贸易伙伴。美国是中国的第二大贸易伙伴、第二大出口市场、第六大进口来源地。① 贸易统计数据显示，美国与中国的贸易增长超过了美国与其他任何一个国家或地区的贸易增长。例如，从2000年到2005年，美国出口到中国的贸易量总共增长了157%，而这个贸易增长速度是美国在同一时间内出口到其他国家和地区贸易增长速度的12倍。② 但是另一方面来说，美中贸易关系的发展也出现了一些不平衡的因素，尤其是美国与中国日渐扩大的贸易逆差，该问题在近年来导致了许多经济和政治冲突。美国与中国的贸易逆差在1985年仅为6亿美元，而到2004年已达到1 620亿美元，到2005年竟然超过了2 016亿美元。③ 虽然美国到中国的贸易出口增长十分迅速，但是仍然远远落后于美国从中国的贸易进口增长。近年来，美国与中国的巨大贸易逆差已经

① 中国美大司司长何宁在2010年3月19日商务部专题发布会上表示，中、美两国互为第二大贸易伙伴。参见 http://www.yicai.com/news/2010/03/323967.html。商务部副部长王超2012年8月28日上午在北京举行的中美经贸合作论坛上指出，中、美两国互为第二大贸易伙伴。参见 http://news.cnfol.com/120828/101,1278,13093549,00.shtml。

② 美中商业协会的统计数据，来源于美中商业协会（US-China Business Council）报告，参见 www. uschina.org/report。

③ 美国和中国双方的官方贸易统计数据存在差异。根据美国官方的统计数据，在2006年，美国与中国的贸易赤字为2 016亿美元；根据中国官方的统计数据，美国与中国的贸易赤字为1 142亿美元。

成为美国和中国在经济和政治关系中最为棘手的难题之一。

2. 美国国内关于美国对中国贸易巨大赤字的争论

在美国国内，很多经济学家、政治家、国会议员、工商业领袖等对美中贸易巨大逆差产生的原因以及美国政府所应采取的措施展开了激烈的争论。总的来说，他们大致可以分为两个立场。其中一些人认为所谓中国的不公平贸易手段是美国对中国巨大贸易逆差的主要原因，尤其他们认为人民币的汇率价值被不公平地贬值或严重地低估了，因此人民币的汇率升值是解决美中贸易逆差的关键。例如，彼得森国际经济研究所的 Fred Bergsten 认为人民币 20%~40%的升值（同时有亚洲其他主要货币的升值）是美国有序地纠正其贸易逆差的关键。① 同样来自彼得森国际经济研究所的 Morris Goldstein 认为人民币的价值不仅被中国政府严重地低估了，而且被不公平地操纵了，违反了国际货币基金组织的指导方针，因此人民币应该立即升值 10%~15%。不少美国国会议员和参议员也持这类观点，他们认为应该引导美国财务部和相关的行政机构与中国政府谈判，促使中国采取所谓以市场为基础的外汇政策。美国国会的美中经济和安全审查委员会在 2006 年报告中认定中国政府“有意地”操控人民币汇率是美国产生贸易逆差的一个主要原因。更有一些激进的国会成员和领袖威胁说，如果中国不接受美国的要求，美国国会要通过法令对所有进口的中国商品征收额外 27.5%的关税。2007 年 5 月 17 日，42 名美国议员联名向美国贸易代表办公室提出申请，要求根据《1974 年贸易法》301 条款对中国采取贸易报复措施。

但是也有不少美国著名的经济学家和学者对上述观点提出了批评。他们指出，美国巨额的贸易逆差形成于特定的历史环境，是由于美国经济的发展、全球化和国际分工所导致。美国卡内基国际和平基金会经济学家 Albert Keidel 认为美国全球贸易巨大逆差是全球化导致的，而中国政府的人民币汇率政策不是真正的原因和问题所在，中国 2003 年和 2004 年的贸易顺差占其国内生产总值的比例都不算太高。② 美国卡托研究所的 Daniel T. Griswold 认为美国的全球贸易巨大逆差不是因为美国国内工业竞争力的衰退或者国外不公平的贸易操作造成的，而是反映了美国国内投资率（上升）和储蓄率（下降）引起的资金在国际上的流动和贸易分工。③ 美国前联邦储备银行主席 Alan Greenspan 也对美国国内流行的“中国操纵人民币”论和“中国抢走美国工作”论持怀疑态度。他认为人民币升值不一定会对美国整体的就业和贸易逆差有影响。

3. 本文阐述的主要问题

本文主要探讨美中经济关系这一重要问题，即美国与中国的贸易逆差问题。本文主要的研究问题是关于美国庞大的贸易赤字是否由于中国不公平的贸易手段造成。其他几个相关的研究问题是：中国是否违反了国际准则而操纵其外汇汇率而获得贸易优势；是什么主要的原因导致美国与中国的贸易赤字；人民币升值是否为美中贸易逆差的一个很好解决措施；美国是否受益于它与中国的贸易。鉴于美国和中国迅速发展的

---

① FRED BERGSTEN. The US Trade Deficit and China Testimony before the Hearing on US-China Economic Relations Revisited Committee on Finance ［R］. United States Senate，March 29，2006.

② ALBERT KEIDEL. China's Currency：Not A Problem ［R］. Policy Brief 39，Carnegie Endowment for International Peace，Washington，DC. 20036，June 2005.

③ DANIEL GRISWOLD. Who's Manipulating Whom? China's Currency and the U. S. Economy ［R］. Trade Briefing Paper n. 23，Cato Institute，July 2006.

经济贸易关系，对于这一系列问题的全面了解可以帮助双方评估和调整贸易政策，以便避免将来可能出现的贸易和政治冲突。

本文首先分析中国的外汇制度是否违反了国际准则，阐述回答"中国是否操纵其货币而获得贸易优势"这个问题。我认为美国方面对中国操纵其货币获得贸易优势的指控缺乏国际法甚至美国国内法的根据，因此这一问题在很大程度上还存在争议。然后，详细分析了美国与中国出现贸易赤字的主要原因，我认为美国对中国的贸易赤字主要的产生原因是美国日渐扩大的全球贸易赤字、东亚经济的一体化加速、美国对中国歧视性的出口管制政策以及中国的知识产权问题等。接着讨论人民币升值是否会解决美国的全球贸易赤字问题，并阐明人民币升值对美国经济产生影响的可能性。最后探讨美国在美中贸易中取得的利益和一般美国人对美中经济关系的看法。

二、关于人民币汇率政策的争议

许多美国国会议员和政策制定者认为美中贸易赤字是由于中国的汇率政策造成的，即所谓的"人民币被中国政府有意识地贬值或不公平地操纵来获取贸易优势"。美国国会的美中经济与安全审议委员会在其 2002 年、2004 年、2005 年和 2006 年的年度报告中都持偏见地批评中国政府故意低估人民币的汇率价值。这些报告强调指出，中国操纵人民币汇率的行为将危害美国的市场竞争力，这是美中贸易赤字的主要原因。纽约州民主党参议员 Charles Schumer 和南卡罗莱那州共和党众议员 Lindsey Graham 提出的草案中建议对所有美国从中国进口的产品征收额外的 27.5%的关税。他们宣称，美国损失的 300 万制造业的就业机会中有很大一部分原因是人民币汇率贬值。中国的"货币汇率操纵"违反了作为世界贸易组织（WTO）和国际货币基金（IMF）成员理应承担的义务。

但是实际上，无论是美国国内法还是国际准则，"货币汇率操纵"这一词都没有一个普遍被接受的定义。2005 年 11 月美国财政部对国际汇率政策的报告中指出，判断一个国家是否操纵其货币汇率本来就是复杂的，并没有公式化的程序。① 国际货币基金组织也指出允许各国在很大程度上选择和管理汇率制度。② 美国财政部和国际货币基金组织都没有指出中国操纵其货币汇率在国际贸易中获得了不公平的优势。美国财政部在向国会提交的 2006 年报告中指出，最后的分析认为，财务部在所有证据中都无法确定中国的外汇制度是以经营为目的而取得了不公平的优势。③ 国际货币基金组织也对美国国内对中国操纵其货币获得贸易优势的指控持怀疑态度。国际货币基金组织董事总经理 Rodrigo de Rato 宣称，他和国际货币基金组织的工作人员都认为没有证据表明中国人为地将其货币贬值以取得贸易优势。④

可以肯定的是，从 2005 年起，中国为适应改革开放的需要，从较为固定的汇率逐

① U. S. DEPARTMENT OF TREASURY. Report to Congress on International Economic and Exchange Rate Polices [R]. May 2006: p. 1.

② U. S. DEPARTMENT OF THE TREASURY. Report to Congress on International Economic and Exchange Rate Policies [R]. November 2005: p. 1.

③ U. S. DEPARTMENT OF TREASURY. Report to Congress on International Economic and Exchange Rate Polices [R]. May 2006: p. 1.

④ 腾讯财经. 加图专栏·中国在操纵货币吗 [OL]. http://finance.qq.com/a/20090401/002212.htm.

步转向更具灵活性的汇率政策，而在此之前，中国作为一个主要贸易国家，长期实行的是钉住美元的固定汇率。但是中国政府制定的人民币汇率制度正如其他国家采取的货币政策一样，是一个国家主权范围内的事。在历史上，作为一个主权国家，拥有固定的汇率并非不寻常。从20世纪50年代到70年代初期，大多数西方工业国家包括美国在内就根据布雷顿森林协议固定西方各国的货币汇率。在2005年前，中国是其中为数一半的保持固定汇率的国际货币基金组织成员国之一（187个国家中有89个）。在国际贸易中，国际学术界和媒体的主流并不认为中国因为固定汇率而获得了一些不公平的贸易优势。中国只是在近年来才出现大量的贸易顺差，在过去的十几年里，中国每年只保持了适度的全球贸易盈余。除了其与美国的庞大的贸易盈余，中国与日本、韩国、中国台湾以及欧洲的一些国家的贸易都是赤字的。此外，并非所有的国家对中国的固定汇率制度都持负面的看法，在1997—1998年东南亚发生金融危机时，许多亚洲国家或地区纷纷贬值本国货币，引起全球金融市场震荡，而中国政府尽管当时有很大的财政和贸易压力，但仍然实行稳定的货币汇率政策，其对世界金融市场的负责态度受到了各方高度的评价。

三、美国巨额贸易赤字的原因分析

我认为美国对中国的贸易赤字产生的主要原因是美国日渐扩大的全球贸易赤字、东亚经济的一体化加速、美国对中国出口的管制政策以及中国的知识产权问题等。

1. 美国全球贸易赤字的发展过程

一些美国国会议员和决策者浅层次地看到，中国的出口在不断增加，增幅远远地高于进口增幅，导致中国近年来产生大量的贸易顺差，而美国的进口在不断增加，增幅也远远地高于出口增幅，在过去三十年来导致其出现大量贸易逆差。与此同时，中国对美国的出口增长惊人，而且增幅远远超过美国对中国的出口增幅。由此他们产生了一个错觉，即美国的全球贸易赤字主要原因就是来自中国。但是我们必须清楚，一个国家的整体贸易顺差或逆差是指一个国家与世界其余地区的所有领域的整体贸易盈余。要求一个国家与其他任何一个特定的国家或在某些特定的行业维持一个绝对的贸易平衡是不现实的也是不合理的，因为不同的国家拥有自己不同的特定优势产业和比较贸易优势。一个国家与其他一个国家可能有贸易顺差，而与另外一个国家却可能有贸易赤字，这是更实际的操作情况。因此，如果我们只简单地看到两个国家的贸易数字而忽略在全球贸易范围内做出结论，即美国的全球贸易赤字主要是由美中双边贸易造成的，那么我们将犯一个很大的错误，毕竟对于美国的全球贸易赤字需要在全球背景中加以分析。

我们要看到，在近几十年来，美中的贸易赤字在迅速增长，可是美国与其他国家的贸易赤字也在迅速增长。在20世纪50年代和60年代，美国在很多行业中都进行广泛的出口扩张，享有巨大的全球贸易顺差。但是自20世纪70年代以来，随着来自日本和欧洲日益激烈的产业竞争，加上两次石油危机导致世界石油价格大幅上涨，美国开始慢慢地从全球贸易顺差的盛况中走出来，逐步陷入全球贸易逆差的境况。美国出现的全球贸易逆差尤其是在90年代后期以来达到了惊人的增长速度，这主要是由于美国国内储蓄率的下降，而在同一时间内投资率猛升造成的。在过去十几年里，美国的贸易赤字从1991年的291亿美元上升到2005年的7 258亿美元，这占了美国国内生产总值的6.5%。

可以肯定的是，美国对中国的贸易赤字在迅速地扩大，如今中国已经取代日本成为美国贸易赤字最大的国家。但我们必须看到，在过去的十年，中国在美国的全球贸易赤字的份额从1996年的23%到2005年的26%，并没有显著地增加。因此，虽然美国与中国的贸易赤字在迅速增加，其实美国与某些特定的国家和地区如日本、墨西哥、欧洲国家等的贸易赤字也在不断地增加，这些反映了美国的全球贸易逆差在最近几十年都在整体地快速增长。由此可以说，美国对中国的贸易逆差的增长也体现了美国的贸易逆差在全球范围内的增长。一些经济学家认为，即使人民币再升值25%，也无法改变美国在全球的整体贸易逆差状况。

2. 中国和周边东亚经济体的贸易分工

很明显，东亚地区是美国自20世纪70年代以来一个拥有巨大贸易赤字的地区。随着东亚地区工业化的高速发展，自1983年以来，该地区已成为美国重要的经济贸易伙伴。美国横跨太平洋与东亚地区的贸易已超越了美国横跨大西洋与欧洲的贸易。在1987年，美国与东亚的贸易占美国全球贸易的35%，大于它与其他任何一个地区的贸易。但是同时，美国与东亚的贸易赤字也达到了1 070亿美元，占美国整体贸易赤字的60%。有一点要指出的是，虽然美国与东亚之间的贸易存在一个庞大的贸易赤字，但在过去的十年里，美国与东亚地区包括中国在内的整体贸易赤字比重实际上已从65%降至44%，而除中国以外的其余东亚地区的贸易赤字份额，也从42%降至18%。

要了解为何美国与其他东亚地区贸易赤字产生如此戏剧性的变化，关键点是因为中国与周边经济体日益融合。随着中国经济改革，中国已成为周边经济体如日本、韩国、中国台湾、中国香港和新加坡等的最后组装和出口的平台。它们开始在中国境内生产一些低附加值的部件，而在自己境内生产一些高附加值的部件再运输到中国来组装，然后最终成品则直接从中国向美国和其他国家出口。正如我们所看到的这样，在新的贸易分工格局中出现了越来越错综复杂的东亚制造业供应链，中国成为了重要的加工生产基地。随着全球经济化和东亚贸易融合，中国的周边经济体与美国的贸易盈余已开始向中国转移，而中国与其他东亚周边经济体开始产生贸易逆差。因此，美国与中国的贸易赤字迅速增长也是贸易全球化的结果，尤其是东亚经济体系区域之间一体化的结果。

3. 美国的出口贸易管制

美国与中国贸易赤字的部分原因是由于美国对中国实行歧视性的出口管制政策。"冷战"期间，在美国领导下的西方国家对苏联、东欧和中国等社会主义国家采取了非常严格的出口管制政策，以防止任何高新技术和军事武器流入社会主义国家。在1979年美国和中国建立了正式的外交关系以后，虽然美国对中国开始放宽其严格的出口管制政策，但是美国对高科技和与国防有关的产品出口到中国一直十分谨慎，通常这类出口都要经过一些严格的许可证制度及评估和检验程序。1991年"冷战"结束以后，西方发达国家开始对中国的出口管制政策产生一些分歧。在许多西方国家积极修改它们的出口管制措施的时候，美国对中国仍然存在歧视性出口管制。

当今的中国已成为世界上最大的贸易国之一，到2004年已成为世界第三大出口国和第三大进口国。美国越来越发现自己在对中国的出口管制政策上处于两难境地。一方面，美国国内仍然视中国为一个未来的竞争对手，甚至是一种潜在的威胁，所以美国政府认为有必要对中国实施严格的出口管制；但另一方面，随着美中经济贸易的进一步发展，许多美国公司已经认定中国为最重要的市场。由于许多西方国家并非像美国一样视中国为一个潜在的威胁，它们开始对中国实施相对宽松的出口管制政策，所以美国单方面实行的出口管制使得美国不仅在预防高新技术流入中国方面越来越困难，也导致了美国工商业的巨大经济损失。在1990年，美国是中国最大的高科技供应商。但自2002年以后，美国已经落后于日本、中国台湾和东盟，为中国的第四大高科技供应商，也落后于日本和欧盟，为中国的第三大高科技投资者。中国从美国的高新技术进口只占中国高新技术进口的13.5%，这和美国占绝对优势的高新技术产业是不成比例的。

可以肯定的是，美国的出口管制政策，在“冷战”期间对保护其国家安全发挥了至关重要的作用。然而，美国的出口控制系统在全球化的时代下，将面临着平衡经济利益和国家安全的挑战。按照美国商务部的说法，其对中国的出口管制政策并没有对华出口造成明显的影响。根据其统计，2006年仅仅只有占总价值1.3%的出口商品（2.32亿美元）需要美国商务部的出口许可证。但是美国的出口管制制度长期以来被批评其缺乏效率，很多情况下，由于申请许可证所需复杂的程序、昂贵的成本以及美国公司考虑到可能违反对华出口管制受到的处罚，很多美国企业因此失去了与日本和欧洲同行竞争的机会。所以，美国对华出口管制造成的对华出口影响是巨大的，也是美中贸易逆差产生的重要原因之一。

4. 知识产权和法律

在最近几年，知识产权（IPR）已成为美国与中国贸易赤字的另外一个重要问题。虽然美国贸易代表曾表示，中国在改善保护知识产权制度方面取得了巨大的进步，但是中国仍然需要做大量工作来改善保护知识产权的制度以及加强执法的力度。2005年4月29日，美国贸易代表把中国加入301条款观察名单，这表明美国仍然严重关切中国对知识产权保护的力度以及中国在加入世界贸易组织后对各项义务的遵守程度。据美方估计，中国知识产权侵权行为使美国的版权公司在2004年损失了25亿~35亿美元。

从理论上讲，中国应该尽一切手段来改善知识产权的保护制度，以便可以吸引更多的外国企业在华投资尤其是高新技术产业的投资。尽管当今的中国知识产权保障制度还不甚完善，但外商直接投资率仍然很高。中国庞大的人口和消费市场是吸引外国投资者的关键，中国自2002年以来成为最吸引外商直接投资的国家。这种实际情况使中央政府虽然在近年来出台了大量的保护知识产权的法律和法规，但是有一些地方政府缺乏动力来实施。更重要的是，中国在保护知识产权的执法中有一些缺陷，在行政执法、民事执法和刑事执法三类执法机制上保护知识产权中还存在一些缺陷。

四、人民币汇率升值对美国经济的影响

一些批评中国汇率制度的人预测，人民币升值将大幅度降低美国与中国的贸易赤字。但事实的真相是他们往往夸大了一个国家的汇率对其国际贸易的影响。两个国家之间双边贸易平衡是由一系列复杂的因素驱动的，例如它们的相对国民储蓄和投资、财富、比较优势的产业、人口等。由于货币汇率政策影响制造商的出口成本，所以一个国家的货币汇率升值会抑制其出口，而货币汇率贬值会促进其出口，这一点是众所

周知的。但这样的效果也是与两个国家的其他一些因素相关联的，这些因素包括这两个国家的行业结构、税收制度、金融及银行体系等。而且，经济学家也指出，这样的效果在跨越国家边界的市场调节只是一个短期效应，因为一旦货币汇率升值使得国内生产者出口到海外的产品成本变高，这些生产者可能会转向较便宜的原材料、能源和劳动力等，以节省成本。从长远来说，这样的效果反而可以使其国内生产更具效率和竞争力。在美国与中国的贸易赤字问题中，如果人民币的汇率升值导致中国出口产品的成本上升，一段时间内美国的消费者可能会渐渐从其他国家找到一些替代产品，美国与中国的贸易逆差在短期内会减少。可是由于替代产品价格较高，可能会导致美国更大规模的全球贸易赤字。而且长期来看也许会导致中国的出口生产更具效率和竞争力。从 2003 年至 2006 年，Alan Greenspan 多次在美国的国会证词和公开言论中，警告国会议员不应奢望看到人民币升值将会降低美国的贸易赤字，增加美国的就业机会。相反，他警告说，人民币升值可能会导致价格较高的进口货物、造成美国更多的全球贸易逆差和加剧美国更多的失业。

我们可以清楚地看到，要评价国家间货币汇率政策对贸易的影响，必须要考虑到双边贸易中的其他经济因素。举例来说，从 2001 年到 2006 年，欧元升值了将近三分之一，而在同一时期美国与欧元区国家的贸易赤字实际上还是增加了 69%。所以人民币升值不一定会改变美国与中国的贸易赤字。另外，当今美国和中国的经济贸易关系的一个重要发展是中国已经成为美国第一大债权国。根据美国最新的统计，截至 2008 年 12 月，中国持有的美国债券总金额高达 6 962 亿美元，超过了日本。在 2006 年 10 月，中国超过了日本而成为全球规模最大的外汇储备国，外汇储备已超过 1 万亿美元。截至 2008 年年末，中国的外汇储备余额为 1.95 万亿美元。中国政府已经认识到巨额的外汇储备产生了高额的机会成本。中国的外汇储备大约仍有 60%~70%是以美元计价的资产，包括大量美国国债与公司债券。随着近年来美元相对于其他主要国际货币持续贬值，因此相应的以美元计价的外汇储备资产也就必然会受到损失。因此人民币兑美元的汇率升值，可能会导致中国多样化其外汇储备和外国国债，购买更多的欧元和日元价值的资产，销售更多的美元价值的资产。中国人大前副委员长成思危 2006 年 4 月在香港建议，中国可停止购入美国债券，并逐步减持美国债券。中国人民银行前行长周小川在 2006 年 11 月欧洲央行举行的会议中也表示，中国一个明确的计划是多样化其 1 万亿美元的外汇储备。因此人民币升值还会影响到美国与中国的其他经济关系，例如中国政府对美国国债和债券的持有数量。

五、中美贸易对美国有好处吗

1. 美中贸易对美国的好处

不可否认，美国与中国的贸易有很大的贸易赤字，引起了美方政府、国会和工商业各界的高度关注，但在许多方面美国经济大大地受益于它与中国的贸易。

首先，中国是美国增长最快的出口市场。从 2000 年至 2005 年，美国向中国的出口增加了 157%，超过了在同一期间内美国出口到世界其余地区增长率的 12 倍。自 2001 年中国加入世界贸易组织以来，中国已成为美国第四大出口市场，在未来几年中中国将成为美国的第三大出口市场。美国公司向中国市场销售其产品和服务，为中国经济的快速发展提供了许多机会，同时也为美国企业的发展带来了很多商机。

同时，美国的国内家庭消费受益于中国物美价廉的商品。从中国进口商品的低成本提高了美国国内家庭的实际收入能力，使他们能够购买更多的国内国外商品。牛津经济研究所2006年发表的《中国效应：中美贸易投资对美国经济影响的评估》报告指出，到2010年，中美经贸合作使美国GDP增速提高0.7%，制造业生产率提高0.3%，物价水平下降0.8%，每个家庭可支配收入增加1 000美元。美中贸易全国委员会则认为，虽然从短期来说，美国由于进口替代的中国制造业产品造成了一定程度的美国工作流失，但是长期来说会促进美国制造业的生产效率。到2010年，美国制造业的生产效率每年提高0.3%。

另外，中国是美国的第一大外债持有国。中国在美国的投资，有利于对美国债券价格降低压力，为美国家庭和企业降低借贷成本。

2. 美国人对美中贸易的误解

美国各项的民意调查可以帮助我们了解美国人对美中贸易的一般看法。根据美国芝加哥全球事务委员会在2004年7月所做的民意调查，有63%的美国人赞同与中国的贸易，而只有31%的美国人反对与中国的贸易；盖洛普2000年所做的民意测验发现，近一半人认为与中国增加贸易会帮助美国的经济发展；《新闻周刊》在1999年5月所做的民意调查显示，有80%的美国人认同中国是美国的一个重要的市场和贸易伙伴，而只有13%的美国人表示反对；哥伦比亚广播公司在1999年所做的民意调查也发现，有近一半的美国人认为美国与中国的贸易有益于美国。由此可见，大多数的美国人还是赞同与中国的贸易关系的。

但是不少的民意调查也发现许多美国人倾向于认为美国与中国的贸易是一个不公平的贸易。美国芝加哥全球事务委员会在2004年7月所做的民意调查发现，51%的美国人认为中国在与美国的贸易中采用了不公平的手段；美国有线电视新闻网在2003年9月所做的民意调查发现，55%的被调查者认为中国是美国国内公司受到不公平竞争的来源，而且51%的被调查者还觉得中国并非通过其物美价廉的商品而是利用了一些不正当的贸易策略来获取美国的市场，例如中国政府操纵了人民币的汇率政策；《华尔街日报》在2004年4月所做的民意调查显示，有57%的被调查者认为美国政府对中国的贸易政策不够强硬。①

以上的这些调查在一定程度上有助于解释为什么美国的一般公众尤其是美国国会在很大程度上忽略了美国巨额贸易逆差产生的真正原因，而把中国的货币政策当成了替罪羊。美国华人组织百人会2004年所做的一项调查显示，与10年前相比，美国人对中国的态度显著改善，但是只有19%的国会工作人员对中国持正面看法。调查表明，人权问题是美国公众和国会工作人员关注的首要问题。不少美国人对中国内部的政治和经济制度缺乏了解，存在很多误解，由此错误地推断中国是一个不公正的贸易国。英国广播公司于2005年1月和2006年4月进行的三个调查中表明，有一半的美国人对中国保持不乐观的看法，2005年1月为46%，2005年11月为53%，2006年4月为49%。调查还表明，美国人对中国的政府、经济制度、领导和人权的看法是相当不乐观的，2006年4月的WTO民意调查显示，80%的人说他们对中国的政府制度持不赞成意

---

① AMERICANS AND THE WORLD. General Attitudes Toward China：The US－China Relations 2006［OL］. http://www.americans-world.org/digest/regional_issues/china/china1.cfm.

见，而66%对中国的经济体制持不赞成态度。

因此，美国与中国的贸易赤字从整体的美中关系来看，也是一个重要的政治问题。美国国内对于中国在美中贸易中采用了不公平的贸易方式的流行看法，反映了很多美国人对中国的政治和经济制度、人权问题和中国在国际事务中的作用有很大程度的误解和不信任感。

六、结论

因此，我认为美国方面对中国操纵其货币获得贸易优势的指控缺乏国际法甚至美国国内法的根据，这一问题在很大程度上还存在争议。美国与中国贸易产生的巨大贸易赤字是由于其他一系列的因素造成的，其中包括美国国内经济的发展、贸易的区域化和全球化。我认为美国对中国的贸易赤字产生的主要原因是美国日渐扩大的全球贸易赤字、东亚经济的一体化、美国对中国出口的管制政策以及中国的知识产权问题等。

人民币升值并非解决美国与中国贸易赤字的好办法。为降低美国与中国的贸易赤字，美国单方面要求人民币升值，可能不会产生预想的结果。与此相反，人民币升值可能会导致美国经济其他有害的经济后果。

最后，美国得益于其与中国的贸易。中国是美国增长最快的出口市场，美国从中国进口成本低廉的商品有利于美国消费者；中国在美国的投资有助于美国的财务状况。所谓美中贸易巨大赤字是因为中国采取了不公平贸易方式的评论在美国如此流行，部分是因为美国人对中国的政治和经济制度、人权问题以及中国在国际事务上的作用存在误解。

传统道德视域下的当代中国道德重建

邓代华

【摘要】 当代中国存在道德滑坡是不争的事实，道德重建是当务之急。破解当前中国的道德困境，需要以优秀传统道德为核心，以法律伦理、职业伦理和个人伦理三个维度为基础，实现多元道德价值观与一元道德价值观的有机结合，构建与现代社会相适应的当代中国道德价值体系。

【关键词】 道德　市场经济　传统道德　道德重建

作者简介： 邓代华，1987 年生，男，西南财经大学马克思主义学院 2012 级硕士研究生（成都，611130）。

道德是社会政治经济的反映，服务于政治经济活动，并对政治和经济活动进行约束和评价。① 在建立市场经济体制的过程中，我国出现了一定的道德滑坡现象，有学者呼吁传统道德的复归，也有学者建议摒弃传统道德，以西方的普世价值作为当代道德体系建构的基本框架。然而传统道德有精华也有糟粕，完全依靠传统道德约束现代人是不现实的，也是没有依据的。完全摒弃传统道德，以西方普世价值作为基本伦理基础来构建我国道德体系更是舍本逐末，也达不到应有的效果。因而我们要批判地吸收传统道德的精华，借鉴西方优秀的价值观念，不断创造和发展适合我国特点的社会主义新道德，构建与现代社会相适应的当代中国道德价值体系，实现公民道德水平的提升。

一、中国传统道德

（一）中国传统道德的主要内容

中国传统文化博大精深，而来源于传统文化的传统道德对人们的行为有较好的规范作用。经过三千多年的发展，中国的传统道德形成了自身的系统，它融会了儒、道、墨、佛等道德思想的精华，凝聚了各个时期思想家们的道德智慧，总结和凝练了我国古代贤哲和广大劳动人民的道德经验和高尚道德精神，是中华民族思想文化传统的重要组成部分。尤其是以儒家伦理道德为主要内容的我国传统社会道德，对后世影响深远，也是我国当代社会道德重建的重要借鉴。

中国传统道德思想作为一脉相承的体系，在最终目标上，追求“天人合一”的和

① 罗国杰. 论中华民族传统道德的“精华”与“糟粕”[J]. 道德与文明，2012（1）.

谐境界；在价值导向上，强调个体服从整体；在分寸把握上，具有中庸性质；在价值取向上，具有“重义轻利”的倾向。主要表现在以下几个方面：

1. 爱国主义

爱国主义是我国传统道德的重要内容，中国古代的思想家把爱国主义称为“忠”。《左传·昭公元年》认为“临患不忘国，忠也”，孟子认为“教人以善谓之忠”，东汉马融在《忠经·天地神明章》里对“忠”的解释为“忠也者，一其心之谓也”，谭嗣同则认为“忠者，中心而尽乎己也”（《谭嗣同全集·治言》）。总的来说，爱国主义就是以身报国，努力为国家、为集体贡献自己的力量。

2. 仁爱兼利

中国传统道德的核心精神是“仁”，“仁”被认为是最完美的道德观念和品质。① “仁”就是在社会生活和人与人的相处中，必须要有对他人的一种同情心，要时时处处想到别人的利益和要求。孔子认为“仁”就是“己所不欲，勿施于人”（《论语·卫灵公》），“己欲立而立人，己欲达而达人”（《论语·雍也》）。孟子认为“仁”应该是“仁者爱人”（《孟子·离娄下》），“仁，人心也”（《孟子·告子上》），“亲亲而仁民，仁民而爱物”（《孟子·尽心上》）。墨子提倡“兼爱”。朱熹说“仁者，爱之理，心之德也”（《四书章句集注·论语·学而》）。

3. 中庸之道

“中和”作为中国传统道德的重要规范，是由儒家倡导的，就是为人处世讲究不偏不倚。《论语·先进》曾说“过犹不及也”。“中”就是要既不超过又不能达不到。荀子说：“先王之道，仁之隆也，比中而行之。曷谓中？曰礼义是也。”（《荀子·儒效》）礼义就是“中”和“不中”的标准。对于“和”，《左传》中说“师克在和，不在众。”强调军队打仗要求的是内部的和谐，而不是人数的多寡。《礼记·中庸》中对“中”“和”的理解为：“喜怒哀乐之未发，谓之中；发而皆中节，谓之和。”即喜怒哀乐没有表现出来的时候，叫做“中”；表现出来而符合尺度，叫做“和”。如果能够做到“致中和”，那么“天地位焉，万物育焉”。这些道理说明中国古代思想家对中庸之道颇为认可。

4. 子孝父慈

中国传统思想家都高度重视“孝慈”这一维护家庭亲子伦理关系的基本道德规范。“孝”就是子女对父母、晚辈对长辈的尊敬和爱戴。《论语·为政》中有关于“孝”的描写“子游问孝”，孔子的回答是：“今之孝者，是谓能养。至于犬马，皆能有养；不敬，何以别乎？”孔子认为孝就是子女不仅要对父母赡养，更要对父母长辈尊敬。孟子曾说：“老吾老以及人之老，幼吾幼以及人之幼，天下可运于掌。”（《孟子·梁惠王上》）《礼记·中庸》还指出：“夫孝者，善继人之志，善述人之事者也。”强调奉行孝道，还应该继承前人的遗志，完成前人未完成的事业。“慈”就要求父母对子女、长辈对晚辈慈爱、抚养。司马光说：“为人母者，不患不慈，患于知爱而不能教也。古人有言曰：‘慈母败子。’爱而不教，使沦于不肖，陷于大恶，入于刑辟，归于乱亡，非他人败之也，母败之也。”即父母不仅要尽力抚养子女，更要好好教育子女，给子女树立良好的榜样。古代思想家重视“孝慈”的重要原因就是讲究“孝”与“慈”，不仅

① 刘丽. 中国传统道德、道德教育的特点及其适宜方式［J］. 教育理论与实践，2000（6）.

能够和谐稳定家庭秩序，还能够使社会风气、道德伦理得到极大的促进。

5. 诚实守信

古代思想家高度重视“诚”“信”，认为诚信是做人最起码的道德规范。在儒家伦理中“诚”是一个基本伦理范畴。儒家经典《中庸》说：“诚者，天之道，诚之者，人之道也。”《荀子·不苟》中记载：“君子养心莫善于诚，至诚则无它事矣。”荀子认为“诚”就是君子要做的，就是诚实，能够做到诚实则没有其他别的了。朱熹说得非常明确：“诚意，只是表里如一”，“诚意是真实好善恶恶，无夹杂。”即表里如一，实实在在。对于“信”，古代思想家也有自己的看法。荀子认为：“信信，信也；疑疑，亦信也。”（《荀子·非十二子》）即相信对的是“信”，怀疑错误的也是“信”。扬雄把它解释为“不食其言”（《法言·重黎》）。陆九渊说：“信者何？不妄之谓也。”（《陆九渊集·拾遗·主忠信》）即不说谎话即为“信”。中国传统思想家认为这种表里如一、实实在在、言出必行以及诚实待人就是“诚信”。

中国传统文化中的优秀美德还有很多，如“廉洁”、“勤俭”、“自强不息”等。当代中国道德重建要用历史唯物主义的立场、观点和方法，剔除传统道德腐朽性的糟粕，吸收其精华，发展社会主义的新文化和新道德。

（二）传统道德对道德重建的意义

（1）为现代社会问题的解决提供了道德思路。人类进入新时代，对大自然的改造速度日益加快，程度日益加深。随着社会的快速深入发展，人类在不断从大自然获得巨大利益的时候，不断地出现了违反道德的社会问题，比如生态环境失衡、环境污染、资源匮乏等，从而受到大自然的惩罚和报复。以传统道德为参考，重新梳理人与自然、人与社会、人与人之间的关系，具有一定的道德思路参考价值。

（2）为社会主义道德重建提供了理论依据。认为现代社会存在着普遍的道德危机已是一个社会共识，而进行社会主义道德重建也是广大有识之士的共同心声。传统道德具有基本的伦理规范作用，对人们的日常生活、工作以及社会交往方面具有广泛的规范指导作用，传统社会良好的道德表现与优良的传统道德约束有很大的关联。进行社会主义道德构建应剔除传统道德封建性的糟粕，吸收其民主性的精华。社会主义核心价值观也是从传统道德中不断革新发展过来的，坚持发展传统道德中优秀的方面并以此作为道德重建的重要依据，是发展社会主义的新文化，重新构建社会主义新道德的必然要求。

（3）优秀的传统道德具有良好的道德示范效应。优秀的传统道德在我国两千多年的封建社会时期起到了维护社会稳定、规范人际关系、促进个人发展的作用。由于社会进步，部分传统道德无法适应新时代的要求，这些道德必然被淘汰，但对于现代社会而言，一些基本的伦理道德、人际规范对整个社会的发展是具有推动作用的，优秀的道德伦理对于政治经济社会的规范和协调具有示范效应。

二、当代中国的道德困境

我国建立市场经济的时间较短，在由自然经济、计划经济向市场经济转化的同时，由于传统的道德失去其规范作用，新的道德伦理又尚未形成，道德缺失难免出现。作为规范社会公共秩序的道德与市场经济的逐利性有明显冲突，由于人际交往以及社会生活中的关系存在趋利性本能的作用，道德无法完全对人的行为进行有效约束，于是在市场经济发展的同时，人们对于传统道德的种种束缚产生了厌恶和排斥，对人性的自由和解放有了进一步的要求，在这种矛盾的状态下，产生了严重的道德滑坡，以至于产生道德危机。事实上道德危机不仅仅存在于转型中的中国社会，也同样不同程度地存在于西方发达国家，毋宁说它是以市场经济为基础的现代社会普遍面临的危机[①]。

（一）当代中国道德困境的基本情况

（1）商业领域“诚信”缺失，“重利轻义”成为各行业的价值导向。市场经济条件下，各个市场主体都是完全的经济主体，不仅要受法律、行业制度的约束，还要接受行政的监管。但由于我国市场经济条件下法律制度还不够健全，行业监管和行政监管没有形成良好的体系，商业领域的失信现象仍普遍存在。“重利轻义”成为一部分市场主体的价值取向，“缺斤少两”成了其惯用伎俩，商业诚信的缺失使人们对市场经济产生了一定的怀疑。虽然推行了诸如“百城万店无假货”“中华老字号”等措施，但道德水平的下降趋势仍无法遏止。

（2）社会领域基本道德伦理逐步缺失，失德现象比较普遍。社会本身具有复杂性，在开始建设市场经济以前的时期，受传统道德影响，失德现象较少发生。进入市场经济后，社会开放程度进一步加深，传统道德也逐步失去了约束人际交往的功能，而与现代社会相适应的当代中国道德价值体系还未完全建立，出现了“子不孝长”、“虎毒食子”等失德现象，更有甚者崇洋媚外，卖国求荣。社会领域基本道德伦理不断缺失，关于道德的负面消息充斥人们的眼球，引起了人们对基本道德伦理价值的思考。

（3）逐利性的驱使导致生态环境进一步恶化。人与自然本是和谐的整体，市场经济的发展让人们的逐利性进一步得到释放。由于逐利性的驱使，基本道德伦理对人的约束作用变弱，不重视对于生态环境的保护，人们对于自然资源的掠夺不断加剧，生态环境不断恶化。全球气候变暖，水资源、土地资源、大气资源污染严重都是人类片面追求经济利益带来的恶果。

（二）当代中国产生道德困境的原因

中国逐步进入市场经济，当前的道德困境是多方面原因造成的，传统道德被抛弃、法律伦理的缺失、职业伦理的偏颇、个人伦理的紊乱，既是市场经济不断发展的结果，也是导致市场经济条件下道德困境的重要原因。

1. 传统道德被抛弃

道德对人们的行为具有一定的规范和约束作用，良好的道德水平是个人高素质的综合体现。随着市场经济的不断发展，传统道德束缚了市场主体对经济利益的追逐，传统道德对“利”的限制以及对人性在一定程度上的束缚，在部分市场主体看来是不符合市场要求的，而且是违背市场经济规律的。在由传统经济和计划经济向市场经济转轨过程中，没有及时地建立起相应的市场经济道德。[②] 在经济利益和传统道德强有力的博弈中，在没有新道德体系约束的情况下，传统道德的规范、约束作用逐步减弱，甚至有被市场经济抛弃的趋势。

2. 法律伦理的缺失

我国从古至今都没有形成良好的法律伦理，封建社会对法律的认可度极低，基本

① 王曦. 转型期道德失范的原因及对策［J］. 山西高等学校社会科学学报，2000（1）.

② 高德步. 市场经济建设中的道德失范与道德重建［J］. 福建论坛：经济社会版，2003（11）.

采用人治的方式进行。建立新中国后，法律制度被不断修订和完善，但民众对法律的认识程度还没有达到法治社会的目标。我国当前的市场经济体制还不完善，相应的法律制度体系也正在健全与完善中，法律伦理处于重新构建的状态。民众的法制意识还未完全普及，不善于利用法律武器维护自身利益，而民众对于公共权力归于法制框架下的意识亦没有完全形成，市场经济条件下的法律伦理的缺失也是产生道德困境的重要原因。

（3）职业伦理的偏颇。传统社会里，职业伦理是基于儒家“诚信”为基本精神的伦理。在不发达的计划经济条件下，我国的行业制度和行业准则基本上是集中统一的全行业规范，虽然也有行业内部规则，但仍以“爱岗敬业”、“遵纪守法”、“廉洁自律”等基本职业道德对从业人员进行规范和约束。进入市场经济后，行业朝着精细化、专业化方向发展，经济利益对从业人员的影响力逐步增大，一些基本的职业伦理被从业人员抛于脑后，职业伦理的偏颇导致了从业人员的道德素养降低，对整个社会形成了不良的影响。

（4）个人伦理的紊乱。进入市场经济后，社会加速发展，人们的思维更加开放，而传统的道德束缚了人们向外发展和交流。因而，为了摆脱传统道德的约束，不断有冲破传统道德的行为发生。随着市场经济的不断发展，“拜金主义”、“享乐主义”、“个人主义”对个人的伦理形成了较大影响，抛弃了原有的优良传统道德。个人伦理的紊乱导致人们在和传统道德发生冲突时，选择趋利避害，维护自身利益，不惜违背公共道德，导致社会道德水平日益下降。

三、当代中国道德重建的基本路径

当代中国道德重建的基本思路应该以优秀传统道德为核心，以法律伦理、职业伦理和个人伦理三个维度为基础①，以提升国民基本道德伦理为目标，构建与当代中国政治、经济、文化和社会相适应的道德体系。

（一）以优良传统道德为核心，构建社会主义新型道德

实现我国的道德重建，传统道德的优秀内核必不可少，优秀传统道德对于人际关系以及社会事务的协调约束作用是现代法律法规无法取代的。同时也应该看到，社会在不断进步，一些传统道德的糟粕早已无法适应现代社会的需要，对这些糟粕应该予以摒弃，并且要以传统道德为基础，不断创造和发展适应现代社会需要的新道德，满足社会发展的需要。

中国传统道德体现整体至上、克己奉公的社会责任感和使命感。在中国传统伦理结构中，为国利民，“兴天下人民之大利”乃是道德的最高表现，是最大的“义”。从孔子“有杀身以成仁，无求生以害仁”（《论语·雍也》），到孟子的“生，我所欲也；义，我所欲也。两者不可得兼，舍生而取义者也”（《孟子·滕文公上》）。这些观点、主张，都坚持从国家利益和整体利益至上的原则出发，在个人对他人、对社会、对群体的关系上，坚持“以义为上”、“先义后利”。当代中国也要弘扬以爱国主义为核心的集体主义精神，以国家利益为最高利益，以国家的复兴为己任。

在中国传统伦理中，特别重视和强调对人的尊重和关心，提倡人和人之间的相互

① 左亚文. 市场经济条件下道德重建的三个维度［J］. 社会主义研究，2002（6）.

关心、爱护和帮助，力图构建和谐亲善的温馨气氛。不管是孔子的“己欲立而立人，己欲达而达人”，还是墨子的“爱人者，人必从而爱之；利人者，人必从而利之”，都把基本的“仁爱”之意推崇得尽善尽美，当代中国的道德构建中“仁爱”必不可少。

注重加强个人道德品质的修养，是中华传统道德中独具特色的伦理文化，在中国古代各思想流派中都有关于道德修养的论述，以儒家为主的传统伦理道德中强调个人修养的理念贯穿整个封建社会，在当今社会仍有一定的借鉴意义。儒家提倡“立志”、“学习”、“克己”、“内省”、“实践”、“慎独”，还有“仁”、“义”、“礼”、“智”、“信”为主要内容的“五常”，这些都是对个人道德修养有指导意义的道德范畴。传统道德中的爱国主义、仁爱兼利、子孝父慈、诚实守信等道德规范，对于当代社会而言仍具有最基本的伦理约束作用。传统道德中的优秀道德思想对于人们的基本价值导向、人文主义关怀以及人际关系的协调起着基本的引导作用。而弘扬以爱国主义为核心的传统伦理道德，构建当代社会价值体系认可的道德体系，对于提高人们关于传统道德伦理的认识有积极的意义。

（二）优良的法律伦理是当代中国道德重建的意识前提

法律伦理作为最低限度的道德伦理，需要的是完善的法律制度以及公众成熟的法治意识。在中国古代社会，严格说来并无任何法律职业；法官由饱读经书的文官充任，他们没有也不需要经过何种专门训练，只依据理（一种道德化概念，与西方的“理性”有许多不同之处）、义诸原则解释和执行法律，因而不可能严格依法行事。① 传统社会虽有法律制度条文，民众的法制意识却比较淡薄，更多的是以人治代替法治。法律伦理在这种与人治专制主义相适应的传统道德体系里的地位得不到保障，人的基本道德准则也没有可以量化的依据，个人道德修养的好与坏直接影响其社会地位以及社会生活的各个方面。

与传统社会不同，现代社会是一个高度自由分散的组织系统，制度是维系现代社会的重要纽带，完善的法律伦理是社会主义市场经济条件下的伦理道德建设的重要一环。进行社会主义道德建设应该充分发挥法制社会的特征，要健全和完善各种法律制度，充分发挥法律作为最低限度的道德伦理的作用，通过法律制度对不道德行为进行抵制和惩处，达到社会道德水平不断提升的目的。要提高民众的法制伦理意识，将传统道德中的“仁义礼智信”、“忠孝”等作为法律制度的基本内容，以传统道德作为法律制度的制定依据和尺度。教育民众认识法律是社会基本的道德伦理，促使民众对法治社会认可，提升传统道德在法治社会的地位，为当代中国的道德重建进行有效的意识提升。

（三）有效的职业伦理是当代中国道德重建的行业基础

中国传统社会的职业领域，与西方没有完全一致的对应性。传统社会中有四民：士、农、工、商。儒家以“诚信”为基本伦理的范畴作为所有职业的伦理要求可以视为传统社会的职业伦理雏形。在传统社会远离公共权力的地方，存在着相对独立的职业领域，这些职业领域既体现了儒家伦理同时又更多地体现了职业伦理的一般特性。从现代职业的观点看，传统社会中的史官、教师、医生以及商人的职业伦理，更有现代

① 龚群. 中国传统社会的职业及其伦理［J］. 孔子研究，2001（6）.

意义。[①] 传统社会中把诚信伦理运用在职业上，可以看成是职业伦理的一种基本精神。

当今市场经济条件下，随着各行业向着专业化、精细化的发展，各行业必须遵循专业自身的规律，可以按其客观的规律来确定自己的行为准则。但各行业都具有共性，在统一的职业伦理的支持下构建符合自身行业特色的职业伦理是必须遵循的路径。可以参照儒家对传统社会职业伦理的构建，树立以“诚信”为基本精神的社会主义职业伦理。有效的职业伦理是当代中国道德重建的行业基础，以“诚信”为基础的职业伦理的构建对于规范各个市场主体有着重要的约束作用，能够使各行业工作者明确自身职责，在全社会形成重信誉、讲诚信的行业共识。

（四）个人伦理素质的提升是当代中国道德重建的主体基础

道德实践是一种自主和自律的活动，没有主体的道德自觉和道德自为，是不可能有真正的道德行为的。而主体的自觉和自为需要有基础的道德形成机制，即基本的道德教化。没有基本的道德教化，完全靠自我的道德自为和道德自觉是不可能形成良好的道德伦理修养的。在中国传统社会，个人道德伦理受传统伦理的深远影响，传统道德中的“忠诚”、“仁爱”、“中庸”、“孝悌”、“诚信”等都是个人道德成长的重要标准，并且个人处于一个完全的熟人社会，个人道德水平的高低可以在熟人社会中进行重要的量化。因此，个人在家庭、学校以及社会的多重监督下，普遍具有较高的道德水准。进入现代社会后，随着经济发展以及传统熟人社会的打破，传统的道德约束机制无法对个人形成良好的制约，出现了“投机取巧”、“过河拆桥”、“忘恩负义”、“不忠不孝”等违背基本伦理道德的现象，这种道德主体对利益的追求导致违背道德的现象经常发生，导致道德的滑坡。因而建立完善的现代社会德育教化机制是主体道德习惯养成的重要途径，亦是当代中国道德重建的主体基础。

（五）多元道德价值观与一元道德价值观的有机结合

在现代社会，由于传统道德制约力的下降，个人伦理获得了前所未有的自由发展空间。特别是在市场经济条件下，由于社会阶层的分化和物质利益分配格局的多样化，必然造成伦理道德价值观的多元化。[②] 实践证明，这种多元化的伦理道德价值观的形成，从总体和长远的观点看，有利于全社会的伦理道德素质的提高，有利于打破传统的伦理价值观的束缚，从而促进新型道德观的成长。然而伦理价值观的多元化并不是自由放任，更不是善恶等值，在充分尊重多元化道德伦理观的同时，更应该形成一种占主导地位的道德伦理观。这种道德伦理的多元化与一元道德价值观的有机结合更能够适应现代社会的发展，对个人道德水平的提升有重大意义。

四、结语

中国是一个具有优良道德传统的国度，优良的传统的道德对于现代社会仍具有基本的伦理评判价值，对于构建新型的与现代社会相适应的道德价值体系有参考意义。积极地探索当代社会的新型道德价值体系，在传统道德的基础上不断丰富和发展当代道德伦理，摒弃违背基本伦理的伪道德，才能真正实现市场经济条件下社会主义新道德体系的建立和完善。

---

① 龚群. 中国传统社会的职业及其伦理［J］. 孔子研究，2001（6）.

② 杨国荣. 伦理与存在：道德哲学研究［M］. 上海：上海人民出版社，2002：33.

从国家战略的高度认识提高公民道德素质的意义

魏　巍

【摘要】全面提高公民道德素质是推进社会主义文化强国建设的一项重要任务，是社会主义文化建设的重要组成部分。以价值体系重构为核心的公民道德建设关系到和谐社会的建构，关系到社会主义现代化建设的成败，已经成为国家发展战略的重要组成部分。社会主义道德建设是一个复杂的社会系统工程，提高公民道德素质也是一项长期的历史任务，必须从我国的实际出发，顺应时代发展的要求，引导人们树立中国特色社会主义共同理想，树立正确的世界观、人生观和价值观，以为人民服务为核心、以集体主义为原则，在遵守基本行为准则的基础上，追求更高的思想道德目标，积极探索新形势下社会主义道德建设的特点和规律，在内容、形式、方法、手段、机制等方面努力创新，把公民道德素质提高到一个新的水平。

【关键词】公民道德　文化强国　和谐社会　制度体系

作者简介：魏巍，1990年生，女，西南财经大学马克思主义学院2012级硕士研究生（成都，611130）。

道德是提高人的精神境界、促进人的自我完善、推动人的全面发展的内在动力。一个社会是否文明进步，一个国家能否长治久安，很大程度上取决于公民思想道德素质。党的十八大报告从扎实推进社会主义文化强国的全局出发，对全面提高公民道德素质做出了重要部署。

一、提高公民道德素质是推进社会主义文化强国建设的重要内容

胡锦涛同志在党的十八大报告中将“全面提高公民道德素质”作为推进社会主义文化强国建设的一项重要任务重点加以论述。在报告中“道德”一词多次出现，彰显了党中央对加强道德建设的高度重视。道德建设是社会主义文化建设的重要组成部分。党的十八大报告浓墨重彩地突出了道德建设的重要地位，在“推进社会主义文化强国建设”部分对未来的我国道德建设提出了四点重要部署：①指出了道德修养的“四位一体”性，其作为思想上层建筑可以承古袭今；②强调了社会氛围和社会风尚对公民道德品质塑造的作用；③突出了“诚信”这个道德建设的核心；④说明了思想政治工作这个我们党的一大法宝在社会主义市场经济条件下的现实意义与作用。

此外，报告的其他部分中还两次提到道德建设问题。一次是在谈及教育工作时指

出要“把立德树人作为教育的根本任务”；另一次是在论述党的建设方面强调要“抓好道德建设这个基础，教育引导党员、干部模范践行社会主义荣辱观，做社会主义道德的示范者、诚信风尚的引领者、公平正义的维护者，以实际行动彰显共产党人的人格力量”。道德具有教化人的显著作用，教育“以德为先”体现了我国教育办学的社会主义方向和中华民族重视教育的传统。党员是中国人民和中华民族先锋队的一分子，其自身的先进性、纯洁性的一个突出表征正在于能够模范地遵守道德，为广大人民群众树立好榜样。因而这两点也是我们应当加以重视的。

一个社会是否文明进步，一个国家能否长治久安，很大程度上取决于全体社会成员的思想道德素质。全面提高公民道德素质，是推进社会主义文化强国建设的重要内容。改革开放特别是党的十六大以来，我国公民道德建设取得了长足进步，社会思想道德主流积极健康向上，人民群众展示出良好的精神风貌。这可以从我国科学发展、社会和谐的良好局面中得到生动反映，从近年来举办大事喜事、应对急事难事的成功实践中得到有力印证。同时也要清醒地看到，当前社会道德领域还存在不少亟待解决的突出问题，一些领域道德失范、诚信缺失，一些社会成员理想信念淡漠、人生观价值观扭曲，是非、善恶、美丑界限混淆，拜金主义、享乐主义、极端个人主义有所滋长，以权谋私、造假欺诈、见利忘义、损人利己现象时有发生。这些问题冲击着社会的道德底线，拷问着人们的道德良知，严重败坏社会风气，搞乱正常的经济社会秩序。建设社会主义文化强国，必须把思想道德建设作为重要内容和中心环节。要坚持依法治国与以德治国相结合，加强社会公德、职业道德、家庭美德、个人品德教育，推进公民道德建设工程，加强和改进思想政治工作，深化群众性精神文明创建活动，广泛开展志愿服务，推动学雷锋活动、学习宣传道德模范常态化，弘扬中华传统美德，弘扬时代新风，引导人们自觉履行法定义务、社会责任、家庭责任，营造劳动光荣、创造伟大的社会氛围，培育知荣辱、讲正气、爱奉献、促和谐的良好风尚。要针对道德领域存在的突出问题，深入开展专项教育和治理活动，加强政务诚信、商务诚信、社会诚信和司法公信建设，强化道德修养，强化职业操守，力争使公民道德素质大幅度提高。①

建设社会主义的目的是什么？是让人民群众享有更加丰富的物质文化生活，早日实现“中国梦”。前者体现于社会的和谐有序，而和谐社会一定是建立在良好而又普遍的公民道德之上的。中国要发展、要前进，除了要有强大的经济实力做支撑外，还有赖于整体文明程度的提升。只有推进社会主义文化强国建设，提高全社会的公民道德素质，“中国梦”的实现才会有更坚实的基础。

二、提高公民道德素质是实现社会主义现代化的基本要求

道德是调整社会利益的行为规范。改革开放以来，随着对外开放的不断扩大以及社会主义市场经济体制的逐步确立，中国社会结构正在经历着一场深刻的历史性变革。这一变革不仅涉及经济领域、政治领域以及文化领域，而且最终引发了传统社会价值体系的解构与重建。以价值体系重构为核心的公民道德建设关系到和谐社会的建构，

① 雒树刚．扎实推进社会主义文化强国建设［N］．人民日报，2012-11-08.

关系到社会主义现代化建设的成败，已经成为国家发展战略的重要组成部分。[①] 我国现在仍处于并将长期处于社会主义初级阶段，存在着社会利益与个人利益、集体利益与局部利益、长远利益与当前利益的矛盾，一些不同利益和利益发展要求之间的矛盾也会长期存在。但是，国家、集体和个人在根本利益上是一致的。因此，在处理利益关系时，要求个人利益服从集体利益，局部利益服从整体利益，当前利益服从长远利益。

目前，公民道德建设已经成为人们普遍关注的问题。正确对待和处理我国传统道德意识和人类社会优秀道德成果，是当前社会主义道德建设中的又一个基本问题。我们不能囿于传统意义上对道德文化的理解，道德的进步是发展与继承相统一的过程，不继承就没有前进的基础，不创新就没有发展的动力。中华民族的传统美德与体现时代要求的新道德观念相融合，已经成为社会主义道德建设的主流。要发扬与时俱进的时代精神，坚持古为今用、推陈出新，大力发扬中华文化的优秀传统，大力弘扬中华民族的伟大精神，使之成为新的历史条件下鼓舞我国各族人民不断前进的精神力量。要坚持从我国国情出发，坚持以我为主、为我所用，辩证取舍、择善而从，积极吸收借鉴国外道德文明的有益成果，更好地推动社会主义道德建设的发展。

站在历史的角度上去回顾，德国思想家雅斯贝尔斯曾经说过："苏格拉底、佛陀、孔子、耶稣四大圣人，在历史上具有无与伦比的深远影响。"中国有孔子、老子，古印度有释迦牟尼，古希腊有苏格拉底、柏拉图，各自创造了自己的文明，从而影响了后世几千年的社会生活。我们作为 21 世纪建设祖国的先锋队，更要进行深刻的追溯，在真正地从心灵深处尊敬我们本民族道德的灵魂，尊敬我们本民族道德科技人文方面的精髓的同时，去继承和发展，使其发扬光大，使其能够为实现我国的现代化建设服务。

社会主义道德建设是一个复杂的社会系统工程，提高公民道德素质也是一项长期的历史任务，必须从我国的实际出发，顺应时代发展的要求，引导人们树立中国特色社会主义共同理想，树立正确的世界观、人生观和价值观，以为人民服务为核心、以集体主义为原则，在遵守基本行为准则的基础上，追求更高的思想道德目标，积极探索新形势下社会主义道德建设的特点和规律，在内容、形式、方法、手段、机制等方面努力创新，把公民道德素质提高到一个新的水平。

我国正处于由传统型向现代化过渡时期，随着全球化浪潮的汹涌而至，在外来与原生之间，在传统与现代之间，各种道德价值观念交叉、冲突，多元化的价值选择的存在使我们的道德观念和道德行为受到猛烈的冲击，我们可能一面受着现代的诱惑，一面又受着传统的约束。社会主义现代化建设离不开具有内在活力的完整的文明主体。他们不仅要有现代知识技能，而且要有现代生活方式、现代道德心态和现代人格理想。这就需要一套与现代化价值目标相一致的、适应全球化发展和社会主义现代化需要并能促进其发展的道德文明与伦理精神，这就需要我们建立一套具有中国特色的现代道德体系和体现时代特征的伦理精神。

三、提高公民道德素质是构建社会主义和谐社会的基本要件

构建社会主义和谐社会是对马克思主义关于社会主义建设理论的丰富和发展，也是改革开放和现代化建设事业发展的必然结果。建设美好社会，实现社会和谐，是人

① 王鹏. 浅析社会转型时期的公民道德建设问题［J］. 乌鲁木齐成人教育学院学报，2006（2）.

类梦寐以求的社会理想。[①] 社会和谐的实现需要创造许多条件，其中公民道德素质的提高是一个最基本的条件。

（一）为构建社会主义和谐社会夯实思想道德基础，是当前公民道德建设的主要目标定位

胡锦涛同志明确指出：一个社会是否和谐，一个国家能否实现长治久安，很大程度上取决于全体社会成员的思想道德素质。没有共同的理想信念，没有良好的道德规范，是无法实现社会和谐的。这段话阐明了公民道德素质与和谐社会的密切关系，明确了提高公民道德素质对于构建社会主义和谐社会的基础性地位，对培育公民道德、构建社会主义和谐社会具有重要指导意义。

（二）推动建设社会主义核心价值体系，是当前公民道德建设的根本任务

社会主义核心价值体系主要包括四个方面的基本内容，其中，马克思主义指导思想是灵魂，中国特色社会主义共同理想是主题，以爱国主义为核心的民族精神与以改革创新为核心的时代精神是精髓，社会主义荣辱观是基础，这四个方面的内容相互联系、相互贯通、相互促进，是一个有机统一的整体。我们要把铸造灵魂、突出主题、把握精髓、打牢基础的基本要求，体现到现代化建设的各个领域，并从政策环境、体制环境、社会环境等各方面都给予有力支撑。要努力将建设社会主义核心价值体系融入国民教育和精神文明建设的全过程，促进全社会形成奋发向上的精神力量和团结和睦的精神纽带。

（三）提高公民道德，扎实做好构建社会主义和谐社会的基础性工作

操作层面上，要注意突出两点：一是要从小事抓起，以小见大，虚事实做。我们要坚持不懈地继续深入推进践行公共道德教育实践活动，推动树立社会主义荣辱观，形成构建和谐社会的思想道德基础；不断完善群众性精神文明创建体系，为构建和谐社会增强活力和动力；进一步加强未成年人思想道德建设，为构建和谐社会托起明天的希望；广泛开展城乡志愿服务，为构建和谐社会注入新的内涵；同时，要积极探索郊区农村精神文明创建的新路径，为建设和谐新农村夯实基础。只要我们扎扎实实地从一件件小事抓起，就一定能不断提升公民道德水平，促进和谐社会建设。二是要实现方法创新，以小见大。首先，要整体聚焦。如整治乱穿马路，全市各有关职能部门、媒体以及包括志愿者、单位组织等在内的各方面力量全面聚焦，形成了信息密度和强度，就能产生放大效应和震撼力。其次，要营造环境。围绕主题形成浩大声势，制造整体效应，就会事半功倍。再次，要长期坚持。抓小事情，尤其是顽症陋习，决不能搞形式主义一阵风。要坚持不懈，持之以恒，通过开展“文明在脚下”、“文明在手中”、“文明在口中”等活动，引导市民从自己做起、从现在做起，扎扎实实践行社会公德，培育文明意识，逐步养成文明健康的生活习惯和生活方式。

四、提高公民道德素质是完善中国特色社会主义制度体系的内在要求

胡锦涛同志在庆祝中国共产党成立 90 周年大会上的讲话中指出，经过 90 年的奋斗、创造、积累，党和人民必须倍加珍惜、长期坚持、不断发展的三大成就是：“开辟了中国特色社会主义道路，形成了中国特色社会主义理论体系，确立了中国特色社会

① 宋希仁，黄显中．和谐社会与公民道德［J］．道德与文明，2005（1）．

主义制度。”① 对于第三项成就，他进一步指出，就是推进社会主义制度自我完善和发展，在经济、政治、文化、社会等各个领域形成一整套相互衔接、相互联系的制度体系。因此中国特色制度体系应包括经济制度、政治制度、文化制度、社会制度四个方面。

（一）提高公民道德素质是完善中国特色社会主义经济制度的内在要求

从市场经济的本质上讲，市场经济不仅是竞争的经济、效率的经济、法制的经济，也应该是道德的经济。在市场经济运行过程中，不论生产要素的配置、生产，还是商品的流通、交换，包括与之相关的一切经济活动，都需要人的参与，而人的活动需要道德的介入。市场经济除了需要竞争的活力、效率的提高、法律的保障，还需要公平、诚信、秩序和道德。在市场经济发展的过程中，我们已经形成了自主、平等、竞争、信用等基本规范，人们参与经济活动时，必须以此作为基础，自觉维护市场经济的正常运行。但是，市场经济的某些特征往往被人为地夸大乃至发生变异，如盲目追求利益最大化、利益机制的不良驱动等，在一定条件下，一旦失去自我控制和自我约束，就会导致行为主体不择手段地获取自身利益，损害他人利益、集体利益和国家利益，败坏社会道德风尚，严重影响和破坏正常的社会和经济秩序。提高公民道德，有利于遏制各种社会丑恶现象和各种扰乱市场秩序的不良行为，规范社会主义市场经济行为和市场秩序，维护个人利益和社会整体利益，确保社会主义市场经济的正常运行，引导和推动社会主义市场经济沿着健康、有序的方向不断发展。

（二）提高公民道德素质是完善中国特色社会主义政治制度的内在要求

政治文明既是政治文明的体现，也是精神文明的成果，因此，政治文明建设不能仅仅停留于政府、行政层面的制度或机构等的重组及改革上，而应同时关注全体社会成员特别是普通公民的政治意识程度和实际参与状况。② 公民道德素质的提高有助于激发或促成广大公民对政治活动及公共事务的投入，并以理性、合法的方式去解决政治参与中的各种问题。公民意识是公民道德的内核，必须将公民道德转化为公民日常的行为意识和行为习惯，变成他们的德行，才能确立坚实的根基。不同的人表现出的公民意识水平是有差异的，这取决于诸多因素，如受教育程度、收入水平、工作性质、生活状况等。诸多学者的研究和实证调查都表明：中产阶级的政治行为更为主动和理性，受教育多的阶层具有更明确的政治态度。因此，普及国民教育，提高工资水平，并大力发展经济，提高人们的生活水平，都将极大地促进人们的公民意识和公民道德素质的提高，从而促成良性的政治行为。提高公民道德素质，使公民道德成为普通中国人的常识道德，只有这样才能更好地完善中国特色社会主义政治制度。

（三）提高公民道德素质是完善中国特色社会主义文化制度的内在要求

建设中国特色社会主义文化的根本任务，就是以马克思列宁主义、毛泽东思想、邓小平理论和“三个代表”重要思想为指导，全面贯彻科学发展观，着力培育有思想、有道德、有文化、有纪律的公民，切实提高全民族的思想道德素质和科学文化素质。文化建设是现代化事业的决定性因素。在科学技术迅猛发展的当今世界，衡量一个国家的实力强弱，不仅要看物质财富的多寡和社会发展速度的快慢，而且要看文化事业

① 江必新. 关于中国特色社会主义制度体系的若干思考［J］. 红旗文稿，2011（9）.

② 李萍. 公民道德的养成与政治文明建设［J］. 河南师范大学学报：哲学社会科学版，2005（1）.

和精神文明建设的发展水平，要看人才资源和智力资源开发的程度。随着社会产业结构由劳动密集型向知识密集型的转化，决定一个国家综合国力竞争成败的关键因素是文化建设和人的素质的提高。正如十七大报告指出的，“社会主义现代化应该有繁荣的经济，也应该有繁荣的文化”。社会主义文化事业是亿万人民群众创造的事业，人民群众是文化建设的主人，是一切文化创造的最深厚的源泉。中国特色社会主义文化制度的建立，在很大程度上取决于公民道德素质的提高和人才资源的开发。

（四）提高公民道德素质是完善中国特色社会主义社会制度的内在要求

公民道德在社会生活中的作用主要表现在两个方面：其一，公民道德对个人发展的影响，即提高人的精神境界、促进人的自我完善、推动人的全面发展；其二，公民道德对社会发展的影响，主要表现为公民道德对社会关系、经济发展的影响。公民道德以其特有的认识功能和调节功能对人与人之间的关系进行调整，维护社会的秩序和稳定。因此，公民道德在我们的社会生活中扮演着十分重要的角色，提高公民道德素质对促进个人发展和完善社会制度都有着十分重要的意义。我们要坚持和完善中国特色社会主义社会制度建设，把公民道德素质的作用最大化，从而促进个人的全面发展和社会的和谐发展。

五、结语

在新的历史条件下，从国家战略高度认识出发，坚持从我国国情出发，坚持以我为主、为我所用，辩证取舍、择善而从，积极吸收借鉴国外道德文明的有益成果，更好地推动社会主义道德建设的发展。我们要坚持不懈地继续深入推进践行公共道德教育实践活动，推动树立社会主义荣辱观，形成构建和谐社会的思想道德基础；不断完善群众性精神文明创建体系，为构建和谐社会增强活力和动力，规范社会主义市场经济行为和市场秩序，维护个人利益和社会整体利益，确保社会主义市场经济的正常运行，引导和推动社会主义市场经济沿着健康、有序的方向不断发展。在科学技术迅猛发展的当今世界，衡量一个国家的实力强弱，不仅要看物质财富的多寡和社会发展速度的快慢，而且要看文化事业和精神文明建设的发展水平，要看人才资源和智力资源开发的程度。因此我们要坚持和完善中国特色社会主义社会制度建设，把公民道德素质的作用最大化，从而促进个人的全面发展和社会的和谐发展。

法家"以法治国"对当代"依法治国"的启示

张　星

【摘要】法家先驱管仲最早提出了"以法治国"思想，法家思想的核心内容就是"以法治国"。本文在解析"依法治国"含义的基础上，提出了法家"以法治国"对当代"依法治国"的三点启示，分别从加强法制教育、维护法律的严肃性以及依法治国与以德治国相结合方面进行阐述。

【关键词】法家　以法治国　依法治国　以德治国

作者简介：张星，1989年生，女，西南财经大学马克思主义学院2012级硕士研究生（成都，611130）。

一、"以法治国"与"依法治国"的含义解析

在中国法律思想发展史上，法家先驱管仲在《管子·明法》中最早提出了"以法治国"的概念："威不两错，政不二门。以法治国，则举错而已。"后来在《韩非子·有度》中也有类似的说法："故以法治国，则举措而已。"《慎子》、《商君书》则提出了"事断于法"、"缘法而治"等与"以法治国"类似的概念。法家"以法治国"的含义归纳如下：

（1）统一政令，有利于统一人民的思想和行动。春秋战国时期是我国古代历史上第一个社会剧烈变动与重大变革的时代。在政治上，周天子已经失去了昔日驾驭诸侯的权势，贵族专横，政出多门，礼崩乐坏，诸侯争霸。面对如此动荡的社会，面对着礼治崩溃之后所造成的人们行为的失范和混乱的局面，为了稳定社会秩序，代表着新型地主阶级利益的法家主张通过制定和实施成文的法律来统一政令，统一人民的思想和行为，使法令成为齐众使民的工具，成为一国全体国民行动的共同准绳和大家普遍遵守的行为规范。

（2）标准确定，有利于赏罚的公平。春秋战国以前的时代，刑律掌握在贵族手中。法家推行"以法治国"，明确规定了赏罚的标准，并通过成文的法律公布于众，赏罚必须按照法令规定执行。而且以前的"法"是"刑不上大夫"的法，也就是说以前的法管不到贵族，只能管老百姓。而法家"以法治国"的法不但要使人民遵守，而且也要官吏遵守，同时是执法者执法的唯一的依据，因而体现了赏罚的公平、公正。

（3）方法简明，有利于君主"无为而治"。法家主张臣民遵循国家法令去争取荣华

富贵之大利，而与此同时，君主也就可以实行“以法治国”，利用“法禁”、“赏罚”来获得“霸王”之大利。在法家看来，法的客观规范作用，优于人的智慧和技能。正如不依规矩尺寸而单凭个人的技能，最高明的工匠也制造不出合格的器物一样，不要法律而单凭个人的意志，最高明的君主也不能“正一国”。法家的“无为而治”，首先是必须“有为”，那就是制定法令，规范民众行为，事断于法，以法治国。这样，统治者就可以高枕无忧而国家得以长治久安。

(4) 立公废私，有利于国家的富强。在春秋战国时期，面对诸侯征战的社会现实，要想在兼并的战争中取得胜利，必须富国强兵。而实行“以法治国”则可以达到富国强兵的目的。在法家看来，法最突出的特点是“公”，法的突出功能之一是“去私”。君主有君主的私，人臣有人臣的私，人民有人民的私。而使国家免于乱亡，必须废私。要废私便只有任法，即推行“以法治国”。此外，在春秋战国时期，以农、战为国家富强的根本，而其推行“以法治国”以来，民众趋于农战，国家日益富强，在对外交往和诸侯交战中日益占上风。因此，立公废私，有利于国家的富强，也是“以法治国”的应有之意。

在现实中，中华人民共和国第九届全国人民代表大会第二次会议通过的《宪法修正案》明确表示：“中华人民共和国实行依法治国，建设社会主义民主法治国家。”这一规定表明，依法治国是党领导人民群众治理国家、管理社会的基本方略。依法治国方略被写入宪法，赋予依法治国方略以宪法地位，将加速推进法治，使依法治国方略的实施获得宪法性的根本保障。

社会主义依法治国是体现社会主义法治内在要求的一系列观念、信念、理想和价值的集合体，是指导和调整社会主义立法、执法、司法、守法和法律监督的方针和原则。把握社会主义依法治国理念，必须从中国社会主义国体和政体出发，立足于社会主义市场经济和民主政治新时代发展要求，以科学发展观和社会主义和谐社会思想为指导，深刻地认识社会主义法治的内在要求、精神实质和基本规律，系统地反映符合中国国情和人类法治文明发展方向的核心观念、基本信念和价值取向。其基本内容包括：

(1) 坚持党的领导、人民当家做主和依法治国有机统一，是社会主义法治理念的核心和精髓；

(2) 公平正义是社会主义法治的基本价值取向；

(3) 尊重和保障人权是社会主义法治的基本原则；

(4) 法律权威是社会主义法治的根本要求；

(5) 监督制约是社会主义法治的内在机制；

(6) 自由平等是社会主义法治的理想和尺度。

社会主义依法治国的理念是建立在马克思主义理论基础上的、反映和指导中国特色社会主义法治实践的现代法治理念。它既有包容一切先进的法治理念的进步性，又有立足现实、强调历史发展阶段的具体性。忽略其进步性，容易导致迁就人治的现实倾向；忽略其具体性，则容易导致超越现实可能性的空想或思想混乱。

党的十八大报告明确指出了中国特色社会主义的法治进程，即从法律体系到法治体系。十七大报告提出，要全面落实依法治国基本方略，而十八大报告则要求“全面推进依法治国”，这是从宏观到微观的变化。在中国特色社会主义法律体系形成后，需要构筑中国特色社会主义法治体系。从法律体系再到法治体系是目前中国法治进程的一大特点。当法治体系构筑起来之时，就是全面推进依法治国局面形成之时，全面建成小康社会目标中的法治目标就会实现。

二、当代中国民主法制对法家“以法治国”的批判继承和发展

（一）加强法制教育，彰明法令

法家主张加强法律宣传，使法成为人们行动的准则，即所谓的“以法为教”。当然，法家主张国内“无书简之文”，取消法律之外的所有文献，只上法律课，要全国人都知法懂法，不违反法律，虽有点过激，却也是利国利民的金玉良言。

加强法律宣传，使民众了解法律以便自觉地约束自己而少犯罪乃至不犯罪，从而稳定社会秩序，这也是明智的政治家的共识。公元前536年，子产就在郑国铸“刑鼎”，将法令条文铸于鼎上，公之于众。韩非指出：“是以明主言法，则境内卑贱莫不闻知也，不独满于堂。”①（《韩非子·难三》）公布成文法的目的，除“使万民知所避就”以外，还在于使“吏不敢以非法遇民，民不敢犯法以干法官”，既有利于防止官吏独断专行，又可防止罪犯刁难法官。

在当前全面建成小康社会的攻坚克难的特殊时期，深入开展法制宣传教育，传播法律知识，弘扬法治精神，是深入学习、贯彻落实科学发展观，保障和促进经济社会全面协调可持续发展，维护社会公平正义的必然要求。

（1）抓好重点对象，促进全民普法。在开展全民普法的过程中，要重点抓好青少年、领导干部、公务员、企业经营管理人员和农民的法制宣传教育。通过加强对重点对象的法制宣传教育，推动全民普法不断深入。

第一，全民普法过程中应当把对青少年学生的法制教育作为一项重要工作来抓，大力加强社区青少年法律学校建设，努力营造社区开展青少年学习法制教育的良好环境。总之，在青少年群体中开展法制教育是十分必要的。曾经有位名人这样说过：“道德能弥补智慧的缺陷，但智慧永远弥补不了道德的缺陷”，是“人”又是“才”当然能为社会做出贡献，是“人”不是“才”也不会对社会造成太大的危害，是“才”而不是“人”，那么其对社会造成的危害是不可估量的，所以育“人”才是根本。因此，把开展青少年法制教育这一课程深入到中小学教育中，是社会的需要。

第二，整合法制宣传的设施资源，不断巩固和扩大法制宣传阵地。法制宣传要有阵地、有载体，当群众需要了解法律的时候，能够看到、听到、找到法律的有关知识或者满足他们的法律需求，提供解决利益诉求的途径和方法。建设法制宣传教育阵地，只靠司法行政一家是不够的。只有综合各方面的资源，发挥一切具有宣传教育职能的部门优势，运用一切可以运用的宣传阵地，才能达到宣传的目的，产生良好的效果。

（2）创新普法工作，提高实际效果。坚持与时俱进、改革创新，是新形势下法制宣传教育增强适应性、提高实效性的客观需要。要积极适应新形势新任务的新要求和人民群众法律需求的新变化，积极创新法制宣传教育工作方法，不断增强法制宣传教育的针对性和实效性。建议各地方政府依托自身特点搭建多种平台，促进政府各职能部门加强行业法宣传。政府各职能部门有开展法制宣传的责任和义务，有得天独厚的人力、物力和财力优势。但是他们缺乏有针对性的计划和指导，很多宣传活动只强调

① 张觉. 韩非子译注［M］. 上海：上海古籍出版社，2007：575.

行业系统的需要，而游离于党委和政府的中心工作之外，因此，没有形成应有的规模和效应。现在需要法制宣传教育主管机关，从宏观层面进行规划，搭建平台，为政府各职能部门开展法制宣传提供一个舞台。

(3) 普法工作任重道远，非一朝一夕之功，贵在常抓不懈，持之以恒。为此，要树立“打持久战”的思想，以巩固群众普法阵地为突破口，不断推进群众普法教育的深入持久开展。要扎实开展多层次多领域依法治理工作。推进法治城市、法治县（市、区）创建活动，总结推广经验，建立健全制度，不断提高创建水平。开展依法行政示范单位创建活动，推进部门和行业结合自身特点开展依法治理，认真贯彻《全面推进依法行政实施纲要》和《国务院关于加强法治政府建设的意见》，健全行政执法程序，规范行政执法行为，强化行政监督和问责，完善执法责任制、执法公示制和执法过错责任追究制，积极推进法律的有效实施，不断提高政府公信力和执行力。开展基层法治创建活动，推进基层依法治理，促进基层民主法治建设。围绕社会热点难点问题和社会管理薄弱环节，开展法制宣传教育和专项治理活动，提高社会管理法治化水平。

（二）公正无私，信赏必罚，以维护法制的严肃性

法家“信赏必罚”是为了取信于民。“民信其赏，则事功成；信其罚，则奸无端。”“信赏必罚”还包含“去私”的内容：“罚不讳强大，赏不私近亲”；不论贵族、平民，“有过不赦，有善不遗”。从“必罚”出发，法家坚决反对赦罪和减免刑，一再强调“不宥过，不赦刑”或“不赦死，不宥刑”；“赦死宥刑”，“社稷将危”。法家主张执法时对臣民一视同仁，信赏必罚，以维护法制的严肃性。正所谓“法不阿贵，绳不挠曲。法之所加，智者弗能辞，勇者弗敢争。刑过不避大夫，赏善不遗匹夫。”①（《韩非子·有度》）“不避亲贵，法行所爱。”②（《韩非子·外储说右上》）执法者（君主）的亲者、贵者及所爱者，这三种人最容易逃脱法律的制裁。亲者可凭借与执法者（君主）的关系，贵者可以凭借执法者（君主）给予的地位，所爱者可以凭借执法者（君主）的感情，他们都是与众不同的特殊人物。如果他们犯了法也没有获得赦免的特权，则普通民众犯了法就更不可能逃脱法律的制裁了。所以，要维护法律的严肃性，向这三种人开刀是最具有威慑力、最容易树立法律权威的高明做法。

坚持“法律面前人人平等”。法家的“刑无等级”主张，虽然将君主排斥在法律之外，在实践中也有太子犯法只能刑其师的弊端，但他们强调“自卿相将军以至大夫庶人”犯罪都要依法惩处，在形式上强调了适用法律的平等原则，值得我们借鉴。当前，在执法、司法的实践中，还不同程度地存在着一些问题。如由于人情官司、权钱交易等的影响，致使执法、司法不公正、不平等的现象并非个别存在。我们要弘扬刚正不阿、疾恶如仇的“包公精神”，不论是什么人，不管其官多大，不看其地位多特殊，只要触犯了刑律和其他行政法规，坚决排除干扰，秉公执法，公正裁判，不枉不纵，树立执法机关不徇私情、铁面无私的良好形象。公平性是法律的基础，严肃性是道德规范的制度化实践。法律规范之所以为广大的民众所遵守，不仅仅是因为在这些规范的背后隐藏着所谓的严肃性，即国家强制力，人们由于害怕受到法律的惩罚而遵守法律，更主要的是这些法律规范本身合乎公平原则，并且民众相信它的正确性、合

① 张觉. 韩非子译注［M］. 上海：上海古籍出版社，2007：48.

② 张觉. 韩非子译注［M］. 上海：上海古籍出版社，2007：490.

理性以及正义性。法律之所以能够见成效，全在于民众的服从，而遵守法律的习惯需要经过长期培养。如果法律违反公平原则，只有两种结果：要么陷民众于不义，要么经常甚至频繁地废改法律。目前中国的国情正体现在后一点上。由于我国的法律无法适应时代和社会对公平的要求，导致我国频繁地修订和废改法律。结果是民众对法律的轻视甚至无视，守法的习性必然消失，而法律的严肃性也必然削弱。

（三）用道德的力量辅佐法制的实施，即"誉辅其赏，毁随其罚"

法家并未完全否认道德的作用，法家认为应该用道德的力量辅佐法制的实施。道德是人们关于美与丑、真与假、善与恶、荣誉与耻辱、正义与非正义的观念，这种观念存在于人们的头脑之中，存在于社会舆论和社会意识之中。所谓"誉辅其赏，毁随其罚"，就是思想观念、社会舆论要与法律赏罚相一致。慎道曰："士不得背法而有名，臣不得背法而有功。"① 这说明法家主张人们的思想观念和社会舆论，必须统一到法令上来，使人们的认识与法令的赏罚相吻合。在实施赏罚时，奖赏要和赞誉相结合、相统一，惩罚要和批评、否定的舆论并用。相反，如果道德观念与法制相违背，人们进退不得而不知道该向什么方向努力，法律难以起到对人们行为的指导作用，法治也就难以实行。法家主张用誉、毁来辅佐赏、罚，就是要用道德的力量来促进"法治"的实行。法家反对仁义、德治，只是反对那些空谈的、没有成效的道德说教，而并非彻底否定道德教育的作用。这种主张并非一无是处，当道德的力量已不能有效地统一人们的行为时，"法治"显然有效得多。

法治与德治，是相辅相成、相互促进的。二者缺一不可，也不可偏废。在中国历史上，很多人都主张儒法并用。孔子就说过："道之以政，齐之以刑，民免而无耻。道之以德，齐之以礼，有耻且格。"中国封建社会繁荣时期的唐朝，统治者一方面搞"贞观修礼"，制定了一套封建的道德体系，以"正家"、"定天下"；另一方面又制定法律，形成了我国历史上最严密、最系统的封建法典——唐律，不仅把统治阶级的意志以法律的形式体现出来，而且以法律的形式强制推行其道德观念，目的是"制礼以崇敬，立刑以明威"，促进社会发展。

江泽民同志在庆祝中国共产党成立八十周年大会上的讲话中指出："要把依法治国同以德治国结合起来，为社会保持良好的秩序和风尚营造高尚的思想道德基础。"这一论述，对我们正确认识和理解法治与德治的关系，加强社会主义思想道德建设，发展社会主义先进文化，具有十分重要的意义。在社会主义市场经济条件下，搞好德治与法治的结合是一个长期的过程，不可能一蹴而就。

参考文献

[1] 时显群. 法家"以法治国"思想研究［M］. 北京：人民出版社，2010.

[2] 张觉. 韩非子译注［M］. 上海：上海古籍出版社，2007.

[3] 钱熙祚. 诸子集成·慎子［M］. 北京：中华书局，1954.

[4] 黄受安，段福德，等. 中国古代九大思想学派集要［M］. 北京：解放军出版社，2002.

[5] 李玉洁. 先秦诸子思想史［M］. 郑州：中州古籍出版社，2000.

① 钱熙祚. 诸子集成·慎子［M］. 北京：中华书局，1954：13.

第三编　哲学与政治理论研究

多元社会背景下的多元正义原则探析

谭亚莉

【摘要】在社会分层、利益分化、价值多元的当今世界，现代正义理论呈现出从一元正义原则向多元正义原则转化的趋势。通过对罗尔斯、沃尔泽、米勒、霍耐特等几位现代正义论学者相关思想的阐述，指出现代正义原则的确立与适用，要考虑特定的社会条件、社会领域与分配物的性质以及社会主体的现实处境与主观感受，在多元价值目标及其实现手段中寻找合宜的“度”。

【关键词】多元社会　多元正义　约翰·罗尔斯　迈克尔·沃尔泽　戴维·米勒　阿克塞尔·霍耐特

作者简介：谭亚莉，1972年生，女，哲学博士，西南财经大学马克思主义学院副教授（成都，611130）。

在社会生活中，人们对正义的追求总是以特定正义观所确立的正义原则为准绳，通过评价人的关系、活动，得出正义与否的判断，并以此来规制和引导人们的行为。正义原则如何产生以及其内容的异同，正是现代正义理论研究的焦点问题。而围绕相关问题所展开的各种正义理论之争，以及由此而呈现出的从一元正义论向多元正义论转化的理论趋势，正反映出了当今社会发展的基本特点与时代主题，而其各具创造性的理论智慧，为现代社会正义原则的确定与实践，奠定了广阔而深刻的理论资源，也为我国在差异性社会群体背景下构建和谐社会提供了宝贵的理论借鉴。

一、多元正义原则兴起的现代多元社会背景

在传统时代，社会是一个政治、经济、宗教等交织在一起的有机整体（所谓“政教合一”、“家天下”等）。正如迈克尔·沃尔泽所指出的，在这种社会领域分化之前，“教会和国家，教会、国家和大学，公民社会和政治团体，王朝和政府，公职和财产，公共生活和私人生活，家庭和店铺，它们都见怪不怪地合而为一，不可分离。”① 在传统社会中，单一的正义原则对社会生活的调节往往能行之有效。但随着现代化的推进，社会分工愈加强化、细化，政治、经济、宗教、科学和文化等领域各自区分，利益分化，群体分化，使各具运行规则的现代社会诸领域呈现出不同的价值判断标准（如权力、金钱、信仰、客观知识和才华等）。这种分化，已成为现代化社会的重要标志之

① MICHAEL WALZER. Liberalism and the Art of Separation [J]. Political Theory, 12, August 1984: 315-330.

一，它已不仅仅是探讨现代正义原则理论的预设条件，而且是其必须面对的社会现实，而传统正义原则对此的调节乏力已构成当代社会正义冲突的主要原因。

从实践角度来看，现实有效的正义原则必须在这种社会领域划分、利益诉求相异、价值多元冲突的社会现实下，能够提供出引致“共识”的评判标准与行为规范，这是现代正义理论探究的时代主题和核心内容；从学理上而言，现代社会的分化以及所呈现出的正义冲突，其实正是人类面对“善生活”、“好社会”的丰富性、多维性、差异性而各有诉求的现实投射。而正义作为处理现实价值冲突、利益关系的实践智慧，其实质是人类运用认知理性、实践理性和自由意志的主体能力，以自由、福利、平等、安全、秩序等为价值目标，在现实的利益协调和分配关系中所把握的“度”。而这个“度”通过什么样的方式来把握？其实践的现实要求（原则）为何？这正是现代正义理论研究所面对的最困难最重要的问题，学者们从不同的角度开出了方子，尽管其各自的理论路径与方法大相径庭，但殊途同归的是，他们都从单一普遍正义原则导向了多元正义原则。

二、罗尔斯正义原则的适用界限

作为新自由主义的代表者，约翰·罗尔斯为了调和“自由”与“平等”这两个重要的人类生活价值诉求之间的冲突，从假定的“无知之幕”这一原初状态出发，构建了其“作为公平的正义”的理论体系，创造性地推导出社会基本结构合理构建的基本原则，其理论论证了“自由”与“平等”在现实中各自的边界与条件，对现代多元社会探求有序发展之路影响深远。罗尔斯正义理论指出，一切社会基本的善，诸如自由和机会、收入和财富及自尊的基础等，都应该平等地向社会成员分配，只有当不平等的分配只有利于最少受益者时方可例外。由此，罗尔斯得出其正义的两大原则：第一个原则，“每个人对与其他人所拥有的最广泛的平等基本自由体系相容的类似自由体系都应有一种平等的权利”①；第二个原则，“社会和经济的不平等应这样安排：使它们满足受惠者的最大期望利益；在机会公平、平等的条件下，职务和地位向所有人开放。”②同时，第一原则优先于第二原则。正如罗尔斯自己所言，其正义二原则是复合的原则，是对边沁等人功利主义政治哲学坚持的“最大多数人的最大利益”的单一原则的超越，能够合理地解决现代社会中的复杂的正义问题。

应该说，罗尔斯的正义理论是为了调和多元社会背景下最重要的价值诉求——“自由”与“平等”之间的对立冲突而做出的极具原创性和智慧的理论构建。他对当前建立在市场经济基础上的福利经济之正义性做出了较有力的理论论证。但从正义原则的实践角度来看，罗尔斯的正义论有其适用的界限。

罗尔斯的正义原则是根据理性人在遮蔽了身份特征等条件下在假设的“无知之幕”中所做出的选择而得出的结论。这一假设是为了保证人们在做出正义选择时不因身份、能力等的差异而损伤正义的纯粹性，其目的是为了获得社会群体在政治层面达成共识的最基本的正义原则，其理论的合理性主要是构筑在立宪与立法层面的。但也正因为这一理论需要而定的假设性，限制了相应而生的正义原则的适用性。罗尔斯的正义原

① 约翰·罗尔斯. 正义论［M］. 修订版. 何怀宏，等，译. 北京：中国社会科学出版社，2009：47.

② 约翰·罗尔斯. 正义论［M］. 修订版. 何怀宏，等，译. 北京：中国社会科学出版社，2009：65.

则主要是界定了在现代背景下，国家与公民以及公民之间的权利与义务基本分配关系。但现实生活中，除了这一最基本的分配关系外，还存在着因社会群体性质的差异、因被分配物品之社会意义的差异，而广泛存在的不同分配关系，其合理分配有赖于不同标准的正义原则，罗尔斯正义原则显然难以“包打天下”。同时，罗尔斯的正义原则即便获得宪法的确定之后，在现实层面仍将面临原则过于笼统而对实践的指导乏力的问题。罗尔斯理论的差异原则要求不平等的分配有利于最少数受益者，这必须依靠国家通过再分配来实现对社会成员经济地位差异的调节，即以国家出面用权力去限制金钱或智力造成的垄断，以维护那些天赋差和处于社会弱势的人在经济领域的利益。那么，国家的再分配功能必然与正义第一原则所要维护的个体自由平等权利形成某种排斥，难以解决现实分配中二者可能形成的冲突。比如，以什么样在标准来界定何为社会最少受惠者？以及什么样的再分配限度才能既满足对社会最少受惠者的扶助，同时又不足以对第一原则造成重大侵犯而被社会其他阶层接受？这二者平衡的“度”，罗尔斯的正义理论是不能提供现成答案的。因此，当其理论原则运用于不同类型、不同层面的社会生活时，就会出现困境。正如学者从“自我”角度对罗尔斯所做出的评价，“罗尔斯通过无知之幕遮蔽个人信息，以及在讨论差别原则时对个人天资分配持公共资产观点，使得作为主体自我的个人情境性经验要素越来越稀薄，自我的境地如桑德尔等批评家所说的情形，是一种类似于康德式的先验性自我”①。所以在实践层面，正义原则的探讨还必须面对复杂、鲜活、多样性的社会背景，做进一步的细化性研究。

除此，罗尔斯的“无知之幕”条件下所做出的选择，已经假设了其自由主义先入为主的立场。社群主义正是抓住“无知之幕”的人性假设并不符合现实人性这一点来批评罗尔斯正义论的。但正如学者们所指出的，“无知之幕”的假设本是一个理论的逻辑起点，并非真实的历史起点，其假设是为了制造一个人人平等、完全公平的博弈环境，由此迫使人们在遮蔽掉人性的特殊利益、身份、地位与偏好的条件下，只能被迫“仅凭理性”去做出真正合理的选择，而达成普遍共识的正义基本原则。这个假设在方法论上是可靠的，社群主义对此的批判并不成立。不过，尽管罗尔斯自由主义先入为主的立场并未在此得以表现，但的确表现在了接下来的环节即正义第一原则的推导上。罗尔斯认为，人们在“无知之幕”的条件下，只能按照风险规避原则（博弈的首要原则）去设想一个任何人在任何情况下都不至于落入悲惨处境的社会制度，并因此而做出选择。罗尔斯认为，虽然人们不知道他们的特殊偏好，但仍然知道那些“对任何人生计划”都必需的“基本必需品”（Primary Goods）。但哪些东西算得上是“基本必需品”？这是一个迄今为止未得到根本解决的问题。罗尔斯认为“基本必需品”包括个人权利、个人自由、机会和财富等。而这里，显然就是自由主义立场的“基本必需品”了。正如学者赵汀阳所指出的，“人是多种多样的，在基本必需品上，恐怕有些人会首推‘权力’（尼采会同意），很多人会首推‘家庭利益’（孔子会同意），如此等等”。“即便局限于罗尔斯所罗列的那些‘基本必需品’，人们在优先顺序上恐怕也有不同意见，哪些权利应该优先、各种权利之间的冲突如何解决，都是未决问题。”② 很显然，人们对“基本必需品”的选择，其实是取决于现实社会历史条件的，在不同的生产力

① 龚群. 罗尔斯政治哲学［M］. 北京：商务印书馆，2006：487.

② 赵汀阳. 坏世界研究［M］. 北京：中国人民大学出版社，2009：301.

与物质条件下，人们基于“生存”、“安全”、或“尊重”等不同需要的现实迫切性，其选择的内容及其优先性是有差异的，这进一步导致人们对不同现实条件下的“好社会”的理解以及相应的正义原则适用的差异。罗尔斯先入为主地将“自由之平等”作为优先的考虑，其实是从西方自由主义社会的现实条件出发的，并不完全具有普世的内容要求，也不代表真实世界中人们的选择。因此，虽然罗尔斯的正义论已经超越了传统一元正义理论，但其正义二原则仍存在着某种程度上对历史性、实践性的考虑不周全的问题（罗尔斯后来对此做出回应，指出其理论只是针对西方现代自由主义国家背景而论的，对其他类型的社会并不具有普世性）。当然，罗尔斯的正义理论肯定对当代各种文化传统的国家的发展都有积极的启示，针对其理论适用的局限性批判只是进一步说明，正义原则的确立与适用必须面对现代社会的复杂特点，更不能脱离现实的社会条件。而现代正义理论也正是在罗尔斯正义论所面临的现实难题基础上，充分考量社会领域划分、社会物品差异等实践条件，进一步完善了现代多元正义原则。

三、沃尔泽诉诸“社会善物”的多元正义原则

社群主义学者迈克尔·沃尔泽在罗尔斯正义理论的启示下，以社会领域划分为基础，围绕社会物品的差异性而构建其多元正义分配原则。沃尔泽在其著作《正义诸领域：为多元主义与平等一辩》中指出，社会可划分为不同性质的领域，而每个领域都有其可“分享、分割与交换”的物品。因此，分配的原则、方法、分配的主体与对象就取决于物品的性质以及它对相关分配者的意义。显然，在不同领域有不同的“具有决定意义”的“社会善物”：在教育领域中是知识，医疗领域中是健康，宗教领域中是信仰自由，经济领域中是金钱与利润……这些物品具有不同的意义，因而遵循着不同的分配正义原则。用沃尔泽的话来说，“正义原则本身在形式上就是多元的；社会不同善应当基于不同的理由、依据不同的程序、通过不同的机构来分配；并且，所有这些不同都来自对社会诸善本身的不同理解——历史和文化特殊主义的必然产物”[①]。这样，社会由不同的领域构成，不同领域的分配物性质又存在差异，因此，同一个社会中必然奉行多元正义分配原则：在市场领域，资源按照自由交换原则进行分配；在行政领域，官职应该按照应得原则进行分配；在社会福利领域，基本的收入与福利待遇应该按照需要原则对社会成员进行分配……

在对分配物、分配对象按照分配领域进行划分的基础上，多元正义原则较之单一、抽象的普遍分配正义原则，在实践中更有具体性、针对性和操作性。但随之而来的问题就是，由于社会诸领域是交织在一起的，而每个社会成员都可能参与到不同社会领域中，那么某一领域分配结果所产生的影响就有可能会延伸至其他领域的分配，从而造成社会不公。因此，沃尔泽进一步提出了“复合平等”的理念。他指出，“任何一种社会的善 x 都不能这样分配：拥有社会善 y 的人不能仅仅因为他拥有 y 而不顾 x 的社会意义来占有 x”[②]。也就是说，要防止社会成员因在某一分配领域的强势地位而延伸至对其他领域的分配优势，就必须严格维护不同领域之间的界限和独立。这样，在一个

① ［美］迈克尔·沃尔泽. 正义诸领域：为多元主义与平等一辩［M］. 褚松燕，译. 南京：译林出版社，2002：4.

② ［美］迈克尔·沃尔泽. 正义诸领域：为多元主义与平等一辩［M］. 褚松燕，译. 南京：译林出版社，2002：24.

社会中，每个社会成员都有可能在一些领域的分配处于弱势，而在其他领域中处于优势地位，从而形成一种在不同领域各有得失，但在整体上保持“复合平等”的结果。这样，有别于罗尔斯的正义二原则有着先后顺序，沃尔泽的多元正义标准则具有同等的地位，不存在一个超越所有分配领域的力量。

四、戴维·米勒诉诸“人类关系样式”的多元正义原则

社群主义的另一位重要学者戴维·米勒同意沃尔泽多元正义原则的理论取向，但他从不同的角度来确立其多元正义原则理论。沃尔泽是从构成正义问题的“社会善物”的差异划分来确定正义原则及其适用范围的，但由于现实生活中的社会物品丰富庞杂、更替频繁，所负载的社会意义因人而异，使得其多元正义原则容易导向相对主义，很难应对人们对社会物品如何进行分配的正义要求。因此，米勒将视角从纷繁复杂、变化多端的社会物品转向相对稳定的社会群体划分，他将社会群体划分为三大“人类关系样式”：“团结的社群”（Solidaristic Community）、“工具性联合体”（Instrumental Association）和“公民身份”（Citizenship）。①“团结性社群”主要由家庭、福利、义务教育、俱乐部等构成，遵行“需要原则”，实现所谓的“按需分配”；“工具性联合体”包括公司、职业、工资、奖金等内容，遵行“应得原则”，以能力与付出为导向，个体根据自己做出的贡献获得相应的报酬；而所谓的“公民身份”则主要指公民在政治生活中的政治权利和民主权利，在此领域遵循“平等原则”。

米勒认为这三种关系样式穷尽了所有社会领域，相应的三个正义原则能够满足社会生活领域的合理调节。但是，正如沃尔泽理论所面临的是物品多样性带来现实分配的困难，米勒理论所面对的则是由于人类社会关系的复杂性而导致社会群体性的相互交织、相互渗透、多重契合，多元正义原则的适用也困难重重。对此，米勒本人也指出，“现实世界中的工作群体都具有部分的团结性特质，同时，几乎所有的团结性关系也都具有工具性的一面。尽管平等是公民身份的首要原则，但同时也会适用到需要与应得上去，等等”②。那么，当三种关系样式彼此产生重叠时，应该适用何种“样式”？采用何种原则？这些都成为了新的正义难题。米勒对此进一步提出，对于正义问题，除经验性的描述之外，更要注重社会情境的变化。分析特定的情境中各种“关系样式”所占成分的大小，交叉采用相应的正义原则。由此，在不同社会情境中具有不同角色的社会成员，或在同一情境中属于不同关系样式的成员，必须以多元的正义原则为指导。

五、霍耐特诉诸“承认”的多元正义原则

法兰克福学派第三代理论家的代表者阿克塞尔·霍耐特，从道德社会学出发，指出个体自我认同是在社会交往生活中通过逐渐发现自己的特殊能力而建立起来的，而这种个体社会个性的确实建立又取决于与之进行普遍化互动同伴的认同方式。因此，社会主体依赖于基于相互承认的正义原则所调节下的社会互动境况，如果这类承认关系缺失或者扭曲，就会导致个体的蔑视或羞辱体验，进而对主体的道德社会化与社会

① ［英］戴维·米勒. 社会正义原则［M］. 应奇，译. 南京：江苏人民出版社，2005：35-40.
② ［英］戴维·米勒. 社会正义原则［M］. 应奇，译. 南京：江苏人民出版社，2005：37.

的道德整合都造成破坏，成为社会不正义感滋生的根源。由此，霍耐特建立起其以"承认"为核心的正义理论，提出社会正义是"根据在个体的认同型构以及自我实现能够充分进行的情况下，保证相互承认状况出现的能力程度来衡量的"①。霍耐特基于对历史上所产生的认同形成条件的反思而提出，现代社会主体认同的形成依赖于三种形式的社会承认：爱、法律面前的平等待遇、社会尊重——这三者都被视为承认的一般原则，是社会正义规范的核心。而这些正义原则的适用是根据主体之间维持社会关系的各自类别来衡量的："如果关系的形成通过爱来形成，那么需要原则有优先权；如果在法律上形成关系，那么平等原则优先；如果形成合作关系，价值原则占优。"②

罗尔斯、沃尔泽、米勒等正义论学者的正义原则旨在通过再分配物品保证自由来建立社会平等，而霍耐特正义原则的核心是"尊严"和"尊重"，旨在通过承认个体的尊严来阐释正义社会的条件，这是一种"从'再分配'观到'承认'概念的转向"③。比如戴维·米勒虽然也以社会关系的类别而提出需要、平等、应得正义三原则，但其正义原则只是被视为以某种特殊的方式对"社会善物"进行调节分配，而霍耐特的正义原则皆以承认为形式，其中包含了个体的主观态度与道德因素，其形成的社会道德尊重型构是先于特定的物品分配的，甚至于可以说，特定的分配正义原则所面临的冲突可以解释为承认斗争的特殊种类。

总的来说，霍耐特的多元正义原则力图促成现代社会公民主体的个体化和社会化的整合，从而促进社会的稳定与进步：通过需要原则、平等原则和价值原则在三个承认领域的区分和应用，使得每个社会成员享有自我实现的同等机会，通过平等参与各种承认模式而受到他人及社会的认同，使个体在融入共同体的同时，又能保有其个性自由并获得公平的发展空间。总之，承认构成了公民融入社会合作过程中的元素。这从根本上避免了因个体遭遇"蔑视"或"不尊重"而导致的社会冲突与矛盾。

当然，由于霍耐特的正义理论过多地倚重于道德心理学，一定程度上弱化了其社会批判理论的力度。虽然霍耐特对规范的重建诉诸主体道德上遭受的伤害克服了先验理论的缺陷，但毕竟个体的经历与主观体验具有内在性、个体性的特点，当我们在重视良序社会发展中差异性、多样性、特殊性这一面时，也不能忽略任何正义原则在落实为行为规范、现实制度与公共政策时，都离不开理性的同一性为支撑。显然，如何在经验性和规范性之间找到平衡，仍将是多元正义理论研究所必须面对的挑战。

六、多元正义原则对我国社会正义建设的启示

上述几个重要的现代正义理论，虽然其理论的路径和结论大相径庭，但总的来说，它们都反映出了现代正义原则产生的现实基础与客观环境，即现代社会领域和结构的多元性、可供分配物品的多样性、社会生活方式的差异性、社会主体交往的主观感受性以及所呈现出的价值多元诉求。尽管这些正义理论各有局限，但都在针对社会现实

① [德] 阿克塞尔·霍耐特. 承认与正义——多元正义理论纲要 [J]. 胡大平，陈良斌，译. 学海，2009 (3).

② [德] 阿克塞尔·霍耐特. 承认与正义——多元正义理论纲要 [J]. 胡大平，陈良斌，译. 学海，2009 (3).

③ [德] 阿克塞尔·霍耐特. 承认与正义——多元正义理论纲要 [J]. 胡大平，陈良斌，译. 学海，2009 (3).

的前提下对正义原则的确立与适用做出了深具创造性与实践意义的理论探讨。随着中国改革开放、市场经济的深入发展，在经济全球化浪潮之中，也呈现出社会分层、利益分化、价值冲突的现实。这些多元正义的相关理论对指导我国建设社会主义和谐社会无疑提供了更多维的视角与丰富的理论资源。

概括而言，从单一正义原则向多元正义原则的转向，旨在将复杂的社会生活分化为适用相应正义原则的领域，从而将社会冲突的调节分散化，在社会成员的能力能够把握的领域将正义分配功能交由其自身来完成，从而避免因国家行为的刚性调节引发新的社会不正义，也弥补了单一正义分配原则难以应付复杂的社会生活的缺陷。正义原则的适用不仅取决于其所面对的特定的社会背景，还取决于其所调节的社会群体的性质，取决于其所调节资源（物品）的性质，取决于社会主体交往的现实处境与主观感受，如何统合所有的正义要求，都要因现实而定。这启发我们在构建社会主义和谐社会的过程中，不仅需要考虑物质、金钱等客观物品的分配正义，也不能忽略荣誉、天赋、才能、需要等其他善物的分配正义；在正义调节中不仅需要依靠国家自上而下的刚性功能，也不能忽视了社会群体内在的、自主的调节功能；在正义调节中不仅要考虑客观善物对社会个体具有正义处境的条件保障，还要关注个体对社会处境的主观感受以及在社会主体间道德情感的塑造……当然，在借鉴多元正义原则的理论启示中也要避免导向相对主义，即便选择多元正义原则，这个选择也仍然要求前后一致，而并非所有的意见都可以成为社会正义原则。多元正义原则在不同适应条件的“好”之间不存在孰重孰轻，但并不放弃“好”和“不好”之间的区别。总之，作为现代社会生活的正义原则是复合、多元的原则，原则的具体内容及要求取决于所调节的社会生活领域的特定性质、社会活动及相关物品的性质。其不变的宗旨是人们在特定历史条件下基于对美好社会生活的价值诉求，以及约束价值实现形式的现实社会条件。

参考文献

[1] MICHAEL WALZER. Liberalism and the Art of Separation [J]. Political Theory, 12, August 1984.

[2]（美）约翰·罗尔斯. 正义论 [M]. 修订版. 何怀宏，等，译. 北京：中国社会科学出版社，2009.

[3] 龚群. 罗尔斯政治哲学 [M]. 北京：商务印书馆，2006.

[4] 赵汀阳. 坏世界研究 [M]. 北京：中国人民大学出版社，2009.

[5]（美）迈克尔·沃尔泽. 正义诸领域：为多元主义与平等一辩 [M]. 褚松燕，译. 南京：译林出版社，2002.

[6]（英）戴维·米勒. 社会正义原则 [M]. 应奇，译. 南京：江苏人民出版社，2005.

[7]（德）阿克塞尔·霍耐特. 承认与正义——多元正义理论纲要 [J]. 胡大平，陈良斌，译. 学海，2009 (3).

“无本体论的伦理学”何以可能？

苏森森

【摘要】普特南提出“无本体论的伦理学”，旨在反对传统伦理学建立在各种形式的实在论基础上，将其本身仅仅理解为一个原则系统的名称。他倡导以实用主义多元论取代大写的本体论，主张伦理学应该容纳各种不同的实践关注，通过揭示逻辑和数学领域中概念相对性和多元论的特征，确立起无本体论的伦理学成立的正当理由。同时，普特南坚持以“无客体的客观性”来化解相对主义的威胁。本文认为，他的这一思路较之罗蒂的激进态度，更加值得现代伦理学关注。

【关键词】普特南　无本体论的伦理学　客观性　相对主义

作者简介：苏森森，1982 年生，男，博士，西南财经大学马克思主义学院讲师（成都，611130）。

作为新实用主义的重要代表，希拉里·普特南“也许是当代唯一具有‘纵观全局’能力的哲学家”①。近年来，他将研究重心逐渐转向伦理学，提出所谓的“无本体论的伦理学”，这不禁使人再次将他和新实用主义的另一位领军人物——理查德·罗蒂联系起来，因为后者曾经同样提出“没有原则的伦理学”②。

众所周知，普特南与罗蒂的哲学立场和主张，既有许多相似之处，也存在一些根本的重大分歧。本文将在辨明何谓“无本体论的伦理学”的基础上，进一步探究无本体论的伦理学是否可能成立以及如何可能成立的问题。在此过程中，我们可以清楚地看到普特南和罗蒂之间的显著区别：前者仍然试图在某种较弱的意义上保持道德原则的客观性，而后者赞成彻底的相对主义。由于当代伦理学深陷绝对主义和相对主义的二元囹圄不能自拔，因此本文认为，普特南指出的第三条道路，或许要比罗蒂的激进态度更加值得关注。

一、何谓“无本体论的伦理学”

要理解何谓“无本体论的伦理学”，首先必须弄清普特南所使用的“本体论”和“伦理学”究竟是什么意思。

虽然“本体论”（Ontology）一词出现甚晚，直到 17 世纪才由德国经院学者郭克兰

---

① 施太格缪勒. 当代哲学主流（下卷）［M］. 王炳文，等，译. 北京：商务印书馆，1986：306.

② 罗蒂. 后形而上学希望：新实用主义社会、政治和法律哲学［M］. 张国清，译. 上海：上海译文出版社，2003：55-76.

纽（Goclenius，1547—1628）首次使用。但它的词根 on 却源自希腊文，乃是 on ta 的变式，也就是巴门尼德所说的“存在”。可见，本体论作为研究存在的学问，早在古希腊时期，即已成为哲学领域的核心内容。普特南认为，“本体论，在另一种意义上（即非海德格尔的‘基础本体论’的意义上——笔者注），更传统的那种，是形而上学的一部分（有时候，对一些哲学家来说，它似乎就是全部形而上学），它经常被描述为‘关于存在的科学’。”①

传统意义上的本体论大致可分为两种：一种是膨胀的（Inflationary）形而上学，另一种是紧缩的（Deflationary）形而上学，前者以柏拉图的“理式论”（the Theory of Forms）最典型，后者包括还原论（Reductionism）和消解论（Eliminationism）两种形态，分别以德谟克利特和贝克莱为代表。“膨胀的本体论者声称要告诉我们不为日常感觉和常识所知的事物的存在，实际上这些事物是不可见的。”② 这些超感官的、不可见的事物具有极端重要的作用，对于柏拉图来说，“理式，特别是善的理式的存在，解释了伦理价值和义务的存在。理式论声称告诉我们真正好的生活是什么以及真正的正义是什么（此外还有许多其他的东西）”③。柏拉图主义的现代传人 G.E.摩尔在《伦理学原理》中同样宣称，“善表示一种单纯的、不可下定义的特质”④，他把任何以某种自然属性来定义善的行为叫做“自然主义的谬误”。普特南认为，柏拉图和 G.E.摩尔的膨胀的形而上学的错误，并不在于指出“有某些人、性格特征、行为、情形等，能够被正确地描述为‘善的’”，而是因为他们在诸多善的事物背后设置了一个“非自然的”某物，并试图“将全部伦理现象、全部伦理难题、全部伦理命题，甚至全部价值问题还原（或想象自己已经还原）为仅仅一个问题——这个单一的超级物善的在场与不在场”⑤。事实上，从亚里士多德开始，伦理学家们便已意识到，伦理学中的许多问题，比如说“美德”以及 18 世纪、19 世纪补充进来的“责任”、“义务”等，是不可能通过诉诸单一的“善的理式”而得到解答的，因此“特定的膨胀的形而上学家为之欣喜若狂的这个观念也许将真理之光投射在一些问题上，但是在光圈之外的问题则典型地落入黑暗之中”⑥。

与膨胀的形而上学相对应，紧缩的形而上学分为还原论和消解论两种，前者通常表达为：“‘A 只不过是 B’或‘某某只不过是某某’”，后者采取唯名论的形式，“主张不存在任何像属性或共相这样的东西；只存在个别事物，包括个别名称或个别感觉或心灵中的个别映像”⑦。还原论者试图指出，我们“真正”谈论的是什么，而消解论者则告诉我们，我们在谈论虚构的实体。不管是德谟克利特的唯物主义（只承认原子和虚空的存在），还是贝克莱的唯心主义（只承认精神和观念的存在），它们都属于普特南反对的紧缩的形而上学范畴。

作为传统的大写本体论 Ontology 的替代物，普特南赞成实用主义多元论。这种观

① 普特南. 无本体论的伦理学［M］. 孙小龙，译. 上海：上海译文出版社，2008：14.
② 普特南. 无本体论的伦理学［M］. 孙小龙，译. 上海：上海译文出版社，2008：15.
③ 普特南. 无本体论的伦理学［M］. 孙小龙，译. 上海：上海译文出版社，2008：15.
④ 摩尔. 伦理学原理［M］. 长河，译. 上海：上海人民出版社，2005：14.
⑤ 普特南. 无本体论的伦理学［M］. 孙小龙，译. 上海：上海译文出版社，2008：16.
⑥ 普特南. 无本体论的伦理学［M］. 孙小龙，译. 上海：上海译文出版社，2008：17.
⑦ 普特南. 无本体论的伦理学［M］. 孙小龙，译. 上海：上海译文出版社，2008：17.

点认为，人们可以使用不止一种"语言游戏"来描述实在，"这些语句服从不同的原则和有不同的应用，有着不同的逻辑和语法特征"，因此"实用主义多元论不需要我们去寻找我们语言游戏背后的奇异与超感觉的客体；当语言在运用时，真理能够在我们实际参与的语言游戏中被讲出来"①。总之，普特南既反对给语言游戏添加不必要的膨胀实体，也反对将实在还原为一种或几种本质，甚至干脆消解其存在。这就是他使用"无本体论"一词的确切所指。

同样，普特南也不"把'伦理学'理解为一个原则系统的名称——尽管原则（例如黄金法则，或它的完善的继任者绝对命令）的确是伦理学的一部分——而是把它理解为一个相互联系的关注系统"②。在他看来，这些关注相互支持但局部也有矛盾。列维纳斯强调对"他者"的直接认识和特定义务，这种极具情境化的伦理学，显然与康德倡导道德平等和普遍原则的理性伦理学相冲突，而他们和亚里士多德关于"人类繁荣"的美德伦理学论述之间，也存在着矛盾关系。普特南认为，这些矛盾都是真实的，但也是互相支持的。"康德的伦理学，事实上是空洞的和形式化的，除非我们给它提供正好来自亚里士多德主义者和列维纳斯主义者以及其他方面的内容。（在那些其他方面，人们会提到现在对民主的关注、对宽容的关注、对多元论的关注，当然，还有许多其他的关注。）"③ 普特南反对将伦理学看成"矗立在单独一根柱子上的一尊高贵的雕像"，他对伦理学的看法是："像一张有很多腿的桌子，它晃得很厉害，但很难翻倒。"④

这种建立在实用主义多元论（即无本体论）基础上的"多腿"的伦理学，具有什么样的特征呢？

普特南继承了杜威的观念，指出"伦理学关注的是实践问题的解决"⑤。与抽象的、理想化的或理论的问题相对，典型的实践问题是"杂乱的"，"他们没有确定的解决办法，只有处理一个特定的实践问题的好一些的和差一些的方法。"⑥ 从这个意义上来说，伦理学不同于科学，它很难做到普遍一致的客观性，而是充斥着许多观点之间的争论。因此任何问题的解决都是暂时的和可错的，哲学和伦理学的目标不应该是一组永恒的理论真理，而应该是能够帮助人们更加合理地应对具体的时代环境。

二、"无本体论的伦理学"何以可能

追问"何以可能"，带有鲜明的康德哲学色彩，这或许不是普特南所喜欢的提问方式。换成实用主义更容易接受的句子，我们可以问道："支持'无本体论的伦理学'合理性的理由有哪些？"

普特南对这一问题的回答，是通过他在逻辑哲学和数学哲学中"反形而上学实在论"的观点来完成的。因为在他看来，"伦理学中'反实在论'的论证与数学哲学中

① 普特南. 无本体论的伦理学［M］. 孙小龙，译. 上海：上海译文出版社，2008：19.
② 普特南. 无本体论的伦理学［M］. 孙小龙，译. 上海：上海译文出版社，2008：19.
③ 普特南. 无本体论的伦理学［M］. 孙小龙，译. 上海：上海译文出版社，2008：24.
④ 普特南. 无本体论的伦理学［M］. 孙小龙，译. 上海：上海译文出版社，2008：24-25.
⑤ 普特南. 无本体论的伦理学［M］. 孙小龙，译. 上海：上海译文出版社，2008：25.
⑥ 普特南. 无本体论的伦理学［M］. 孙小龙，译. 上海：上海译文出版社，2008：25-26.

反实在论的论证实际上完全相同。"①

传统形而上学实在论建立在逻辑和概念的确定性基础之上，然而普特南通过引用波兰逻辑学家莱茨涅夫斯基创立的"部分整体论（Mereology）"，指出概念具有相对性和多元论的特征。在《实在论的多副面孔》② 一文中，他建议我们考虑一个只有三个个体——X1、X2、X3 的微型世界。这个世界在卡尔纳普眼里，只有 X1、X2、X3 三个个体，但对莱茨涅夫斯基来说，则包括 X1、X2、X3、X1+X2、X1+X3、X2+X3、X1+X2+X3 七个对象。由此可见，"在特定的情况下，什么存在可能依赖于我们采用不同约定中的哪些约定这个事实"③。普特南将这一现象描述为概念的相对性。究竟有多少个体存在，取决于我们对"存在"、"个体"等概念的意义的理解。

"意义"这个词既可以在词典学或戴维森的意义上，理解为给既定词语一个同义词的解释或翻译，也可以更加松散地采用维特根斯坦的说法："询问一个词的意义就是询问它怎样使用"④。以后者为标准，莱茨涅夫斯基和卡尔纳普的区别，实际上是从各自不同的背景为"存在"提供了不同的意义即用法。人们也许会认为波兰逻辑学家关于"部分整体论的和"的观念，只是一种方便的假设，他/她却不得不承认，"在自然语言——也就是我们每天都说且不能不说的语言中，语词的意义完全是开放的"⑤。不论是 20 世纪早期提出的集合论，还是莱茨涅夫斯基创立的部分整体论，它们都是我们可选语言（Optional Languages）中的东西。这样看来，追问部分整体论的和是否"真正存在"就是一个愚蠢的问题，因为"它完全是一个关于我们是否决定去说它们存在的约定问题"⑥。这种"约定的真理"不再需要以"分析性"、"先验性"或"不可修改性"的形而上学为基础，而"只是一个对某种协调问题的解决方法"⑦。就像英联邦国家实行靠左行驶，而世界大部分其他地区采取靠右行驶一样，概念的意义"完全可以被描述为一个在两种可详细说明的使用词语的方式之间的选择"⑧。并不存在某种超凡的事实，能够给"个体"、"对象"、"存在"等词语指定一个神圣的"正确意义"，因此我们只能把在这些可选语言中所做的选择看成约定问题。

概念的多元论和概念的相对性具有许多相似之处，以至于普特南原先在《表象与实在》一书中，也将两者混为一谈。但他后来修正了这一错误，"因为概念的相对性总是包含认知上相等（在任何能够在一种可选语言中被给予解释的相关现象在另一种可选语言中有相应的解释这个意义上），但表面上矛盾（这些描述不能简单地结合起来）的描述"⑨。而概念的多元论则更加宽泛，它可以使用不同的语言（比如说基础物理的语言或我们的日常语言）来描述同一个事实，这些描述不存在任何方式的矛盾，甚至连表面上或听上去的矛盾都没有。概念的多元论不再需要像传统的形而上学那样，把诸多元素还原为某种基础、普遍的本体，它们"并行不悖"地存在。因此，概念的多

① 普特南. 无本体论的伦理学［M］. 孙小龙，译. 上海：上海译文出版社，2008：1.
② H PUTNAM. The Many Faces of Realism［M］. LaSalle：Open Court Publishing Company，1987：18-20.
③ 普特南. 无本体论的伦理学［M］. 孙小龙，译. 上海：上海译文出版社，2008：35.
④ 普特南. 无本体论的伦理学［M］. 孙小龙，译. 上海：上海译文出版社，2008：37.
⑤ 普特南. 无本体论的伦理学［M］. 孙小龙，译. 上海：上海译文出版社，2008：37.
⑥ 普特南. 无本体论的伦理学［M］. 孙小龙，译. 上海：上海译文出版社，2008：40.
⑦ 普特南. 无本体论的伦理学［M］. 孙小龙，译. 上海：上海译文出版社，2008：40.
⑧ 普特南. 无本体论的伦理学［M］. 孙小龙，译. 上海：上海译文出版社，2008：40.
⑨ 普特南. 无本体论的伦理学［M］. 孙小龙，译. 上海：上海译文出版社，2008：44.

元论蕴含着概念的相对性，但是反之则不然。

从自然语言的多元论特征和概念相对性的例子中，可以看出我们关于“对象”、“存在”等观念的理解，具有随科学、艺术、文化等不同创造活动而不断丰富、扩展的可能性。那种“认为世界规定了一个唯一的‘真的’方式把世界划分为对象、情形、性质等的整个观念，是一种哲学的狭隘观念。但恰恰是这个狭隘观念在且一直在支持被称为本体论的这个主体”①。传统形而上学的实在论认为：“世界是由不依赖于心灵之对象的某种确定的总和构成的。对‘世界的存在方式’，只有一个真实的、全面的描述。真理不外乎在语词或思想符号与外部事物和事物集之间的某种符合关系。”② 建构于其上的伦理学同样试图在人类的道德生活中发现某些能够和“善”的客体（无论是自然的还是非自然的）相符的真理。普特南通过逻辑和数学上的反实在论，已经无可辩驳地证明并不存在任何单一确定的客体可以充当真理的基础，我们始终无法跳出自身的语言文化背景，从上帝之眼（God's Eye View）来静观这个世界。因此，假如我们接受普特南提倡的“内在实在论”，承认我们关于世界的谈论只能在语言框架内部进行，而语言对应于世界的方式是开放、多元的，那么建构于其上的新型伦理学就必定是“无本体论的伦理学”，这也是后者何以可能成立的根据所在。

三、如何避免相对主义

围绕“内在实在论”和“无本体论的伦理学”的最大问题在于，这是否会导致逻辑、数学、自然科学以至于伦理学的所有断言，都成为某种“相对”的约定和选择。

普特南认为，虽然我们必须抛弃形而上学实在论的“客体”观念，但可以保留客观性的规范约束。在他看来，相对主义是自相矛盾的，因为他们“主张一种观点，但同时又主张没有任何观点比别的观点更有根据、更加正当”③，所以他既不赞成费耶阿本德式的“怎么都行”，也不满意罗蒂将客观性仅仅归结为共同体成员的“协同性”(Solidarity)。取消客体并不意味着一定要对真理或知识采取主观主义的态度，而是仍然可以坚持某种“无客体的客观性”。我们关于逻辑推理和概念真理的陈述，事实上并非对某部分实在的描述，它们之所以为“真”，不是因为与客体相符，而是因为“不可能弄清它的否定断言的（相关）意思。”④ 这也就是说，逻辑和概念的基本规则构成了我们可以有意义地言谈、认识的前提，它们的陈述即是“客观的真理”，尽管这种真理并没有固定的客体与之对应，而且其自身是可修改的。

当我们把目光聚焦在伦理学上，真理的客观性问题将变得更加严峻。因为自从休谟揭示出“是”与“应当”之间的逻辑鸿沟，事实与价值的两分法便日益成为哲学领域内的一项重要教条，以至于到了卡尔纳普、艾耶尔等逻辑经验主义者那里，事实和价值的区分在语言分析中得到了进一步的强化。在他们看来，人类语言具有描述和表达两种功能。前者描述事实，可以判断真假，而后者只是人们主观情感与价值的表达，没有真假之分。所以价值或规范的客观性既不能由经验证实，也不能从事实陈述中推导出来，它们不表达真正的命题。普特南反对在事实与价值、科学与伦理之间横加隔

① 普特南. 无本体论的伦理学 [M]. 孙小龙，译. 上海：上海译文出版社，2008：47.

② 普特南. 理性、真理与历史 [M]. 童世骏，李光程，译. 上海：上海译文出版社，1997：55.

③ 普特南. 理性、真理与历史 [M]. 童世骏，李光程，译. 上海：上海译文出版社，1997：129.

④ 普特南. 无本体论的伦理学 [M]. 孙小龙，译. 上海：上海译文出版社，2008：58.

断，他认为："每一事实都含有价值，而我们的每一价值又都含有某些事实。"① 即便像"猫在草垫上"这样最简单、最直接的事实陈述，其实也已经包含了我们文化的价值和兴趣的某些方面。"我们之所以有'猫'这一范畴，是因为我们认定世界之划分为动物与非动物是有意义的，还因为我们对一个已知动物的种属也有浓厚兴趣。"② 在科学领域，人们往往根据融贯性、简单性、貌似合理性（Plausibility）等方法论价值判断，来决定哪些理论值得检验，而哪些必须排除，这对于各种非演绎问题的处理来说是不可或缺的。假如方法论评价的客观性值得肯定，那么与之类似的伦理判断也就没有理由被拒之门外。"伦理陈述与其他认知活动形式一样，是完全受真理和有效性的规范约束的反思形式"，它们的客观性体现在既定伦理生活的全部关注下如何去合理行动，"而且真理和有效性的观念是内在于实践推理自身的"③。

伦理学和科学的表面差异似乎在于，前者始终充满争议，而后者更易于趋向一致，这也就是为什么我们会肯定科学的客观性，而将伦理学归入主观相对主义的原因。普特南认为，这种观念是毫无根据的。"首先，有一些伦理问题，处于伦理生活中的人关于它们完全意见一致。'滥杀无辜、欺骗、抢劫等是错的'是任何地方有道德意识的人都同意的。"④ 伦理学的分歧主要产生于实践，因为实践不仅涉及评价，它还包含哲学信念、宗教信念以及事实信念等的复杂混合。如果"我们把伦理决定看成实践决定的一个特殊情况，那么我们就不应该对与它相关的争论的出现感到惊奇和沮丧"⑤，因为要在实践层面上确证某事的正确性，除非你实际地完成它，并且使所有人满意，而这显然是十分困难的。

要想摆脱相对主义的纠缠，"无本体论的伦理学"就必须坚守真理和价值的客观性。在《理性、真理与历史》一书中，普特南曾将"真理"解释为"某种（理想化的）合理的可接受性——是我们的诸信念之间，我们的信念同我们的经验之间的某种理想的融贯"⑥。这种与经验相融贯的"合理的可接受性"，既不同于传统形而上学的先验真理，也不同于实证主义者眼中关于命题陈述的可证实性标准。在经验世界里，事实与价值、科学与伦理，从来就不是可以截然分离的两种要素，只有它们的相互融合才能构成我们认识世界、拥有世界的前提。"与本体世界相反，经验世界是依赖于我们的合理可接受性标准的（当然，反之亦然）。我们使用合理的可接受性标准来建立一幅'经验世界'的理论图景，然后，由于这幅图景的发展，我们根据这幅图景来修正我们的合理可接受标准本身，如此不断，以至于无穷。"⑦ 确切地讲，"合理的可接受性"就是指，在科学中竭力追求一种具有工具效能、前后一贯、全面周到、功能简单的世界表象，在伦理中正确使用"诚实"、"勇敢"、"善良"、"公正"等道德词汇。我们为什么要追求这些东西呢？那是因为"拥有这类表象系统是我们人类认知能力兴盛

① 普特南. 理性、真理与历史［M］. 童世骏，李光程，译. 上海：上海译文出版社，1997：212.
② 普特南. 理性、真理与历史［M］. 童世骏，李光程，译. 上海：上海译文出版社，1997：212.
③ 普特南. 无本体论的伦理学［M］. 孙小龙，译. 上海：上海译文出版社，2008：68.
④ 普特南. 无本体论的伦理学［M］. 孙小龙，译. 上海：上海译文出版社，2008：71.
⑤ 普特南. 无本体论的伦理学［M］. 孙小龙，译. 上海：上海译文出版社，2008：72-73.
⑥ 普特南. 理性、真理与历史［M］. 童世骏，李光程，译. 上海：上海译文出版社，1997：55.
⑦ 普特南. 理性、真理与历史［M］. 童世骏，李光程，译. 上海：上海译文出版社，1997：145.

发达的观念的一个组成部分，因而是我们整个人类兴盛、幸福的观念的一个组成部分"[①]。人类整体的兴旺发达既构成了科学和伦理的最高目标，同时也为真理和价值的客观性奠定了坚实的基础。

但是与亚里士多德不同，普特南并不预设人类具有一个共同的最高目的，比如说"沉思的生活"。他主张理想的多元性，即"不同的人类兴盛观念适合不同素质的个人，……即使在那个理想世界中，也可能存在不同的素质"[②]，多样性本身就是理想的一部分。需要特别强调的是，"相信一个多元化的理想，不等于说相信每一个人类兴盛的理想都与其他理想同样美好，我们拒绝错误的、幼稚的、病态的、片面的人类兴盛的理想。"[③] 纳粹主义者虽然也会从自己的立场出发，来为他们的理想进行合理辩护，但是"合理的纳粹"由于具有不合理的目的，所以仍然是邪恶的。我们反对纳粹的理由绝非出于"主观"，而是因为"一个拒绝了通常道德概念的文化，或代之以出自别的意识形态和道德观念的概念的文化，以我们现在的眼光来看，就会丧失准确而深刻地描述通常人际关系、社会事件和政治事件的能力"[④]。故此，纳粹的"理想"要么是褊狭、邪恶的，要么就是完全武断的，不管从哪一方面讲，它都是"令人反感的"，这一价值判断具有无可辩驳的客观性。

对于那些不像纳粹主义这样明显和日常道德相冲突的伦理观念，我们如何来求得它们之间的相互融贯呢？普特南和罗蒂在这一问题上，基本采纳了哈贝马斯"商谈伦理学"的思想，认为只有通过不断的对话，才能达成主体间日益广泛的共识。两者的不同在于，罗蒂"把保持谈话继续下去看成哲学的充分的目的，把智慧看成维持谈话的能力"[⑤]，他反对为对话设立任何理想的终点。普特南认为这种"只有对话"的主张无法和自我否定的相对主义区别开来，他从詹姆斯那里继承了真理汇聚的观念，指出"我们把我们的不同观念看成是对合理性的不同观念来谈论这一事实本身，便设定了一个极限观念，一个理想真理的极限观念"[⑥]。这就是普特南和罗蒂最根本的分歧所在，也是"无本体论的伦理学"之所以能够保持其客观性的最后理由。

参考文献

[1] 施太格缪勒. 当代哲学主流（下卷）[M]. 王炳文，等，译. 北京：商务印书馆，1986.

[2] 罗蒂. 后形而上学希望：新实用主义社会、政治和法律哲学 [M]. 张国清，译. 上海：上海译文出版社，2003.

[3] 摩尔. 伦理学原理 [M]. 长河，译. 上海：上海人民出版社，2005.

[4] H PUTNAM. The Many Faces of Realism [M]. LaSalle: Open Court Publishing Company, 1987.

① 普特南. 理性、真理与历史 [M]. 童世骏，李光程，译. 上海：上海译文出版社，1997：145.
② 普特南. 理性、真理与历史 [M]. 童世骏，李光程，译. 上海：上海译文出版社，1997：159.
③ 普特南. 理性、真理与历史 [M]. 童世骏，李光程，译. 上海：上海译文出版社，1997：159.
④ 普特南. 理性、真理与历史 [M]. 童世骏，李光程，译. 上海：上海译文出版社，1997：223-224.
⑤ 罗蒂. 哲学和自然之镜 [M]. 李幼蒸，译. 北京：生活·读书·新知三联书店，1987：329.
⑥ 普特南. 理性、真理与历史 [M]. 童世骏，李光程，译. 上海：上海译文出版社，1997：228.

教育与哲学

——教育的哲学基础分析

吴玉平　马　楠

【摘要】教育的发展离不开哲学。当我们试图回答教育中的诸多问题时，会发现我们的答案或多或少要受到自己拥有的哲学思想的影响。哲学之所以具有如此重要的地位，是与其自身的性质、功能和特征密切关联的。当然，就哲学能成为教育的基础而言，无疑也与教育自身的性质、意义等相关。在教育发展中，一定要重视哲学的这种全面而深刻的影响。只有这样，教育发展才会具有坚实的思想基础，也才能体现其道德和精神价值层面的永恒意义。

【关键词】教育　哲学　教育哲学

作者简介：吴玉平，1978年生，男，哲学博士，西南财经大学马克思主义学院副教授、院长助理；马楠，1987年生，女，西南财经大学马克思主义学院2012级硕士研究生（成都，611130）。

教育发展的最大成果在于其促进了人类文明，但教育得以发展的深层次基础又是什么呢？或许不同的人会有不同的回答，但在众多的回答中，我们会找到一个基本的共识：教育的发展离不开哲学。当我们试图回答教育中的诸多问题时，会发现我们的答案或多或少要受到自己拥有的哲学思想的影响。哲学作为一门历史悠久的学科，与人类的生活息息相关，对包括教育在内的整体人类生活产生着重要的影响和作用。"可以说，从人类意识到教育是一种相对独立的人类活动那一刻起，就已经有了教育哲学。"① 而哲学之所以具有如此重要的地位，是与其自身的性质、功能和特征密切关联的。当然，就哲学能成为教育的基础而言，无疑也与教育自身的性质、意义等相关。

一、何谓哲学

"哲学"一词的意思是"热爱智慧"，对智慧的热爱体现了哲学的本质。我们可以通过哲学的研究内容来体会其本质。哲学的研究内容大致有：人与整个宇宙的关系、人的思想和人的品格、人类和其结构被感知的方法、人是自由的还是被约束的以及人能否改变历史的进程等。从某种程度上而言，人类经验的所有内容都是哲学理解的对

① （美）奥兹门，克莱威尔．教育的哲学基础［M］．7版．石中英，邓丽娜，等，译．北京：中国轻工业出版社，2006：1．

象，不过，哲学关注的重点在于理解事情的本质、人类行为、宗教与科学观念的假设、思考的工具和方法等具有根本性意义的问题。哲学的最终目标在于探寻完整的人类世界，其本质是反思和批判的，它要对人类活动任何领域的基本理念和假设做出批判性检验，从而对事物的本质做出综合解释。这正凸显了“热爱智慧”的深刻内涵，智慧不仅仅是知识，因为一个人可以有知识，但他不一定有智慧。哲学就是要赋予人理解整个宇宙及人与人之间关系的智慧。哲学的智慧不仅仅是个人对生活目的或存在价值的观点，它需要对一些人们遇到的最困难问题做出严谨而审慎的分析。因此，伟大的哲学家一般都具有大智慧和超常的洞察力，他们可以看到人类经验中离散事件的意义，并且可以用整体观去观察它们。

哲学的本质规定了哲学的功能，具体来说，哲学的主要功能是帮助人们回答以下问题：①人为什么来到世上？②人生的主要目的是什么？③对于人来说何为对错？对于同一个人，为什么某一特定事情是对的而另外一件就是错的？④人应该如何生活才可以使生活最有意义和令人满意？⑤世界及其现象的背后是否有智慧性的目的存在？⑥人死之后是否还有生命？⑦如果有，其本质是什么？⑧这是什么样的世界？⑨世上是否存在一种物质，它构成所有事物的基础？⑩或者，是否存在两种或多种物质？⑪这种或这些物质的本质是什么？⑫“将来”的意义是什么？⑬人类的大脑可以回答这些以及与其类似的其他问题吗？⑭人类如何获得他所掌握的知识？⑮所谓知识的正确性是什么？[①]

以上这些问题自远古时代就一直困扰着最杰出的哲学家。但是在杜威看来，哲学家们应倾注所有精力去解决社会问题。罗素的观点同样值得注意。他认为学习哲学的目的不在于回答具体问题，而是为了问题本身，因为这些问题扩大了我们的观念，告诉我们什么是可能的。当然，不同的哲学家对以上问题的回答各不相同，没有一门哲学是我们必须遵循的，我们唯一能够确定的或许仅仅是：对很多重要问题我们可以做出确定回答，对有些问题我们又难以确定其答案。

哲学的特征主要有两个方面：第一，哲学源于经验和情境，并与这些经验和情境紧密联系；第二，哲学与科学关系密切。[②] 哲学源自经验、特殊的情境，这就是为什么不同的人依据生活中特定的环境和条件而采用不同的哲学。人们不仅将哲学作为精神信仰，同时将原理和哲学理念应用于实践中。例如，通过观察思考减轻人痛苦的方式，预言家穆罕默德和基督都对减轻人痛苦的生活方式做出了规定，这些方式后来以宗教的形式存在，并希望他们的追随者能够信奉，而这也的确发生了。欧玛尔·海亚姆相信快乐和纵欲的哲学，因此他祈祷追寻快乐。甘地相信精神与道德的生活，因此他的非暴力哲学宣扬节制、怜悯、善良、同情心以及生活各个方面的虔诚。因此我们可以得出结论：哲学是时代和情境的产物，来自于人们的经验，并与其生活的社会时代和条件相关。

哲学也与科学紧密联系。科学关注自然、生命、动物和人类这些实体，这些构成人类经验的原材料。科学体现了人类与这些实体的交流与经验，最终以哲学的形式存

① K K SHRIVASTAVA. Philosophical Foundations of Education [M]. Published by Madan Sachdeva for Kanishka Publishers, Distributors, First Published, 2003: 3.

② K K SHRIVASTAVA. Philosophical Foundations of Education [M]. Published by Madan Sachdeva for Kanishka Publishers, Distributors, First Published, 2003: 3-4.

在。人类的核心思想以哲学和科学两种形态存在，学生必须同时学习科学和哲学才可以懂得并理解自然和人类现象中的真理。因此，合理的教育目标是由哲学和科学支撑的，这些目标是现实生活中的人们所追寻和想实现的，其与环境和情境相关，涉及政治的、社会的、经济的和精神的方面。这些环境与情境调节我们的思考方式，并对我们的真理观和现实观有很重要的影响。

二、何谓教育

在拉丁语中，“Educatum”的意思是训练。“E”的意思是从内部，而“Duca”的意思是“引出”或“带出”。将二者结合起来，就是“从内部引出”的意思。因此，“教育”的本义是“从内部带动、引出”。每一个儿童都与生俱来拥有一些天生的特性、能力和内在的力量。教育将这些因素引出并使其充分发展。因此教育是一个发展的过程。在教育历史的发展进程中，关于教育的理解有狭义和广义的区分。

从狭义上讲，学校教导才叫教育。在这个过程中，社会中的长者通过在某一特定时期内为学生提供事先架构好的知识，努力达成事先确定的目标，目的是为了让学生的智力得到发展。在这个过程中，老师充当最重要的角色而学生位于从属地位。老师应该向学生灌输易接受的知识。很明显，通过这样的教育方式，学生的人格还不能得到健全的发展，因为这样的教育方式从某种意义上扼杀了学生的自然发展，因此不利于其未来的生活。尽管如此，学校教育还是具有其自身价值，通过学校教育有目的地将文化传给下一代，使下一代能够了解前面的文化发展，并通过努力使得文化得以进步。

从广义上讲，教育不仅仅是教师向学生传授知识或儿童获取知识，而是人格的全面发展，教育应对个人的一生产生影响。因此，教育是一个过程，在这个过程中，个人在自由和无拘束的环境中根据其本质发展自身。这是一个终生的成长和发展的过程，不局限于时间、地点和个人，任何给予学生经验的人都是老师，任何发生教授与接受的地方都是学校。每个人一生当中都会通过各种经验和活动学习，所有这一切都是教育。同时，作为贯穿生命始终的活动，教育是一个动态的过程，教育会根据情况和时代的变化而变化。

在对教育的理解中，值得我们关注的是 Adams 的二极过程（The Bipolar Education）理论和杜威的三极过程理论（Tripolar Process）。① 根据 Adams 的二极理论，教育过程具有如下的特征：①教育是一个二极过程，在这个过程中，一种人格作用于另一种人格以修正他人的发展。②这个过程不仅是有意识的而且是故意的，教育者修正受教育者发展的目的很清晰。③对接受教育者的发展进行修正的方式是双重的：a. 将教育者的性格直接作用于受教育者身上。b. 以各种形式使用知识。在 Adams 看来，二极教育有两端。一端是老师，另一端是学生，二者在教育中同等重要。在教育过程中，老师和学生之间存在积极的交流与合作是教育过程得以顺利有效进行的必要条件。

与 Adams 相似，杜威也视教育为一个发展的过程。但二人之间存在差异，Adam 强调老师和孩子的重要性，而杜威注重从社会观点出发。因此，依据杜威的观点，教育

① K K SHRIVASTAVA. Philosophical Foundations of Education［M］. Published by Madan Sachdeva for Kanishka Publishers，Distributors，First Published，2003：8-9.

有两个层面：①心理学层面和②社会学层面。他认为对学生的教育应当因材施教，同时学生不会在真空中发展。学生只有在社会中才会得到发展，老师和学生都生活在其中。社会决定教学的目标、内容和方法。这样一来，教育包含三极，它们是①老师、②儿童、③社会。这三个因素积极配合，在教育过程中发挥有效的作用。

目前的现代教育观念对教育的理解逐渐形成了共识，主要的特征如下①：

(1) 教育的意义是要学生在社会环境中发展天生的能力。不再将孩子的头脑视为容器而教育是将现成知识灌输到孩子头脑中的过程。现代教育强调根据社会环境中天生的能力，追求思想的发展。

(2) 现代教育的目标不再一味强调学术和智力的发展。它还重视人格其他方面的培养。例如身体方面、情感方面和社会方面的发展。

(3) 现代教育的课程表不再只强调促进智力发展的课程，它要求摆脱老的课程表的僵化体系，因此，现代课程表应该是灵活、多样、进步的，应适应儿童发展和不断变化的社会。

(4) 现代教育的教学方法拒斥“填鸭式”教学和死记硬背，提倡有活力和有效的方法，如游戏法，边做边学，依据经验学习，等等。这些方法能激发学生的能动性、兴趣和注意力。

(5) 现代教育的纪律观念不再强调惩罚的重要性，认为旧有的纪律观是高压式的，应予以抛弃，应转向对学生自律的培养继而形成自然服从。

(6) 现代教育认为考试应将技术评论和考查结合起来。方式包括目标测试、进度报告、采访和实践面试等。

(7) 在现代教育视野中，学校不是学生接受教育的唯一机构，所有正式和非正式的机构都可以用于教育。

(8) 现代教育中，教师被看成朋友和向导。学生不再被动接受老师的教授。学生成为中心，整个教育过程都是为了满足他的需求并发展他的天性，他要与老师和同学积极交流以便有效学习，从而促进自身发展和社会发展。

(10) 现代教育将教育作为一门独立学科，需要深入学习、调查和研究。它是人类活动中一个非常重要的过程，有自己的特点和要素。

可见，现代教育重视学生的主体地位，强调学生综合全面的发展，同时，学习不再被视为仅仅是智力的发展和知识量的增加，而更加关注学生在与实际世界的接触中所获得的实际经验。因此，教育是一种自我活动，这种自我活动将内心活动与经验重建融合起来，以便使人类更适应生活世界的实际情况。这些教育理念的思想基础无疑与哲学密切相关，因为人总是希望教育自己或者依据自己的人生观对自己的行为做出必要的修正和调节。

三、教育需要以哲学作为基础

通过前面的论述，我们可以看到在哲学和教育之间有着密切的关联。哲学作为思想、理念层面的存在成为教育的思想基础，而教育作为实践层面的存在体现着哲学的

① K K SHRIVASTAVA. Philosophical Foundations of Education [M]. Published by Madan Sachdeva for Kanishka Publishers, Distributors, First Published, 2003: 15-16.

精神和思想。因此，在某种意义上而言，哲学与教育的关系就是一种理论与实践的关系。无论是对教育的含义和范围的理解，还是教育中涉及的层面的理解以及现代教育理念的确立，都深深地受到了哲学思想的影响，打上了哲学理念的烙印。

纵观历史上伟大的教育家（同时也是伟大的哲学家）的教育思想，我们会发现，他们的教育体系或思想会突出地反映他们的哲学思想。在柏拉图的理念论和他的教育培养体系、哲学中的经验主义和教育中的百科主义、卢梭的反社会哲学以及他所持有的自然教育、斯宾塞的享乐主义和他的教育思想、美国的实用主义以及教育中的工程项目方法之间存在着密切的关联。许多伟大的哲学家都在从事教育方面的著述，如柏拉图、亚里士多德、阿奎那、洛克、卢梭、康德、赫尔巴特、斯宾塞、尼采、杜威、罗素等。[①] 他们的教育理论从他们的哲学思想中获益良多。正如有的学者指出的，没有哲学，教育艺术本身决不会完整清晰。杜威在《民主与教育》一文中主张，哲学最深刻的定义就是最广义的教育理论。卢梭断言，我们真正的学习是人类的命运。斯宾塞说，真正的教育只被真正的哲学家实践。Gentile 在《教育改革》一文中已经提醒我们，当人们相信不关注哲学也可以继续教育时，意味着对教育真正本质的错误理解。穆勒曾说，当一个理论的基础宽度不够时，对其上层建筑进行修改几乎不可能。仅从几个确定现象的因素建立一门科学，然后按照常规实践或进行猜想，是缺乏哲学思想的表现。教育的发展亦是如此，它需要哲学作为宽广深厚的思想基础。

教育依赖于哲学的主要原因如下：

（1）哲学决定教育真正的使命。教育是有意识的动态过程，需要合理的指导和监督。没有合理的指导和监督，教育不能达成目标。哲学决定生活的目标，并且为使教育实现这一目标提供合适有效的指导和监督。没有哲学家的帮助，教育不会是成功的发展和实现过程。斯宾塞给予了准确的评论："真正的教育只能通过真正的哲学实现。"

（2）哲学决定教育的各个方面。有些学者认为哲学仅仅与抽象事物和概念有关，而教育才与实际、具体的事物和过程相关。因此二者是有区别的，并且彼此没有联系。这种观念是错误的。哲学和教育完整而紧密地联系在一起，任何情况下二者都不可能分离。我们必须知道，哲学从一开始就影响着教育的各个方面，随后将对教育持续产生影响，哲学和教育就像同一枚硬币的两面，代表着同一事物的不同观点，彼此互相关联。

（3）伟大的哲学家同时也是伟大的教育家。历史已经充分证实，伟大的哲学家也是他们那个时代伟大的教育家。苏格拉底、柏拉图、卢梭、杜威等其他伟大哲学家都讨论过教育。一直以来，他们的哲学理念深深影响着世界各地的教育发展，对教育计划和教育目标具有内在的指导作用。从某种程度上而言，教育是哲学家将自己的哲学思想转化为实践的手段。因此，哲学家也异常关注教育的发展。

（4）哲学是教育实践的思想基础。哲学处于思想领域，教育属于实践领域，教育践行了哲学的理念，是哲学的动态层面。哲学决定生活的目标，并通过分析确定实现既定目标所要遵循的原理，教育将这些原则和理念转化为实践来塑造人的行为。

哲学与教育的密切联系还可以通过哲学与教育的目的、哲学和课程、哲学和教学

① （美）奥兹门，克莱威尔. 教育的哲学基础［M］. 7 版. 石中英，邓丽娜，等，译. 北京：中国轻工业出版社，2006：2.

法、哲学和训练、哲学和教科书等更为具体的内容来凸显。①

（1）哲学和教育的目标。对每一个教育问题的回答最终要受到我们的生活哲学的影响。每一个教育系统都必须有一个目标，而教育的目标是与生活的目标相关的。哲学表述生活的终极目的，教育则告诉我们如何实现此目的。哲学帮助我们认识生活的价值，而教育告诉我们如何实现这些价值。这就是为什么我们在考虑学校课程的特性、学校训练的方法、教学技巧和学校组织时，如此重视生活的价值。对这些价值的分析促进了我们对人生哲学的理解。在教育过程中，哲学赋予所做的一切事情以意义。我们必须有明确的教育目的，以便对各种教育活动提供指导。教育的目的与生活的目的相关，生活的目的又总是依赖于个人在某一特定时期的哲学观。因此，没有哲学基础的教育是行不通的。哲学的变化总是最终会引起教育目的的相应变化。

（2）哲学与课程设置。没有任何地方比课程设置更能体现教育对哲学的依赖性。斯宾塞在他的著作《教育》的第一章中主张在确定课程设置时，我们首先需要根据重要性进行分类，看哪些活动能够引导人类的活动。没人会反对这一原则。我们首先要确定科目的相对价值，根据它们的重要性进行排序。但在确定价值和排序时存在着不同的观点，有学者认为应将道德权威视为课程设置的主要指导，而道德权威来源于对与错的基本原理；依据斯宾塞的观点，课程的设置应该基于主要的人类活动，应根据科目的重要性赋予相对价值；根据自然主义学者的观点，现在的经验、活动和兴趣应该是主导因素；而在理念论看来，学生现阶段的和未来的活动在课程建设中根本不重要，在决定课程设置时，应当首先考虑科学与人类的经验。理念论者不会认为一门课程比另外一门课程重要；实用主义者强调实用原理为课程设置的主要标准。Lodge 在《教育哲学》一文中写道："所有课程表里的科目都是为了发展技能以便解决新问题，而不是训练记忆力以便能够完美地复制系统内容。"② 实在论者认为书本式的、抽象的或复杂的课程设置无用，他们的注意力在于现实生活，强调自然学科的重要性。可见，哲学在教学课程设置中具有重要的影响。Briggs 在探讨课程设置问题时指出："教育非常需要领导具备健全的哲学观，能够使他人信服，并可以持续不断地将哲学理念合理地应用到课程设置中来。"③

（3）哲学与教科书。与课程设置紧密联系的一个问题是采用合适的教材，这也涉及哲学。正如 Briggs 最近在《课程设置问题》一文中提到的那样："每一个熟悉教材采用的人都必须认识到理想和标准的作用。它们还没有被用于实践的原因与课程设置改革进展缓慢的原因是一样的：它们必须置于一套完整一致的教育哲学之下。"④ 如何选择合适的教科书包含着深厚的哲学思想。在挑选教科书时，我们必须有一些理想原则和标准。教科书的内容应与教育的目标一致，它同时也表明老师需要了解的知识和学

① K K SHRIVASTAVA. Philosophical Foundations of Education [M]. Published by Madan Sachdeva for Kanishka Publishers, Distributors, First Published, 2003: 22.

② K K SHRIVASTAVA. Philosophical Foundations of Education [M]. Published by Madan Sachdeva for Kanishka Publishers, Distributors, First Published, 2003: 25-26.

③ K K SHRIVASTAVA. Philosophical Foundations of Education [M]. Published by Madan Sachdeva for Kanishka Publishers, Distributors, First Published, 2003: 26.

④ K K SHRIVASTAVA. Philosophical Foundations of Education [M]. Published by Madan Sachdeva for Kanishka Publishers, Distributors, First Published, 2003: 27.

生需要学习的内容。确实，一些现代教育思想家反对所谓教科书专政，即形式上的项目和具体工作单元都要遵从。但是离开教材确实是不明智的，而继续反对其使用就是教育失误，不过教材的选定需要以哲学作为指导。

（4）哲学和教师。哲学对教师的思想和行为有着巨大影响。“人类的大多数都从事着实际活动，而在他们的实际活动（或在他们的行为的指导路线）中又都暗含着一种世界观、一种哲学的范围内，都是哲学家”。[①] 对教师而言，这一点尤为明显，教师不仅仅是老师，他也应是哲学家。教师必须记住，他的信念、意识、行为准则会对学生的发展产生很大影响。所以，他必须能够很好地理解生活哲学，并从中提取良好和健康的元素以形成自己的哲学。而且，他必须拥有崇高理想和道德与精神价值以塑造自己的性格和行为。他也必须充分认识到国家在各个领域的需求并设计教学活动以满足这些需求。教师只有充满崇高理想和道德精神价值观，并且对国家繁荣昌盛和荣誉富有责任感，才能培养出爱国的、有活力的、机智的、有进取心的学生。

（5）哲学与教学法。哲学对教学法也有着重要的影响。现在的教学法中存在的激烈讨论是：教师应该多大程度介入教育过程。对这一问题的回答无疑与哲学相关。有的观点认为：完全不需要老师的介入，原因在于学生的天赋或其所处环境。卢梭、费希特、Froebel 都认为儿童的天性是最好的，任何介入都是有害的，因此产生了卢梭主张的“消极的”或预防性教育和 Froebel 主张的“被动”教育。Montessori 采用自然主义观点，认为环境构成完美的教学器具，能激发学生的正确反应能力，老师的介入是没有必要的。Kilpatrick 使用“教育哲学”一词表明教学法和哲学之间存在紧密联系。方法是学生和学科之间的传播媒介。但如果缺乏确定的教育目标或恰当的人生哲学，老师采用的教学法会使学生和学科脱离。如果老师认为可以没有人生哲学，他们的教学法就无效，因为学生不会看到他们的生活理想和书本内容之间的联系。很明显，教育的哲学基础很重要。认为可以忽视哲学的教师将为此付出代价。

（6）哲学与纪律。在学校教育中，纪律更直接地反映一个人先入为主的哲学观念或一个时代的特征。斯宾塞对这一关系做出了很好的表述：“成功的教育系统和成功的社会地位一定是共存的。它们来源于共同的自然思想，每一个时代纪元的建立，无论是什么样的特殊功能，都必须具备相似性。在暴政时代，必然会产生同样严厉的学术纪律，违反每一条都会受到相应的惩罚。政治自由的增加，限制个人行为法律的废除也是与非强制性教育同步发展的。这样的环境下，对学生的限制更少，使用非惩罚手段管理学生。”[②] 事实上，纪律的本质总是受控于一个人的哲学信仰。自然主义坚持学生的绝对自由，它强调个人主张，反对社会合作；实在论者希望将学生训练为遵循客观原则的人；理念论依赖老师的个性，以培养学生的主观能动性为目的，但也保持纪律性；实用主义不将外在纪律作为学校教育任务之一，它给予学生全面自由，并强调兴趣的教育价值，认为兴趣是学生经验的、生物的和社会的本质。因此，纪律问题与哲学紧密相关，并且老师或教育机制所持有的纪律观总是受其哲学观影响的。

从上面的讨论可以看出，教育的不同方面都需要哲学基础。作为人类，我们必须

---

① （意）葛兰西. 实践哲学［M］. 徐崇温，译. 重庆：重庆出版社，1990：27.

② K K SHRIVASTAVA. Philosophical Foundations of Education［M］. Published by Madan Sachdeva for Kanishka Publishers，Distributors，First Published，2003：29.

要拥有生活和教育的哲学。即使是那些声称没有生活哲学的人，事实上也都有自己的哲学观，只是没有意识到而已。教育中不同派别的分歧事实上体现了其哲学观点的不同，哲学对于教育是不可或缺的基础。伟大的教育家努力将他们的哲学观作为他们教育理念的基础。正如I. E. Miller在《教育作为生活的需求》中指出的那样，"一个人对待生活的态度是其所持关键教学观点的一个决定性因素。"① 在教育发展中，一定要重视哲学的这种全面而深刻的影响，只有这样，教育发展才会具有坚实的思想基础，也才能体现其道德和精神价值层面的永恒意义。

① K K SHRIVASTAVA. Philosophical Foundations of Education ［M］. Published by Madan Sachdeva for Kanishka Publishers, Distributors, First Published, 2003: 31.

慈善动机探讨

陈丹丹　胡军方

【摘要】慈善动机激发慈善行为，而慈善动机受人性因素、文化因素与社会因素的影响。人性中的仁爱与同情奠定了慈善的人性基础，普遍的慈善行为依赖于此。仁爱与同情得到了传统文化的阐发与加强，传统儒家的仁爱沉淀为民族文化心理。当前社会的慈善动机受到社会结构、收入、政府与慈善组织的影响。

【关键词】慈善　动机　仁爱　同情

作者简介：陈丹丹，1982年生，女，硕士，西南民族大学法学院助理研究员；胡军方，1980年生，男，博士，西南财经大学马克思主义学院讲师（成都，611130）。

慈善既表现为扶危救难，也表现为促进公益的活动。达到这些目的，需要社会捐赠和志愿行动。引发这些行为的动机通常认为是出于仁爱、善心与同情。当然不排除出于功利的目的来做慈善，但是社会普遍认可出于对他人与社会的仁爱的慈善行为。慈善行为的仁爱动机受哪些因素影响，这是一个值得探讨的问题。这关系到慈善动机的供给，并影响人的慈善行为和慈善目的。

一、人性因素

慈善被认为闪烁着人性的光辉。慈善具有明显的利他特征，慈善的利他性被认为是人性中的一个本质部分。孟子说："无恻隐之心，非人也。"西塞罗说："没有什么比仁慈和慷慨更能够体现人性中最美好的东西了。"① 哈奇森认为，人性中存在着一种类似于外部感官的道德感，引发利他的行为。斯密也认为人性中存在着怜悯与同情的倾向。

如果确实如上述哲学家所说，似乎可以得出人性本善的结论。人的慈善行为，出于人性本善，这似乎不用过多的解释就可以明白了。但在人性本善的对立面，一些哲学家提出了人性本恶的观点，比如荀子、霍布斯与曼德维尔。那么，人性本善还是人性本恶呢？这是一个非常困难而复杂的哲学问题，纠缠这个问题可能会偏离我们对慈善的讨论。这里关注的是，慈善与人性中利他的倾向是否联系在一起，这种联系是如何可能的。利他的主要对象是陌生人，这种利他倾向在人性中是否有仁爱动机资源，或者说人性的基础；如果有，这种动机发生的机制是怎么样的，这些是要考察的问题。

---

① 西塞罗. 西塞罗三论［M］. 徐奕春，译. 北京：商务印书馆，1987：110.

慈善这种利他行为与仁爱动机是直接联系的，对仁爱动机的解释可以借助同情来说明。同情激发仁爱动机，进而产生慈善行为。对于慈善中同情的考察从两个方面展开，即哲学的方式与科学的方式。首先关注哲学的方式。从14世纪到17世纪中叶，同情只是作为两个事物之间的同类或密切关系，并没有运用于人们情感之间的交流。在17世纪后期，英国的加尔文主义清教徒认为，人的本性是邪恶的、不道德的，这种观点得到了霍布斯的哲学观点的支持。霍布斯阐述了人的行为的心理机制，认为人的本性是自私的，人类的一切行为最终都来自自私的情感。为了反对清教徒和霍布斯的观点，当时的思想家受到霍布斯的影响也对人类的心理进行了分析。他们认为，同情和怜悯这些情感的存在，证明了并不是所有的情感都是导向个人的自我利益的，因为这些情感是以他人的利益为目的的。对他人的同情被认为是我们仁慈本性的一个清楚的标志。这个时期主要的观点是把同情和怜悯、仁慈联系在一起，同情具有非意愿和被动的特征。

在18世纪，同情成为了宗教和道德哲学中一个常见的主题。沙夫茨伯利（Shaftsbury）把同情的积极作用引入到他自己的情感主义的道德观中，强调了自然感情和社会生活的愉悦性。沙夫茨伯利不再集中于怜悯和怜惜中悲伤和悲哀的同情的交流，而是看到了社会中愉悦的感情交流是快乐的一个主要来源。巴特勒（Butler）放弃了从本能的、非反思的同情来说明怜悯，他认为怜悯是对他人福利的关注，他使用想象的替代来解释怜悯。当我们把自己放在他人的处境中，我们会感到一种和他人类似的情感。这样就不需要诉诸本能的、自动的同情，想象的替代就是一个有意识的、反思的过程。[①] 但是，巴特勒并没有解释清楚我们是如何获得关于他人的情感的一个知觉或感觉的。

休谟之前的哲学家已经开始了对人类活动的心理学研究，并且把同情引入到伦理学和情感的研究之中。休谟在对情感和道德的分析中涉及了同情，他对同情的使用显示出了独特性。首先，休谟认为同情是我们人性的一种性质或倾向，通过同情我们可以传达和接受他人的心理倾向和情感。其次，对他人情感的知觉是依据印象与观念，通过想象而发生的。休谟认为这就是同情的本性和原因，同情“只是一个观念借想象之力向一个印象的转化”[②]。“每当我们发现其他人的意见和感情以后，我们就以这个方式那样地深入到这些意见和感情之中去。”[③] 最后，同情不是某种情感，而是产生情感的一种机制和能力。同情不是怜悯，也不是爱或恨，但通过它可以传达憎恨、愤怒、尊重、爱情、欢乐、忧郁等情感。休谟把人们的心灵比作互相反映的镜子，一个重要的原因就是通过同情，我们的心灵不仅反映了人们的情感，而且还具有了和他人相同或相类似的情感。前者更多的是一个认知的过程，借助于因果推理；后者更多的是一个情感传递的过程，这个过程是自然的，立足于我们的人性倾向。

在休谟那里，已经涉及了同情的两个特征，一个是情绪性，这被表述为移情或共感；一个是认知性，这被表述为同理。就休谟自己的分析而言，他更多地关注了同情的情绪性特征以及其发生的机制。休谟的缺点是过多地把同情和苦乐感觉联系在一起，

① HERDT J A. Religion and Faction in Humen's Moral Philosophy [M]. Cambridge, U.K.: Cambridge University Press, 1997: 35.

② 休谟. 人性论（下）[M]. 关文运，译. 北京：商务印书馆，1980：465.

③ 休谟. 人性论（下）[M]. 关文运，译. 北京：商务印书馆，1980：355.

而且对于同情的认知特征有所忽视。这些问题受到了之后的斯密的批评与修正。斯密的修正表现在其从观察者的角度突出同情的认知特征，提出了观察者设身处地与换位思考所获得的合宜情感。“旁观者的同情心必定完全产生于这样一种想象，即如果自己处于上述悲伤的境地而又能用健全理智和判断力去思考（这是不可能的），自己会是什么感觉。”① 同情的这两个特征都和利他倾向有关联，而且这两个特征本身也是相互关联的。按照休谟的分析，同情的情绪性特征会产生出避免痛苦的厌恶和追求快乐的欲望，这些情感直接就引发了相应的利他行为。休谟的此种利他情感的产生在面对陌生人时会受到阻碍，这表明单纯依靠人性的同情原则难以绝对促成利他动机与倾向，这就需要外在的社会因素对这些基于同情而产生的利他动机进行强化与培育。同情的认知特征，特别是道德认知与道德评价，可以增强同情的利他动机，获得道德上的认可与赞同，可以与作为利他的情绪化动机相结合，利他的倾向得到增强。

以上这种哲学的考察方式表明了人性中的确存在慈善的利他因素，一些哲学家对此给出了理论的分析。而科学的方式就是在理论分析这种哲学的方式上，进一步获得科学的实证，使人性中的慈善利他因素真实地呈现出来。当然，科学的方式以更清晰和细致的特点把这种利他的可能性呈现出来的同时，也把同情中存在的难题表露无遗。

我们把科学的方式集中于心理学与社会认知神经科学（SCN），追问哲学分析所表明的同情与利他的关联能否得到科学的支持。20 世纪 80 年代，心理学家艾森伯格（Eisenberg）发现同情与亲社会行为之间存在某种程度的相关性，指出同情在紧急情况下对产生利他动机起着主导作用。巴特森（Batson）提出了“同情—利他假说”，认为当人们对需要帮助的人产生强烈的同情心时，会提供无私的帮助。这些心理学家都承认同情与利他的关联，同时指出了同情的两个特征在利他行为中的作用与受到影响的因素。这些心理学事实可以得到科学的证据吗？这涉及两个相关的问题：一是大脑感知他人感受在神经层面的证据，这关系到移情；二是同情中认知与评价性的神经证据。进一步而言，移情与同理是否有可以整合的神经机制。

针对第一个问题，社会认知神经科学利用功能性核磁共振成像（FMRI）的一系列研究成果，发现了移情或同感的神经基质，表明在感受与观察到他人受到相同刺激时的脑区活动出现相当程度的重叠。以疼痛为例，疼痛激活了双侧前脑岛、前喙扣带皮层、脑干和小脑。脑成像显示，当我们观察他人疼痛时，体验他人此种情绪的上述脑区被激活。研究者发现，观察他人疼痛时，被试的前脑岛、前扣带皮层活跃程度与自我报告的同感强度呈正相关。“基于此，研究者提出同感是同感者与他人‘分享同一种神经网络’的假说，以解释同感发生的神经机制。”② 由此可见，SCN 的实验已经初步表明，人类的同感具有相同的神经基质与机制。

针对第二个问题，SCN 发现，在试图理解他人的意向和信念，即做认知换位思考时，大脑的内侧前额叶、颞极、颞上沟、颞顶联合区等区域活动明显。换位思考既涉及对环境的认知，又依赖个体以往的经验，这些因素在同理过程中有其对应的脑区与脑区功能。依据米歇尔（Michell）等人的研究可以发现，在推测与理解他人心理状态

① 亚当·斯密. 道德情操论［M］. 蒋自强，等，译. 北京：商务印书馆，1997：9.
② 葛岩，等. 人类何以能“读心”［N］. 中国社会科学报，2012-11-12.

时，如果发现并相信对方与自己类似，内侧前额叶的腹部更加活跃。① 这个研究印证了休谟的观点，休谟认为同情会受到关系的亲疏远近、与自己是否类似等因素的影响。

近年来的SCN已经发现，情感与认知在利他行为过程中存在交互作用。在同感与同理两种条件下，内侧前额叶、颞极和颞顶联合区都有激活。SCN的证据支持了以前的哲学家与心理学家关于同情的两个特征的观点，同时也表明，同情中的移情有更明显的他人取向，更可能形成利他动机。

二、文化因素

以上的论述表明，中西方的哲学家与思想家都把仁爱与同情当成基本的人性，这种观点不仅得到了现代心理学的支持，而且也获得了当代社会认知神经科学的支持。仁爱与同情虽然可以激发慈善的动机，但并不必然就产生慈善行为，前者只是产生后者的一个必要条件。人性中的仁爱与同情本性，如果和具体的文化相结合，就能够加强仁爱的动机。因此，文化对于仁爱动机有着重要的影响。西方慈善意识与慈善行为，很大程度上与西方文化特别是宗教文化紧密相连。在此，我们把关注点主要放在中国传统文化特别是儒家对于慈善动机的影响上。

儒家把仁与爱相结合，"仁者爱人"。仁爱的对象首先是有所指的，所指的对象由关系的亲疏远近而规定。"仁者人也，亲亲为大"，"孝悌也者，其为仁之本欤"，"泛爱众"，"亲亲，仁也"，"亲亲而仁民，仁民而爱物"。实现仁爱的途径或方法是忠恕之道，采取推己及人的方式。"夫仁者，己欲立而立人，己欲达而达人。能近取譬，可谓仁之方也"，"夫子之道，忠恕而已矣"。忠恕之道在心理情感上表现为恻隐之心，恻隐之心是仁的本源。"人皆有不忍人心者，今人乍见孺子将入于井，皆有怵惕恻隐之心。非所以内交于孺子之父母也，非所以要誉于乡党朋友也，非恶其声而然也。由是观之，无恻隐之心，非人也；无羞恶之心，非人也；无辞让之心，非人也；无是非之心，非人也。恻隐之心，仁之端也；羞恶之心，义之端也；辞让之心，礼之端也；是非之心，智之端也。人有是四端也，尤其有四体也。"以这种心理情感作为基础，产生仁爱的行为并且在政治上实行"仁政"。这些过程实际上契合修身、齐家、治国、平天下的发展规律。

从心理学角度而言，仁爱动机，比如爱人、恻隐之心、不忍之心，其产生与形成的基础是家庭之爱。儿童是在受到父母关爱的环境中学会爱的能力的，孟子说孩提之童会敬爱父母，其前提是儿童在充满关爱的家庭环境中成长。如果缺少关爱的家庭氛围，儿童爱的能力就会受到影响或阻碍，进而影响儿童关爱他人。因此，儿童对于他人的爱有着一个天然的次序，也就是表现为"亲亲""仁民"的差别。从这一点上而言，儒家关于仁爱情感或动机的论述是合理的。

儒家不仅是要说明人具有此类的仁爱情感，而且重点是放在人要保持、扩充、提升这种情感，进而成为具有仁爱德性的人，成为仁者。具有仁的品性的人，具有强烈的仁爱动机，而且仁爱成为了一种道德要求，在实践中更容易产生利他的行为。"里仁为美"，"仁者安仁"，"仁者以其所爱及其所不爱"。具有仁德的人，其仁爱动机总是合理的，能够恰当地表达对他人的爱，由此而做出的行为也总是道德的。由此观之，

① 葛岩，等. 人类何以能"读心"[N]. 中国社会科学报，2012-11-12.

仁者不仅具有稳定的利他情感，而且这种情感总是适宜的。对仁的品质的追求也就强化了仁爱的动机。

成为仁者的道德追求是从个体内部生发的，“能近取譬”、“为仁由己”，体现为推己与尽己的忠恕之道。推己是“己所不欲，勿施于人”，“己欲立而立人，己欲达而达人。”朱熹对于“推己”的解释是这样的：“近取诸身，以己所欲譬之他人，知其所欲亦犹是也。然后推其所欲以及于人，则恕之事而仁之术也。”① 这个从内部生发的基础是人的情感，具体到仁爱动机也就是“恻隐之心”、“不忍之心”。通过这种情感的推演，从内部生发而达至仁爱他人。当然，从成为仁者的角度而言，情感的推演是其心理层面，在生活实践中也有相应的要求以落实这种情感，“弟子入则孝，出则悌，谨而信，泛爱众，而亲仁。行有余力，则以学文。”②“亲仁”表明，一个人在家要行孝悌，进而泛爱众，通过这些德行的践行才可以成为一个仁者的基础。“学文”是在德行实践的基础上，进一步学习圣贤之成法，明白事理之当然，从更高的层次达到仁的要求，成为仁者。因此，从个体内在生发的仁爱情感，在实践中通过德行以实施忠恕之道，以成为仁者的目标或价值认同来强化作为仁爱利他动机的情感。

儒家的“忠恕之道”、“恻隐之心”可以激发仁爱的情感，但是这种仁爱情感与爱人利他的慈善动机还是有所区别的。在儒家那里，爱他人这种情感是属于仁的范畴，这种对于一般人的情感与具体而特殊的对于家人的情感是联系在一起的，这种联系在现代的慈善利他动机那里是缺乏的。儒家的观点契合了爱他人的情感的产生需要一个爱的家庭环境，并且要体现在日常德行中。儒家对德行之践行和成为仁者的论述是非常合理的，这可以给仁爱动机提供一个持久的动力。儒家对于仁爱的论述既包含了爱他人的情感，同时也包括了要具有仁的品性，成为仁爱的人。现代爱人利他的慈善动机，忽视了其形成的家庭环境和日常践行，更有甚者是忽视了要成为一个仁者，这实际上是不利于利他动机的培育的。当然，现代慈善利他正确地区分了特殊的仁爱与一般的仁爱，并且重视和提倡一般的仁爱。

具体到爱他人与利他动机的展开，问题就变得复杂起来。孔子的忠恕之道是以自己的内在欲求作为出发点的，在推己与尽己的过程中有可能面临他人的实际欲求是什么的问题。自己的欲求，有可能和他人的欲求相一致，也有可能和他人的欲求不一致。当然，推己与尽己是在排除了自己私欲的前提下进行的，但是这也不能否定有和他人欲求不相一致的情况。在这种矛盾的情况下，如果完全从自己的角度出发，就有可能忽视了他人的需求。而且，这个过程在仁的道德合理性下，忽视他人的欲求反而成为了道德上允许的事情。这种可能性的存在，就会使得仁爱与利他出现矛盾，客观而言达不到仁爱的目的。因而，利他的慈善动机就不能完全以自己作为出发点和标准，达至利他的目的就要先考虑他人的欲求，在满足他人欲求的情况下实现利他。当然，这里还存在一个认识论上的问题，那就是要知道他人的欲求在理论上存在一定的难度。我们会说“人同此心”，从自己的角度来推论他人的欲求是可行的。但是，在一个多元的社会下，个人之间的欲求肯定会呈现出差异。这种情况的存在给忠恕之道提出了问题，单纯从内在的角度要求自己不一定符合利他的目的。

① 朱熹. 四书章句集注［M］. 北京：中华书局，1983：92.

② 彭定光. 慈善是一种公共责任［J］. 广西民族大学学报：哲学社会科学版，2008（4）.

以“恻隐之心”而言利他，这就涉及同情与利他的关系。同情的过程受到人的关系的亲疏远近的影响，也就是说，对与己关系亲近的人，更容易发生同情，而且激发的情感也更强烈。反之，对与己关系疏远的人，同情的发生就要弱化，激发的情感也就没那么强烈。从同情激发的情感作为利他动机的角度看，利他行为也会受到关系亲疏远近的影响。儒家的“爱有差等”的观点与上述情况是相符合的。但是，现代的慈善行为要避免这种情况，对需要帮助的他人给予平等对待。同情除了受到关系远近的影响外，还要受到具体情境的影响。如果外在环境刺激不够或者过度，基于同情而产生的情感，要么不够要么太强，这两种情况都难以产生利他行为。有的学者据此认为，儒家的“恻隐之心”的仁爱情感，其产生需要一定的条件，是情境型与情感型的，受外界刺激而推动，是从外部促成的，基于此情感而实施的行为是被动的慈善行为。这种仁爱情感与现代慈善意识是不相同的，会阻碍慈善行为的产生。[①] 这些学者正确地看到了基于同情而产生的恻隐之心的不足，以责任的要求来强化利他动机以促成慈善行为。但是，从我们对成为仁者的论述看，利他动机不完全是基于同情的，它是在家庭之爱的氛围下的主动表达，同情是实施利他的一种机制。

从以上的论述可以看出，儒家对于利他的慈善意识有着积极的影响，同时又有些消极影响。成为仁者的践行与追求给予利他动机以持久的动力，而在此过程中，这种动力会受到同情的不利影响而削弱。

三、社会因素

慈善动机中的人性因素与文化因素是内在的，人性因素是基础条件，文化因素则沉淀为民族的文化心理。这些内在因素会受到外在因素的影响，因而慈善行为也会受到社会因素的影响。

一般而言，现代社会是陌生人社会，而传统社会是熟人社会与乡土社会。传统农业社会自给自足，大部分人满足于温饱或处于生存线上，没有多余的钱财与物资可供捐赠。因此，这个客观的经济条件，限制了慈善行为的实施。收入因素就成为了传统社会的慈善行为受限的一个尤为重要的方面，人与人之间普遍的慈善行为不可能出现。处在生存线上的人们，他们的助人行为与利他行为更多地出现在熟人之间。这个熟人圈子首先是指家庭、家族，像婚丧嫁娶、上学之类重大的事情，就很容易出现家庭邻里之间的互助行为。一些有利于公益的行为，比如修路等，主要是收入较高与家境好的人或家庭进行捐赠，民众对此类人有捐赠的期望，一个重要的考虑因素是那些人收入高，有能力从事此类公益活动。这也就是穷人和富人在慈善活动上的不同。

传统乡土社会收入低这个因素和依据关系这个因素是相互作用的，收入低就限制了利他行为主要在关系亲近这个范围展开，而关系亲近有助于在收入低这种情况下发展利他行为。这些外在的客观因素与人的仁爱与同情情感是一致的。人的同情受到关系亲疏远近的影响，而仁爱首先也是在关系亲近的人之间展开的。人的利他情感的这种特点和外在的客观因素一起，强化了传统乡土社会的慈善动机的对象和范围。这种情况和现代社会慈善主要体现在陌生人之间是不同的，这种情况某种程度上可以说明目前低收入人群特别是农村人口慈善动机不足的一个原因。

① 杨胜良．论儒家慈善伦理的现代转化［J］．道德与文明，2010（1）．

现代社会是陌生人社会，这应该要限定一下，即指的是城市，而农村基本上还是熟人社会。现代城市的社会结构不再是传统乡土社会的家族与氏族，大部分是由核心家庭构成。家庭之间缺少乡土社会那样的自然联系，彼此交流少。在城市的公共生活空间中，人与人之间彼此陌生。城市的这种陌生性特点，给包括慈善的利他行为带来了重要的影响，旁观者效应就是这种不利影响的表现。旁观者基本上是陌生人，旁观者效应是指在有人需要紧急救助时，目睹此情景的人越多，任何一个人出手相助的可能性就越小。这种效应也是对出于同情而产生的慈善利他行为的反驳。这种情况的存在表明了基于同情的情感型慈善行为的慈善动机的局限性。同情对于关系疏远的人的情感反应不会太强烈，因而难以激发慈善动机而产生慈善行为。

这种情况的产生还有更深层次的原因。如以前乡土社会的熟识性，使人与人之间除了更容易发生同情外，其中还有在群体生活中形成的品性，这种品性是符合人与人之间的关系的要求的。在熟识的关系中，相互之间可以产生共同的要求，在实践这种共同要求的过程中形成了利他的品性。而现代社会的陌生性，目前还缺少这种基于共同生活所形成的品性，传统的仁爱德性在逐渐丧失。在这个意义上而言，陌生性特点带来同情不足的问题，而传统品性与仁爱德性的丧失会进一步削弱慈善动机。当我们说现代的慈善是一种义务与责任时，这无疑是正确的。但是，慈善行为的动机还是要受到基于同情的情感和仁爱德性的影响。陌生性特点带来同情不足的状况会进一步受到下述情形的不利影响，即助人者因同情而激发的利他行为给助人者带来不利结果，像南京彭宇案。在陌生人之间本来缺少信任的情形下，助人者因为助人行为反而遭到诬陷，这会极大地打击助人者的利他动机，加强旁观者效应。虽说助人者不是想获得他人的回报，但是对于类似事件的利害得失的考虑肯定会影响利他动机，进而阻碍利他行为的实施。

现代慈善的一个特点是捐赠分离，慈善活动需要慈善组织来实施。慈善组织的效率、透明等因素，对慈善动机有着直接的影响。慈善活动的组织既有政府的参与，还有民间慈善组织的参与。目前，政府在慈善活动的组织上仍然发挥着重要的作用。在面对重大的灾害时，政府能够及时而高效地组织救援，并且能够充分地动员各种力量参与到救助行动中。公众对于政府的救助行为在表达赞许的同时，公众的慈善捐赠行为会受到政府支出的影响，政府支出对公众慈善捐赠行为有“挤出效应”或“挤进效应”。[①] 如果公众关注慈善捐赠总额，而政府有充足的政府支出，那么公众的捐赠动机就会减弱，减少捐赠的慈善行为，这是“挤出效应”。如果政府直接从事慈善活动，在缺少效率和有效监督的情况下，“越位”与“缺位”可能会同时存在，这样“挤出效应”会更加明显。2013 年四川芦山地震发生后，香港社会的捐赠情况就表明了这一点。如果公众关注的是对受助者的影响，政府支出对捐赠行为有“挤进效应”。从政府对于公众捐赠行为的影响可以看出，如果公众关注的是捐赠过程与受助者的状况，其慈善动机是很强的，这说明了情感与品性在慈善动机中的重要性。

慈善组织已经成为了接受慈善捐赠的主体，慈善组织的公信力如何会影响公众的慈善动机。公众对于慈善组织的期待是其能够及时而高效地达到利他的目的，而要达至此目的，则取决于慈善组织本身的公开、透明、效率以及合理化运作，这些构成了

① 周长利. 我国慈善捐赠者行为影响因素研究［D］. 南京：南京师范大学博士学位论文，2012：26.

慈善组织的公信力。如果公众信任慈善组织，那么他们参与慈善的动机更强，因为他们相信通过他们的参与可以让受益人的需求得到满足。如果公众不信任慈善组织，那么慈善动机就会受到影响。不是说公众不关心受益人的利益，而是考虑到受益人的利益不能很好地实现，因而影响了慈善动机。2011年的“郭美美事件”以来，公众通过慈善组织进行捐赠大幅减少，这说明了慈善组织对于公众慈善动机的消极影响。公众对于慈善组织的问责，给慈善透明带来了难题。① 对于慈善组织的不信任与问责，会稀释公众的仁爱情感，而且也给出于非强制性道德义务的慈善动机带来不利影响。

对于慈善动机的考察，首先表明人类在共同的生活中蕴含了慈善的人性因素，人性因素体现在人类的仁爱与同情之中。同情不仅仅只是情感性的，还包括有认知性的特点。同情的这两个特点说明了慈善动机中情感与理性的相互作用。文化因素说明了传统的仁爱情感与仁的德性对慈善利他的复杂影响，这种影响在今天还在发挥作用。社会因素表明了慈善动机受到的现实影响，现实社会条件对于慈善动机有加强或削弱两种不同的影响。总之，慈善动机受到多方面的影响，在认识这些影响的基础上，如何增强公众的慈善动机则是值得思考的另一个问题。

① 孟志强，等. 中国慈善捐助报告［M］. 北京：中国社会出版社，2012：190.

从钓鱼岛争端看中国对外战略的困境

——兼谈新时期中国外交观念的塑造

刘世强

【摘要】自2012年以来，中日之间围绕钓鱼岛问题引发的外交争端持续发酵，成为影响我国周边安全和亚太地区稳定的重要事件。从宏观的战略视野来看，钓鱼岛问题反映了中国对外战略的困境，地缘现实的复杂性、现代化的关键期、发展的将起未起阶段在总体上规定了中国在外交博弈中的基本立场和政策选择。我们需要将具体的岛屿主权争端放到国际政治变局与中国和平发展的大背景下进行考量，树立国际国内互动的大局观，塑造陆海并重的战略观，坚持自信平和的国家观以及培育理性开放的国际观，进而为国家的外交工作和长远发展提供坚实有力的国内支持。

【关键词】钓鱼岛　对外战略　战略困境　外交观念

作者简介：刘世强，1984年生，男，博士，西南财经大学马克思主义学院讲师（成都，611130）。

自2012年以来，中日之间围绕钓鱼岛问题引发的外交争端持续发酵，成为影响中国周边安全和亚太地区稳定的重要事件。从宏观的战略视野观之，钓鱼岛问题是中国海洋争端的一个组成部分。事实上，从黄海到东海，再到南海，中国与周边国家存在大片领土主权和海洋权益的争议。如何客观看待和冷静分析这些海洋摩擦，不仅关系到我们探寻岛屿争端的解决之道，而且对于维护中国发展大局，进而实现民族复兴也具有重大的现实意义。

一、钓鱼岛问题的博弈与出路

从20世纪70年代以来，钓鱼岛的主权归属一直是中日之间悬而未决的问题。尽管双方不时发生人员登岛、抓扣渔船等偶发性事件，但中日两国政府大体维持了“搁置争议”的政治默契。新一轮的钓鱼岛冲突发端于日本单方面挑起的购岛闹剧。2012年4月16日，日本著名右翼分子石原慎太郎宣称东京都政府决定从私人手中购买钓鱼岛，并在日本社会发起了购岛的募捐运动。7月6日，日本中央政府计划在年内实现钓鱼岛的“国有化”。9月11日，日本政府不顾中国政府的强烈抗议，与钓鱼岛所谓“土地权所有者”栗原家族正式签署了岛屿的“买卖合同”，从而引发了中日两国的外交对峙和升级。日本执意挑起此次钓鱼岛争端，主要源于以下几个方面的原因：

第一，日本政治右倾化、社会保守化。2009年，日本民主党上台执政，终结了自民党长期“一党独大”的政治格局，开启了真正意义的多党制时期。然而，自上台以来，民主党的执政业绩乏善可陈。在政治上，政党轮换并没有改变内阁频繁更替的“顽疾”，“一年一相”的局面难有改观。在经济上，日本深受国际金融危机和地震、海啸的重创，还面临着巨额公共债务、人口结构老化和社会活力缺失等结构性难题，复苏缓慢、增长乏力成为日本经济的常态。在外交上，民主党政府上台伊始，试图通过拉开与美国的距离来实现政治大国的目标，却在外交实践中遭遇困境，进而重新退回到了日美基轴的轨道上，并与美国进行了更深层次的利益捆绑，与其“正常国家化”的政治诉求渐行渐远。

为了摆脱内外交困的局面，民主党希望借助于钓鱼岛问题赢得国内支持。作为最大的反对党，自民党也试图依靠民族主义这张牌重新上台。由于政局混乱，没有权威人士能压阵，变成谁能鼓噪，谁就能吸引年轻人和选票，谁就有政治生命。于是，以石原为代表的右翼势力企图通过策划购岛闹剧，迎合国内选民的偏好。换言之，日本的右翼政客为了政党私利，将个人政治算计凌驾于中日关系之上。当然，他们的政治表演之所以能够继续进而赢得掌声，源于日本整个社会的保守化取向。“冷战”结束以来，日本社会遭遇了很多问题，如中产阶级沦落、国家经济停滞、大国诉求被压制等，多年来的优越感自豪感不再，国民情绪也越发焦躁不安，甚至趋向偏激。[①] 这种情绪为右翼政客推动购岛闹剧升级提供了社会基础，这也是安倍政权取代野田内阁后，钓鱼岛闹剧被不断升级的原因。

第二，美国战略东移为日本“撑腰壮胆”。近年来，为了应对中国崛起，美国大张旗鼓地实施战略东移。奥巴马宣称自己是第一个“太平洋总统”，前国务卿希拉里也坦言亚太地区将是美国外交战略的重心。美国的战略东移不仅表现在政策宣示上，具体行动更是呈现咄咄逼人的态势。在经济上，美国试图以《跨太平洋伙伴关系协议》（Trans-Pacific Partnership Agreement，TPP）来抗衡东亚地区日益加深的经济一体化进程；在政治上，美国重返东亚峰会，加强与越南、菲律宾等国的战略合作关系，并与缅甸进行了历史性接触；在军事上，美国将战略轰炸机、核潜艇等尖端武器大量移至关岛军事基地，加强了与盟友的军事同盟关系，并利用地区热点问题（如天安号事件、延平岛炮击、钓鱼岛问题、南海问题等）强化在东北亚和东南亚的战略存在。

具体而言，美国的战略考虑是在东亚地区维持一种低烈度的、可控的冲突，以干扰中国的发展大局，延缓中国赶超美国的速度和进程。以日本为代表的周边国家同样对中国的迅猛发展倍感不适，普遍存在邀请美国制衡中国的意图。战略上的一拍即合推动了针对中国的共同行动。因此，美国与其盟友频频进行联合军事演习来制造地区紧张局势，并用《美日安保条约》适用于钓鱼岛的说辞来为日本壮胆。反过来，日本保守派认为美国回归亚太，为日本借助美国势力抑制中国崛起、掌控亚洲制海权、主导亚洲秩序提供了有利条件。[②] 可以说，正是美国在地区热点问题上拉偏架，甚至煽风点火，日本才敢于在钓鱼岛问题上立场强硬、态度坚决，在危险的道路上越走越远。

第三，日本对中国的战略误判。长期以来，中国为了维持内部发展大局，在与邻

① 黄大慧. 若中日开战，日本右翼是罪魁［N］. 环球时报，2012-09-21.

② 刘军红. 以邻为壑：日本因战略误判，陷入“锁国困境”［OL］. http://gb.cri.cn/27824/2012/08/15/5951s3811312.htm，2012-08-15.

国的争端中保持低调谦和的姿态，以维持相对和平的国际环境。然而，中国提出的“搁置争议、和平解决”的主张并没有得到善意的回报，反而成为了自己单方面的自我约束；周边国家则普遍认为中国为了维护地区和平和国内稳定，多半会在这些争议问题上忍气吞声，甚至为了大局可以牺牲原则。因此，日本在钓鱼岛问题上不断挑战中国的政策底线，企图趁势将侵占行为事实化、“合法化”。再者，最近几年，中国同时和周边国家陷入到海洋争端之中。日本认为这个时候出手，中国将无暇他顾，疲于应对。然而事实却是随着综合实力的增强以及国内民族主义情绪的上涨，中国在主权问题上进行妥协的空间越来越小，更何况中国社会基于悲痛历史记忆而产生的强烈普遍的对日敌对情绪。

第四，试图借助钓鱼岛问题推翻战后国际安排。第二次世界大战结束以后，日本走了一条经济优先、贸易立国的发展道路。短短三十年的时间，日本就实现了再工业化，并在20世纪80年代一跃成为世界第二大经济体。尽管“冷战”结束以后，日本经济经历了失去的20年，但仍然保持着强大的制造业竞争能力。经济上的竞争力在很大程度上成为了日本优越感和自信心的重要来源。然而，随着中国的GDP在2010年超过日本，日本社会弥漫着普遍的战略焦虑和挫败感。为了继续维持其大国地位，日本就需要在经济领域以外重新寻求支柱，即日本要立志成为政治和军事大国。而由于日本的侵略战败，第二次世界大战结束后的国际安排对日本在政治和军事领域进行了诸多限制，为其成为政治和军事大国设置了障碍。因此，日本就需要打破第二次世界大战结束后的国际安排，实现其政治和军事大国的目标。

钓鱼岛问题无疑为日本摆脱第二次世界大战结束后国际秩序提供了一个重要突破口。众所周知，以《开罗宣言》、《波茨坦公告》为核心的国际法文件确认日本的主权只限于本土范围，即本州、四国、九州和北海道。[①] 2013年5月26日，中国国务院总理李克强在德国波茨坦会议旧址发表讲话，强调《波茨坦公告》是几千万生命换来的胜利果实，也是第二次世界大战结束后世界和平秩序的重要保证。所有爱好和平的人，都应该维护战后和平秩序，不允许破坏、否认这一战后的胜利果实。[②] 从这个意义上讲，钓鱼岛问题是日本试图推翻战后国际安排的重要环节。一旦在钓鱼岛争端中获胜，日本就很可能在其他问题上得寸进尺，欲壑难填。进而言之，钓鱼岛的归属直接影响着日本由经济大国迈向政治大国甚至恢复军事大国地位的战略步伐。

对于日本在钓鱼岛问题上的单方面挑衅，中国政府进行了坚决的斗争和回击，打出了一系列响亮的组合拳。第一，宣示主权，绝不让步。自钓鱼岛问题升级以来，中国多位政治局常委先后强硬表态，这在中外关系史上实属罕见，显示了中央政府维护中国主权和领土完整的决心。2012年9月25日，中国政府还发表了《钓鱼岛问题白皮书》，向世界介绍钓鱼岛问题的来龙去脉，再一次宣示了我国拥有钓鱼岛主权的地理、

---

① 1943年11月，中、美、英三国首脑在埃及首都开罗发表《开罗宣言》，明确规定“日本所窃取于中国之领土，例如东北四省、台湾、澎湖群岛等，归还中华民国”。1945年7月，苏、美、英三国发表的《波茨坦公告》再次确认《开罗宣言》之条件必将实施，而日本之主权“必将限于本州、北海道、九州、四国及吾人所决定之其他小岛之内”。换言之，除日本本土之外的其他领土变更，需要当时的四大国，即美、苏、中、英共同决定。然而，美国在1951年通过《旧金山和约》单方面将冲绳主权交给日本，又于1953年将冲绳的实际管辖权扩展到钓鱼岛，这在法理上是站不住脚的。

② 李克强. 不许否认二战成果 正视历史才有未来［OL］. http://news.china.com.cn/live/2013-05/26/content_20178603.htm，2013-05-27.

历史和法理依据。第二，护我利益，态度坚决。为了更好地维护我在钓鱼岛的主权权益，中国政府适时公布了钓鱼岛及其附属岛屿的领海基线，并提交给联合国。在此基础上，中国海监、渔政船开赴钓鱼岛海域，进行巡航执法活动，并保护我公民在此海域内的正常作业。第三，经济制约，多管齐下。钓鱼岛事件发生以后，中国民间关于对日“经济制裁”的呼声不断高涨。与此同时，中国政府也加大了对日本商品的检疫检查，日本的对华出口受到严重影响。在经济制约的基础上，中国军方也进行了多次有针对性的军事演习，以达到战略威慑的效果。中国出人意料地做出强硬的“组合拳”反制，其目的一方面是向日本施压，迫使其回到“搁置争议”的原点上来，另一方面也是希望借此摆脱长久以来在钓鱼岛问题上的被动地位。①

目前来看，钓鱼岛问题仍处于僵局之中。尽管双方政府都有意为紧张局势降温，但两国的民间敌对情绪仍然高涨，相互一度发生了打砸抢烧的事件。事实上，中日双方不自觉地陷入到了所谓的“摩根索困境之中”，即“不丢面子则无法退却，不冒风险则无法前进”。② 从短期来看，由于中国的常态化巡逻以及日本实际控制钓鱼岛，双方在此海域内不排除抓扣彼此渔民和船只的可能性。由于频繁接触，甚至存在一定程度的擦枪走火可能。在钓鱼岛争端升级以后，中国的海监、渔政、渔船蜂拥而来，而日本也有警察和右翼分子一度登岛以示强硬，形成了事实上的对峙态势。

从中期来看，随着对抗成本的加深，两国都希望回到谈判解决钓鱼岛问题的轨道上来。日本首相安倍晋三一方面表示在钓鱼岛问题上绝对不会让步，另一方面又希望中日重新回到战略互惠关系上，实现对华关系的改善；中国则始终坚持在中国法律和行政管理的框架内来处理，派遣海监、渔政等国内执法机构的船只和人员去应对因主权争议引发的纠纷与冲突，而军事力量只作为威慑工具，并不直接卷入争端之中。③ 由于日本单方面挑起钓鱼岛争端及其后续的连锁反应，中日之间自 1972 年以来在该问题上的“默契”已经被打破，并可能在战略平衡的基础上达成新的默契，即中日双方都在该地区巡航，共同规范在这一水域的捕鱼作业、资源开发等事宜；采取联合措施禁止包括登岛在内的政治性活动。如果此种情况得以实现，这将侵蚀日本 40 多年的实际控制结果，从而形成事实上的中日共管模式。

从长期来看，钓鱼岛问题的解决将向有利于中国的方向发展。如前所述，按照第二次世界大战后的国际安排，日本的领土仅限于本土范围之内。也就是说，钓鱼岛不仅不属于日本，连冲绳的地位也未定。从这个意义上讲，未来钓鱼岛问题有可能放在冲绳这一更大的战略框架下来解决。2013 年 5 月 8 日，《人民日报》发表题为《论〈马关条约〉与钓鱼岛问题》的署名文章，质疑日本对琉球的主权。中国提出“冲绳地位未定论”，固然是为了转移日本对钓鱼岛的关注，但也为中国未来的外交攻势提供了可能。当然，这一战略思路能否实现，主要取决于中日力量对比的根本性变化。如果中国继续保持目前的增长势头，等到中国的 GDP 超过美国，军事力量在亚洲处于绝对优势时，中国在这些岛屿争端上的谈判地位与今天相比将不可同日而语。从这个意义上讲，中国的持续发展才是彻底解决钓鱼岛问题的最终杠杆，是真正的釜底抽薪

① 张立伟. 钓鱼岛背后的政治［OL］. http://www.ftchinese.com/story/001046688，2012-09-21.

② （美）汉斯·摩根索. 国家间政治——权力斗争与和平［M］. 徐昕，郝望，李保平，译. 北京：北京大学出版社，2006：558.

③ 黄靖. 从钓鱼岛之争看亚太平衡的转变与挑战［N］. 联合早报，2012-09-25.

之举。

二、从钓鱼岛问题看中国对外战略的困境

自20世纪70年代末以来，中国持续推进国内改革和对外开放，坚定融入现有国际体系，从一个积贫积弱的发展中弱国成长为世界第二大经济体，中国的和平发展已经成为21世纪世界上最重要的地缘政治事件。然而，随着国际力量对比的持续变化，中国对外战略也遭遇了前所未有的困境。正在发酵的钓鱼岛问题为我们管窥中国对外战略的困境提供了重要视角。具体而言，钓鱼岛问题反映了中国对外战略的三重困境：

第一，地缘现实的复杂性。中国是陆海兼备的东亚大国，现有的陆地疆域为960万平方千米，海洋国土约300万平方千米。[①] 中国是世界上陆海邻国最多的国家，有14个陆上邻国，并与6个国家隔海相望。这些众多邻国的国内情况千差万别，既包括俄、印这样的大国，也包括不丹、文莱这样的微型小国；既存在日本这种即使在世界范围内也称得上一流的富邻，也有许多经济基础极为薄弱、社会状况很不稳定的弱国，甚至还有像朝鲜、阿富汗、缅甸、巴基斯坦这样受西方大国关注和干涉的所谓“问题国家”。除了物质意义上的千差万别，宗教文化的多样性也加剧了中国周边地区地缘政治环境的复杂性。总之，如果与美国“东西有两洋，南北无强邻”的优越地缘政治条件相比较，中国发展的周边环境并不乐观。[②] 地缘现实的复杂性在客观上为中国与邻国发生争端提供了可能。经过半个多世纪的努力，中国的陆地疆界除了与印度有较大的领土争端外，与其他邻国的边界基本划定，但在海洋方面仍与邻国存在严重的主权争议。除中日钓鱼岛问题之外，中国与其他海上邻国均有海洋争端，争议海域面积达到150万平方千米，约占我国海域辖区的二分之一。

第二，现代化的关键期。未来十年是中国实现现代化的关键期。自鸦片战争至今，中国在历经无数挫折后终于探索出一条适应世界变迁和自身国情的发展道路。在近代以来的历史进程中，中国人从来没有像今天一样离民族复兴的目标如此之近。作为一个大的战略目标，民族复兴需要分阶段实现。改革开放初期，中国确立了“三步走”的战略方针，即第一步实现国民生产总值比1980年翻一番，解决人民的温饱问题；第二步，到20世纪末，使国民生产总值再增长一倍，人民生活达到小康水平；第三步，到21世纪中叶，人均国民生产总值达到中等发达国家水平，人民生活比较富裕，基本实现现代化。对于第三步战略目标，党的十八大又提出了到2020年全面建成小康社会的中期奋斗目标。从这个意义上讲，在未来一段时期内，中国的国家总体战略仍然是以经济为优先，发展国家的综合实力。对外战略作为国家战略的一部分，必须服从并服务于国家的总体战略安排。这就决定了目前中国外交在总体上是防御性的，目的在于为国内的经济社会发展提供一个良好的国际环境，而不是在外面开疆拓土，创建新的国际体制。反映在对外关系中，中国基本上保持合作、低调的姿态，在与周边国家的纠纷中也保持克制谦让的态度，进而在领土主权和海洋权益的争端上呈现出“被动”应对的状态。

第三，国际博弈的敏感期。未来十年，中国外交将进入一个“大而不强，将起未

---

① 朱听昌. 中国周边安全环境与安全战略［M］. 北京：时事出版社，2002：3.

② 金灿荣. 国际地缘格局变化及其对中国的影响［J］. 现代国际关系，2008（5）：13.

起”的新阶段，即中国的发展已经引起了全世界的关注，但还没有得到全世界的认可和普遍接受。这个敏感时期带来的地缘政治复杂性在于：如果中国大而贫穷，没有国家会主动挑衅；如果中国完全崛起，成为国际上公认的领导国家，一般的国家也不会主动挑衅；而在将起未起阶段，中国将持续感受到权力变化和心理变化带来的反弹压力。① 换言之，中国的物质实力在不断增长，战略影响在逐步拓展，但远没有达到让外部世界尤其是西方接受的程度。相反，中国和平发展的“地壳运动”正在造成世界范围内广泛的不适应感，这在以日本为代表的周边国家中表现得尤其明显。它们对传统东亚的历史记忆大多是以中国为中心的不平等的等级体系，而在近代以来一度积累起来的优越感也因中国的改革开放战略而迅速终结，并面临着从俯视到平视再到仰视的痛苦调整过程。② 这种心态反映在政策互动上，就是周边国家普遍希望趁中国将起未起之时，把领土问题闹大，通过下先手棋造成既成事实来迫使中国承认。这无疑是近年来中国与周边国家矛盾剧增的重要原因。

通过以上三重视角，我们不难看出中国对外战略在目前阶段的困境。由于地缘现实的复杂性，中国发展的外部环境远非优越，在客观上提供了与邻国发生争端的可能性。由于处在现代化的关键期，中国国家战略的重心在于内部发展和综合实力积累。这就决定了中国在对外战略上呈现出低调防御、被动应对的姿态。由于处在将起未起的敏感阶段，中国将持续感受到外部世界的战略挑衅和心理反弹。这三大问题都具有结构性特征，短期内难以有根本性改变，在总体上规定了中国在对外战略包括应对岛屿争端上的基本政策选择。当然，随着国家实力的不断增强，中国在国家利益的维护上也更加坚决、主动，体现了战略大局和具体行动的平衡。2013 年 1 月 28 日，习近平总书记在政治局第三次集体学习上就强调，我们要坚持走和平发展道路，但决不能放弃我们的正当利益，决不能牺牲国家核心利益。任何外国不要指望我们会拿自己的核心利益做交易，不要指望我们会吞下损害我国主权、安全、发展利益的苦果。③

三、新时期中国外交观念的塑造

钓鱼岛问题的发酵凸显了中国对外战略的困境，预示着中国与世界的关系将进入一个新的历史时期。面对国际力量对比和利益格局的深刻变动，如何塑造国民正确的外交观念，进而为外交工作提供坚实有力的国内支持，是中国外交的一项战略性任务。具体而言，我们需要在以下几个方面做出努力、进行探索：

第一，树立国际国内互动的大局观。改革开放开启了中国重新融入世界的历史性进程，三十多年来，中外交往之密切、互动之频繁可谓前所未有，全球化造就的相互依赖已经将中国与世界深深融为一体。在此历史背景之下，外部世界的变化越来越成为中国战略决策必须考虑的因素。反过来，中国自身的发展也成为影响世界的重要变量。换言之，我们不再是在一个真空和封闭的环境中自我循环，而是在国际国内的深刻互动下寻求发展。这就要求我们关心世情变化、国家发展，打破传统的地域界限和学科视野，将自己置于国际格局转型与中国和平发展的宏大坐标上来。从这个意义上

① 朱听昌. 中国周边安全环境与安全战略［M］. 北京：时事出版社，2002：13.

② 张蕴岭. 中国与世界：新变化、新认识与新定位［M］. 北京：中国社会科学出版社，2011：31.

③ 习近平. 更好统筹国内国际两个大局 夯实走和平发展道路的基础［OL］. http://news.xinhuanet.com/politics/2013-01/29/c_114538253.htm. 2013-01-29.

讲，钓鱼岛问题不仅仅是简单的岛屿之争与外交博弈，而且牵涉到国际力量调整与中国的内部政治考量，需要从内外联动的视角来分析审视。

第二，塑造陆海并重的战略观。钓鱼岛争端凸显了中国在海洋主权方面面临的困境，但如前所述，中国是一个陆海复合型的国家，既环绕着蜿蜒起伏的陆地边界，又拥有曲折漫长的海岸线。这就决定了中国的国家战略需要陆权与海权并重。在历史上，来自北方的游牧民族对中国的国家安全构成了持续的危险。近代以来，陆上和海上的危险则交替出现。改革开放以来，随着国家重心转移和陆地威胁的减轻，面向海洋成为中国国家战略的核心，主张海洋权益、发展海上力量、呼唤海洋意识正在成为国家意志。但我们显然不能矫枉过正，忽视甚至遗忘陆上战略的发展。中国地理的基本现实要求我们必须保持陆地和海洋的战略平衡。随着高铁技术的发展和西部大开发的推进，“向西看”无疑也是中国未来战略筹划、拓展空间的重要方向。

第三，坚持自信平和的国家观。中国与周边国家的海洋主权争端一大历史背景是中国国力的提升。钓鱼岛争端一方面凸显了中国在海疆主权上面临的严峻挑战，但另一方面也意味着中国在解决陆地边界纷争之后立足海洋的战略决心，而这恰恰反证了中国的持续发展与不断壮大。推而广之，从“中国威胁论”到“国际责任论”，从世界诉讼中国产品到美国对华的战略围堵，凡此种种都无不源于中国力量壮大这一基本事实。从这个意义上讲，中国与外部世界特别是和西方国家的争端在很大程度上是由中国力量的变化引发的。一个拥有悠久文明而又充满现代活力的十亿级人口大国的现代化势必会影响国际利益格局的调整分配，外部世界的战略疑虑甚至恐惧因而也在情理之中。因此，我们需要坚持自信平和的国家心态，在坚决反对侵犯我国利益行为的同时也不能夸大冲突，煽动对立，进而影响国家的可持续发展。国家的进一步强盛为我们解决上述争端提供了越来越坚实的基础。

第四，培育理性开放的国际观。由于拥有对农业文明时期的辉煌记忆，中国人存在着一种强烈的自我中心主义倾向；而由于在近代长期处于国际社会底层，并且经受了长达百年的屈辱挫败，中国人又有着深刻的国耻情结。这两种心理共同造就了中国人对国际社会的复杂心态：既希望进一步融入国际社会，又始终对外部世界能否真心接纳中国充满怀疑；既渴望得到国际社会的承认，又总是以“阴谋论”的眼光来看待外部世界针对中国的言行。前者意图将中国的意志凌驾于国际社会之上，必要时甚至不惜用武力开道、以拳头论理；后者则渴望用同样的强权逻辑来报复曾经伤害过中国的国家。这种自信与自卑、大国情结与弱者心态的复杂交织增加了中国成长的烦恼。我们应该摆脱这两种心理的陷阱，以更为理性开放的心态处理自我与他者的关系，探寻中国与世界长久和平共处之道。

政治的目的与道德的缺位

——解读《君主论》

陈宗权　张　曼

【摘要】马基雅维里的《君主论》一书自出版以来就一直备受争议。他的"权力是政治的目的"的观点和他对道德的有意忽视为他带来了种种恶名，但同时又为他奠定了在政治学说史中的地位。《君主论》是特定历史条件和个人特殊经历相结合的产物，后人应以一种历史的眼光来评价马基雅维里的权力目的论。他忽视了通常意义上的道德，却又建立了一种新的道德——"国家理由"上的道德。他的权力论和道德观在特殊的历史条件下有着一定的合理性。

【关键词】马基雅维里　《君主论》　政治　权力　道德

作者简介：陈宗权，1979年生，男，博士，西南财经大学马克思主义学院副教授、硕士生导师（成都，611130）；张曼，1988年生，女，西南财经大学马克思主义学院2012级硕士研究生（成都，611130）。

在西方政治学史上，很少有人像尼科洛·马基雅维里这样饱受争议。争议的核心来自他于1513年写就、1532年出版的《君主论》。这本书为他赢得了许多赞誉，但同时也为他招来了更多的骂名。在这本小小的手册中，他提出的关于政治的目的及其与道德的关系问题，成为无数人讨论的焦点。不论马基雅维里的观点在当时显得多么的惊世骇俗，后世的学者大多能以心平气和的心态和冷静、客观的态度对待之。但争议仍然存在。

一、《君主论》的成书背景

马基雅维里生活在一个动荡不安的时代。意大利自中世纪以后便不断遭到强邻的入侵，11世纪后，逐渐形成了一些城市共和国。它们经常为争夺利益而处于无休止的战争中。到15世纪后期，即马基雅维里出生、成长的年代，意大利形成了五个势均力敌的强国：米兰、威尼斯、佛罗伦萨、那不勒斯和教皇控制下的以罗马为中心的一块世俗领地而建立的教皇国。意大利的四分五裂为法国、西班牙和日耳曼等国的侵略提供了便利。

马基雅维里所在的佛罗伦萨于1494年在原来的统治者梅迪奇家族被驱逐以后建立了一个共和国。而马基雅维里本人的政治生涯也与这个短暂的共和国相始终。他先是任共和国政府的助理员，在1498年被任命为佛罗伦萨第二秘书厅秘书长，接着又担任

"自由与和平十人委员会"秘书，负责处理外交和军政事务，时常出访邻国和意大利各城邦。他的政治实践为《君主论》的成书提供了写作的素材和观点的原创力。其中最引人注目的就是他在《君主论》中对切萨雷·博尔贾事例的引证。博尔贾在教皇亚历山大六世的支持下于1499年开始征服罗马尼亚，并觊觎佛罗伦萨的属地阿雷佐。马基雅维里曾出使罗马尼亚并要求博尔贾归还领地。他亲眼目睹了博尔贾如何施展阴谋诡计并建立了一个强大的统一国家，而这些都让马基雅维里赞叹不已。《君主论》的最主要观点，即君主为达到权力的目的可以不择手段，就可以从博尔贾身上找到原型。1512年9月，梅迪奇家族重归佛罗伦萨，推翻了共和国。马基雅维里被新政府罢官，并于次年因涉嫌参加反梅迪奇家族的阴谋被捕入狱，度过了一次短暂的狱中生活。出狱后，马基雅维里在乡下过着贫困的农民生活。正是在这段清贫的日子里，马基雅维里完成了使他名垂史册却又使他备受争议的伟大作品——《君主论》。

促成马基雅维里写这本著作的动因主要是他在多年政治经验积累基础上的感触和对意大利统一的强烈渴望，当然也不排除他想借此来重新谋求一官半职的愿望（这本书本是要献给当时的统治者洛伦佐·梅迪奇的，但实际上这本关于君王的手册并没有得到这位统治者的垂青。）除了作者本人的主观因素外，时代和地缘等客观因素也在一定程度上促成了《君主论》的诞生。布克哈特说："最高尚的政治思想和人类变化最多的发展形式在佛罗伦萨的历史上结合在一起了……佛罗伦萨就这样成了政治理论和政治学说的策源地，政治实验和激烈的改革的策源地……而且举世无双地成为具有近代意义的历史写作的策源地。"[①] 这样的历史条件孕育了一批像马基雅维里这样的文艺复兴时期的文化巨匠。《君主论》是作者个人的敏锐体察和特定历史条件相结合的产物。

在作者去世后的第五年即1532年，在罗马教皇克莱门特七世的赞助下，《君主论》得以出版发行。在随后的20年时间内，该书重印25次，在社会上产生了极大的影响。不久以后，议会开始下令焚烧马基雅维里的著作。1559年，《君主论》在欧洲被禁。该书特别遭到天主教和新教的强烈反对。人们对这本著作的最初反应是一种恐惧和战栗。麦考利这样写道："按照通常的说法，马基雅维里被描绘为一个魔鬼，罪恶的根源，野心和仇恨的发泄者，谎言的首创人；并且，在他的注定要遭到不幸的《君主论》发表之前，还不曾有过一个伪君子、一个暴君、一个卖国贼、一种假冒的道德或一种实用主义的罪恶……除了他的别号之外，他们为他起了一个绰号叫'恶棍'，并且除了他的教名之外，他就是'罪恶'的代名词。"[②]

的确，马基雅维里主义曾在一段时间内成了政治上尔虞我诈、背信弃义的代名词。但到了18世纪，思想家们开始"以一种更为赞赏的眼光逐步认识到马基雅维里的品格，在某些方面马基雅维里似乎是他们的天然盟友"[③]。赫尔德将《君主论》称为作者为与他同时代的人所写的一部"政治杰作"，黑格尔称其为一部"极为壮观而真实的思想杰作"，而费希特则宣称要为马基雅维里这样一位"诚实而正直的人恢复名誉"。

时至今日，对马基雅维里的评价已不再像过去那样，"从一个遭极端谴责的时代又走到另一个被极度赞扬的时代"（卡西尔语），但争论仍在继续，而且会一直存在下去。

---

① 雅各布·布克哈特. 意大利文艺复兴时期的文化［M］. 何新，译. 北京：商务印书馆，1997：72.
② 恩斯特·卡西尔. 国家的神话［M］. 范进，杨君游，柯锦华，译. 北京：华夏出版社，1999：144.
③ 恩斯特·卡西尔. 国家的神话［M］. 范进，杨君游，柯锦华，译. 北京：华夏出版社，1999：149.

二、政治的目的——权力

为什么“《君主论》大概是西方政治思想史上引起争议最多的一部著作”[1]？原因在于马基雅维里提出了一套现实得让一般人无法接受的权力理论。

《君主论》全书分为26章，第一章至第十一章主要论述君主国的类型和以不同方式建立的新君主国，第十二章至第十四章论述了军队的不同类型和君主在军事方面的责任，第十五章至第二十三章论述了君主如何进行统治的权术问题，第二十四章至第二十六章主要是呼吁意大利应该不失时机地统一起来。全书最出彩也是最引起争议的部分应该是第十五章至第十八章，其中马基雅维里具体论述了君主为获得权力而可以怎样地不择手段。在第十五章中，马基雅维里列出了一些公认的优良品质和恶行，认为君主如果具备优良的品质是值得褒扬的，但人类的条件却使君主不可能完全保持它们，因此君主必须有足够的明智远见知道如何避免那些使自己亡国的恶行，并且如果可能的话保留那些不会使自己亡国的恶行。在随后的三章中，马基雅维里着重探讨了三对品质：慷慨与吝啬、仁慈与残酷、守信与失信。慷慨这种品质可能是好的，但为了不去掠夺百姓，为了保卫自己，为了不陷于穷困以至于为人们所轻蔑，为了不至于变成勒索强夺之徒，君主对于吝啬之名不应该有所介意。仁慈通常能为人们带来赞誉，但在大多数情况下，残酷却比仁慈更能使臣民团结一致和同心同德，所以对于君主特别是新的君主而言，就不应对残酷这个恶名有所介意。君主被人畏惧要比受人爱戴安全得多，因为人性是恶劣的，但君主要避免自己为人们所憎恨。君主只要对自己的公民和自己的属民的财产和他们的妻女不染指——尤其是务必不要碰他人的财产，因为人们忘记父亲之死比忘记遗产的丧失还来得快——那么他就能够避免遭人憎恨。在战争中，君主完全可以将残酷之名置之度外，因为没有残酷之名，他就不能够使自己的军队保持团结和踊跃执行任何任务。最杰出的例子就是汉尼拔，他的残酷无情使他的士兵对他绝对服从，而如果没有这种残酷无情，光凭其他能力是很难让士兵对他感到既可敬又可畏的。守信也被一般人认为是一种美德，但在遵守信义反而对自己不利的时候，或者原来使自己作出承诺的理由不复存在的时候，一位英明的君主绝不能够也不应该遵守信义。君主须同时既是狐狸又是狮子，是一头狐狸以便认识陷阱，是一头狮子以便使豺狼惊骇。典型的例子就是塞韦罗，他因为同时具备狮子和狐狸两种性格，所以既能称心如意地主宰整个帝国又能不招致人们的憎恨。尽管君主没有必要具备全部优良品质——特别是新的君主要保持国家而常常不得不背信弃义，不讲仁慈，悖乎人道，违反神道——却有必要显得具备这一切品质，要显得慈悲为怀、笃守信义、合乎人道、清廉正直、虔敬信神。君主千万不要从自己口中溜出一言半语不是洋溢着上述五种美德的说话，并且注意使那些看见君主和听到君主谈话的人都觉得君主具备这五种品质。君主之所以要这样做，是因为群氓总是被外表和事物的结果所吸引，而这个世界上尽是群氓。

可见在马基雅维里那里，权力是政治的唯一、最终的目的；为获取权力，君主可以采取谋杀、失信、欺诈等手段。马基雅维里的这种赤裸裸的权力目的论为他获得了“罪恶的导师”、“邪恶的教唆者”、“政治恶魔”等种种恶名。任何读者，即使是为马

① 唐士其. 西方政治思想史［M］. 北京：北京大学出版社，2002：179.

基雅维里辩护的人，也不应该否定《君主论》中确实带有一些血腥和残暴的味道。这种味道在《君主论》的其他部分也随处可见。在第三章中，马基雅维里主张君主对新获得的领土的最好办法就是殖民，但应该注意："对人们应当加以爱抚，要不然就应当把他们消灭掉。"① 在第七章，马基雅维里提到一个把残酷运用得绝妙的生动例子，那就是瓦伦蒂诺公爵（即切萨雷·博尔贾）对罗马尼亚的平叛。博尔贾任命一个冷酷而机敏的人物雷米罗·德·奥尔科为罗马尼亚的首领，并授予全权。此人在短时期内恢复了地方的安宁与统一，并因此获得了极大的声誉。但博尔贾后来因为害怕引起仇恨，认定再没有必要给他这样过分大的权力，便抓住时机，"在一个早晨使雷米罗被斩为两段，曝尸在切赛纳的广场上，在他身旁放着一块木头和一把血淋淋的刀子。这种凶残的景象使得人民既感到痛快淋漓，同时又惊讶恐惧"②。这样血腥的郑重其事的描述也同时让一些读者感到"惊讶恐惧"。但更让读者惊讶的是马基雅维里声称："我认为他没有可以非难之处。恰好相反，我觉得应当像我在上面提出的把公爵提出来，让那些由于幸运或者依靠他人的武力而取得统治权的一切人效法。"③

但同时，读者们也不应该为马基雅维里这种直白的表达方式感到不可忍受。这种带有血腥味的权力论在马基雅维里那里却有着正当性和合法性。一是因为它合乎人性。《君主论》第十七章这样说道："关于人类，一般地可以这样认为：他们是忘恩负义、容易变心的，是伪装者、冒牌货，是逃避危难，追逐利益的。"人性的自私使一般的道德说教不可能起到任何作用，唯有通过暴力、欺诈等手段才能保证权力的获取。二是因为它符合国家道德（关于国家道德后文有所论述）的要求。马基雅维里认为国家并非基督教所说的是上帝创造的，而是人们为了共同利益的需要建立起来的；国家的目的不是拯救什么堕落的人类，而是维护社会的和平与安全、为世俗世界谋幸福的。所以，为了建立起一个统一的国家，为了人民的和平与幸福，君主完全可以不择手段地攫取权力，而君主对权力的掌握则是国家统一的前提。

三、道德的缺位

我们从《君主论》中看到的似乎是一个嗜血成性、完全不讲道德的马基雅维里。的确，《君主论》通篇只论述政治和军事，没有道德的说教，有的只是规劝君王对权力的强烈崇拜和追求。诚如马克思所说，马基雅维里等人的"政治的理论观念摆脱了道德，所剩下的是独立地研究政治的主张，其他没有别的了"④。但如果因此而给马基雅维里加上种种恶名是有失公允的。马基雅维里并非轻视道德，他本人也不是不讲道德的人。黑格尔说："一个人在读《君主论》时，必须既要考虑马基雅维里以前的若干世纪的历史，也要考虑他所处时代的意大利历史。"⑤《君主论》所要表达的权力思想的背后有着鲜明的历史动因和时代背景。

《君主论》成书前的几个世纪里，意大利政治上的四分五裂使之成为法国人、西班牙人和德国人的牺牲品。意大利内部的倾轧和不和也导致了一个长期混乱局面的形成。

① 尼科洛·马基雅维里. 君主论［M］. 潘汉典，译. 北京：商务印书馆，2005. 9.
② 尼科洛·马基雅维里. 君主论［M］. 潘汉典，译. 北京：商务印书馆，2005. 34.
③ 尼科洛·马基雅维里. 君主论［M］. 潘汉典，译. 北京：商务印书馆，2005：36.
④ 马克思恩格斯全集：第3卷［M］. 北京：人民出版社，1960：368.
⑤ 恩斯特·卡西尔. 国家的神话［M］. 范进，等，译. 北京：华夏出版社，1999：152.

到了15世纪，欧洲出现了民族统一的趋势，政权的合并是欧洲政治演变的方向。马基雅维里凭着丰富的政治经验和敏锐的观察力看到了这一点。正如萨拜因所说，“在他的时代，没有第二个人像他那样清楚地看出欧洲政治演变的方向……他比谁都更赞赏处于萌芽状态的民族统一的意识……”① 于是，人们就不会奇怪马基雅维里为什么要在《君主论》的最后一章强烈呼吁统治者将意大利从蛮族手中解放出来了。他希望有一位贤明的君主能够统一意大利，使意大利成为像古代罗马一样的健康、稳定、和谐的社会。这个思想在他的另外一本政治著作《论李维》中有所体现。《君主论》实际上是写给一位能够统一意大利的新君主看的。而不幸的是，马基雅维里错误地认为洛伦佐·梅迪奇就是这位君主。在《论李维》一书中，马基雅维里明显显露出对共和政体的偏好，而在《君主论》中，他却更倾向于君主制。这看起来似乎非常矛盾的问题在国家统一的大前提下可以得到较圆满的回答。笔者认为，马基雅维里眼中的君主其实就是国家的化身。他看到法国和西班牙的统一是由君主专制促成的，所以认为意大利的统一同样需要一位强有力的君主才能完成。而这位君主所代表的将是整个的意大利。在当时内忧（分裂状态）外患（蛮族入侵）的双重困境中，意大利需要国家的统一更甚于需要共和政体。强烈的爱国主义情感战胜了马基雅维里在政治见解上的谨慎态度，使他有足够的勇气，坦诚地写出引起无数争议的《君主论》。马基雅维里本人也意识到《君主论》肯定会遭世人非议。他在《君主论》第十五章这样写道：“我的观点与别人的不同，因此，我恐怕会被人认为倨傲自大。”但又有什么能比国家的统一更重要呢？

所以，与其说马基雅维里不讲道德，倒不如说他有意地忽略了道德。因为他认识到，正是当时占主导地位的基督教道德导致整个社会沉沦，世风日下。在《佛罗伦萨史》中，马基雅维里借助一位公民负责人之口表达了对当时道德败坏的不满：“毫无疑问，在意大利各个城市里聚集着的，不是易于堕落的就是使人堕落的人。年轻人无所事事，年长的荒淫无耻。男女老幼都充满卑鄙下流的恶习，就是好的法律，由于执行不当，也无力加以纠正……其结果是：所有的好人不是惨遭杀害就是被放逐或受各种折磨，而那些最不道德的人却飞黄腾达。”② 在《论李维》中，马基雅维里这样写道：“很多人认为，意大利各城邦的福祉源于罗马教会，所以我要讨论一下我认为与此相反的某些缘由”，一是“由于那个教廷的恶劣行径，这个地区的虔诚信仰已丧失殆尽，故而弊端与骚乱丛生”，二是“这个教会无论过去还是现在，总让这个地方保持四分五裂的状态”。③ 由于认为教会所宣扬的基督教道德促使了意大利的腐败与堕落，并成为意大利统一的一个障碍，马基雅维里才在《君主论》中有意地忽略了道德的存在。但由此并不能得出马基雅维里不讲道德或是不道德的结论。从研究者的资料来看，马基雅维里本人是一位“富有同情心、讲道德的人”，卢梭称赞他是“善良的公民”。于是在马基雅维里身上就存在着一种两难困境，拿卡西尔的话说，就是“在马基雅维里的政治学说与他个人的和道德的品格之间似乎存在一种公然对抗的矛盾”④。强烈的民族统一意识和爱国主义情怀促使他把对国家的义务放在所有其他的义务之上：“国家的安危有赖于所下的决心，至于是否公正、人道或残忍、光荣或耻辱都可置之不顾。但是必

① 乔治·霍兰·萨拜因. 政治学说史（下册）［M］. 邓正来，译. 北京：商务印书馆，1986：390.
② 尼科洛·马基雅维里. 佛罗伦萨史［M］. 李活，译. 北京：商务印书馆，1982：128.
③ 尼科洛·马基雅维里. 论李维［M］. 冯克利，译. 上海：上海人民出版社，2005：82.
④ 恩斯特·卡西尔. 国家的神话［M］. 范进，等，译. 北京：华夏出版社，1999：159.

须把一切其他考虑都放在一边，唯一要考虑的问题是：如何才能保全国家的生存和自由?”① 马基雅维里冷落了基督教道德，将政治从这种使人糜烂的道德中独立出来。但他却建立了一种新的道德，那就是“国家理由”上的道德。这种道德背离了教会道德的善恶观念，而将国家的统一、稳定和人民的自由、幸福视为追求的价值目标；它不是建立在虚伪的所谓美德基础上，而是建立在承认统治者的诡计和暴力有其必要性的基础上；它不关注来世的幸福，而是将着眼点放在了真实的世界。

四、短评

针对马基雅维里的争论仍将持续下去，争论的焦点仍然将是他的表达得再也直白不过的权力论。随着时间的流逝，现代人大多能给马基雅维里一个比较客观、公允的评价。但批评者仍大有人在。列奥·斯特劳斯在其《对马基雅维里的思考》中强调，《君主论》的说教完全是“不道德的和反宗教的”，它的作用只能被看成“一个罪恶的教唆者”②。但他却将马基雅维里看成现代“政治哲学的奠基人”。由此看来，无论是赞扬者还是批评者，对马基雅维里在西方政治思想史中的地位都毫不怀疑。《君主论》所呈现给当时人的是一种全新的视角：从现实的、经验的和人的角度去看待现实中的政治问题。弗兰西斯·培根说：“马基雅维里等前人致力于观察人类曾做了什么，而不是强求人们应该怎么做，使后人得益匪浅。”③《君主论》已成为政治学、法学、伦理学、宗教学等领域内的必读书。另外，我们应该对马基雅维里在《君主论》中所流露出的无比坦诚的态度和巨大的勇气表示赞赏。他并不是发明了什么阴谋诡计，他所做的只是把早已存在的东西公开化了。而能够如此诚实地做到这一点，马基雅维里恐怕是世界学说史上的第一人。

① 乔治·霍兰·萨拜因. 政治学说史（下册）[M]. 邓正来，译. 北京：商务印书馆，1986：405.
② 昆廷·斯金纳. 现代政治思想的基础 [M]. 段胜武，等，译. 北京：求实出版社，1989：142.
③ 昆廷·斯金纳. 马基雅维里 [M]. 王锐生，等，译. 北京：中国社会科学出版社，1992：138.

救国有方，争锋失道：晚清清流派与洋务派述论

黄小彤

【摘要】清末，以卫教忠君面貌出现的清流派和主张学习西方技术的洋务派相互攻讦，二者虽不无匡扶社稷的抱负和行为，但亦有玩弄权术、争权夺利的一面。清流派因 1884 年“甲申易枢”而瓦解，洋务运动也因甲午战败而失败。清流派和洋务运动的失败表明缺失公平正义的权利之争不仅难以挽救近代中国的危机，反而进一步加剧了晚清王朝的危局。

【关键词】清流派　洋务派　清末

作者简介：黄小彤，1972 年生，男，博士，西南财经大学马克思主义学院讲师（成都，611130）。

清末帝国内乱难弭，外患难消。就此“未有之变局”，帝国何去何从，当时的社会精英尤其是统治阶层的精英都在做积极的思考。洋务运动和清流分别代表了两种不同风格的思考和实践路径。

咸（丰）同（治）年间靠镇压太平天国起家继而把持众多地方督抚大权的湘淮集团，兴起了以学习西方技术和练兵制器为主要方式，以富国强兵为目的的洋务运动。正当洋务运动方兴未艾之际，另外一股政治势力出现了，他们以中青年翰林为主，以儒家“名教”为准则，点评时政，纠错弹弊，时称“清流”。“清流”，多与“清议”通用，古指以儒家的伦理道德为依据，臧否人物的舆论。因观点有很多不一致的地方，洋务派和清流派的冲突在所难免。

一、以国家的名义论争

清流派抨击洋务派的地方主要有两点。

一是抨击洋务运动的效果不尽如人意。即认为洋务运动并没有给国家带来好处，相反还带来弊端。对于洋务的态度清流派并不一致，例如，清流派首领李鸿藻坚决反对举办洋务事业，而张之洞、张佩纶、陈宝琛等人则并不反对。但他们反对洋务派的立场却是相同的。清流派尤其抨击洋务运动的低效，认为：“自咸丰以来，无年不办洋务，无日不讲自强”，结果却是“事阅三朝，积弱如故”。① 他们还揭发了洋务运动中

① 王彦威，王亮. 清季外交史料：卷 18［M］. 台北：文海出版社，1985：25-32.

存在的各种腐败丑恶现象，如指责各兵轮“创制方始，积弊已深”①，福州船政局“虚糜多而实效少”②。

二是抨击以李鸿章为首的洋务派在外交上软弱无能。清流派在对外关系上主张强硬，抵御侵略，洋务派在对外关系当中妥协退让的做法让清流派很不满意。如张之洞对李鸿章“岁糜数百万金钱以制机器而养淮军”，却不能在对沙俄的反侵略战争中迎敌作战极不满意。抨击李鸿章、刘坤一“身为干城，甘心畏葸，不能任战以解君父之忧，但恃曲赦以为侥幸之计……何以为心，何以为颜”。

对于清流派的攻讦，洋务派毫不客气地予以还击。

洋务派指责清流派只会清议误国，道德正义于国无补，并以“结党”来备陈清议之害。李鸿章指责清流派“无能谋及远大，但以内轻外重为患，日鳃鳃然收将帅疆吏之权，不仅挑剔细致，专探谬悠无根之浮言”。

总体而言，清流派和洋务派的这场争论，前者的声音更为高亢。这既表明清流派的主张在一定程度上顺应了人们对公平正义的诉求，虽不免有所矫情，但至少切中了洋务运动的贪腐弊端，同时也是官民矛盾和民族矛盾日益上升的一种反映。这一点极易引起人们的共鸣。在当时民智未开的情形下，清流派以传统伦理道德为依归的倡导更符合多数国人的思维习惯。相形之下，洋务派企图调和中西的路子走得并不顺利，人们对西方的事物还存在着严重的排斥情绪，加之洋务运动效率低下、贪腐丛生，在看不到洋务运动太多的现实意义时，民众自然难以对其有好感。

清流派和洋务派的这场争论有一个共同之处，就是它们都打着“谋求国家利益”的旗号。

二、祸不单行

因为和政坛的权争搅和在一起，清流派和洋务派之间的矛盾并不是单纯的言论之争，而是事关仕途成败、生死存亡的斗争。

很多迹象表明清流派是晚清政治斗争乱局中被人利用的一枚“棋子”。满洲贵族的领导核心人物慈禧太后利用相当部分文人对道统的愚忠与眷恋，玩弄“以清议维持大局”，巩固其统治地位，将清流派当成了削弱汉族大员的秘密武器，利用这些奋发直言的京官，对李鸿章等地方大员进行不遗余力的诋毁抨击，再加上李鸿章在外交上一直采取妥协退让的政策，让清流派极为不满，故而李成为众矢之的，李鸿章所倡导的洋务运动亦在所难免。

既为人所用，清流派的命运也就难以由自身把握。当清流派失去了利用价值并且其迂直的态度对利用者也构成潜在威胁时，清流派就注定了衰落的结局。1884 年（农历甲申年），因中法海战失利，以奕䜣为首的军机大臣被黜易人，是谓“甲申易枢”。这对清流派是个致命的打击，其首脑人物李鸿藻随奕䜣军机处的垮台而去职，清流派干将多被派往各地帮办军事或解职，清流派终告瓦解。清流派的衰落不是洋务派策动的，但和洋务派有着紧密的关系。

清流派的瓦解和奕䜣的去职显然有直接的关系。奕䜣是公认的洋务派领袖之一，

① 中国史学会. 洋务运动：第二册［M］. 上海：上海人民出版社，1973：515-516.
② 中国史学会. 洋务运动：第三册［M］. 上海：上海人民出版社，1973：270.

而奕䜣之所以异于其他的洋务派，跟清流派结成紧密的关系，据认为是奕䜣亦想笼络清流派，为己所用，至少可降低其对洋务派的威胁。这便进一步印证了清流派的复杂背景。类似的戏剧性情形不一而足。清流派瓦解后，其健将张佩纶和张之洞先后倒向了洋务派。这表明清流派和洋务派并非截然分立的两个阵营，官员可根据个人利益或意愿调整自身的立场。这种随意性以及仕途沉浮的不确定性凸显了政治斗争的阴暗和诡异，将政坛中为权利而投机的真实面目暴露无遗，对清流派惯以德行操守自我标榜的行径也是极大的讽刺。

然而，清流派的瓦解并不意味着洋务运动的胜利。因为中日甲午战争失败，洋务派领袖李鸿章支柱丧失，威信扫地，洋务运动亦遭到失败。

洋务运动自身的弊端显然是造成其失败的重要原因。洋务运动贪腐丛生，效能低下。对此，不仅清流派已有深入的揭批，甚至连洋务派也有自知之明。1870 年，李鸿章致函时任福建巡抚的淮系大员王凯泰："闽船创自左公，沪船创自曾相，鄙人早知其不足御侮，徒添糜费。今已成事而欲善其后，不亦难乎?"因此，洋务运动虽然打着向西方学习的旗号，但"中体西用"这种"两条腿"分走的畸形模仿显然难以达成其富国强兵的目的，反而自毁前程。

国内混乱的政治环境也是洋务运动失败的不容忽视的原因。甲午战争时期，地方势力坐大，中央权力式微，民心离散。各派政治势力纷争，洋务运动遭到了保守势力的强劲阻挠，难以施展，即便洋务派内部亦互不统属，平时各自为政，战时各自为战。标志着洋务运动失败的甲午战争之败实际上是李鸿章"以一人而战一国"，"以北洋一隅之力，搏倭人全国之师"之败。以李鸿章为首的洋务派成了孤家寡人，意味着洋务运动在国内呈现出一种相当孤立与分散的状态。这种糟糕的状态表明了洋务运动在当时国内的境遇，并由此蓄积了战争的败因。在这场孤立洋务运动的活动中，清流派虽不是唯一的力量，但也是唱衰洋务运动的主要角色。

洋务运动是清末持续时间最长的一次部分统治者试图强国自救的活动，虽然弊陋丛生，却也不无建树，但其失败却把清王朝推向了风险更大的自救行动，并在付出了巨大的代价之后覆亡。

三、政争无道

洋务运动没有实现富国强兵，清流派也未给中国带来清明政治。但很难对它们进行简单的否定，因为人们通常都将其归之为谋求国家利益的行为，从而令人难以对其加以苛责。洋务运动主动学习西方的历史意义至今已被基本肯定，清流派"犯颜直谏"、"大胆敢言"的行为似乎也包含了现代追求言论自由的元素而得到了人们普遍的认可。

尽管如此，但它们卑劣的一面依然难以被掩盖。

洋务派倾向于引进西方的技术以弥补自身的器物上的不足，而清流派则着意要以儒家传统道德来匡扶社稷。它们实现目标的路径看起来不一样，但在实际的行为中，二者的手段却毫无二致，即运用权术，攫取权利，打压异己以为上升的通道。洋务运动确实是打着自强求富的旗号，引进西方技术，练兵制器，兴办近代工业。然而洋务派假公济私的行为却比比皆是，并且结成牢固的利益集团，相互引为奥援，洋务成为洋务派的利薮，圈外人很难得其门而入。洋务派之所以和清流派为敌，在很大程度上便源于此。例如清流派虽不乏对洋务感兴趣的能员，但因往往难以涉足其间，转而对洋务派大兴挞伐。

清流派也并非如其所标榜的“清”。尽管清流派的出现与清末危机重重的背景有关，也体现了有识之士对国家社稷的关注，但清流派之兴不过是统治集团纷争的需要罢了，各派都想利用清流派来打击对方，提高自己，以保全其政治地位。因此，清议并不完全等于民意，其中也有不少横议。对于洋务派的政治批判往往变为人身道德攻击，例如，洋务派郭嵩焘因为出使英国而被骂为“汉奸”，并被逼离职。诸如此类的行径显然难以解救近代中国的危局，只会频添乱象，遑论引领中国走向近代化，倒更像是一班政坛豪强在趁火打劫分割权利的禁脔。毫无法度的政争权斗加剧了晚清的乱局，加速了清王朝的覆亡。

然而，这种近乎诡异晦暗的争权夺利往往被冠以“谋求国家利益”等名目，令人易于恍惚失察。清末愈发混乱的局面，清王朝的最终覆亡，表明目的的正大光明保证不了手段的正当公允，更保证不了结局的美好如意。权利需要取之有道，不然，看似卓有成效的调整只会沦为一个又一个的政治投机，即便包含现代言论自由要素的清议也依然逃不脱“党争”的宿命。

四、余论

洋务派和清流派的目的，一个是富国强兵，一个是政治清明，看似都没有什么问题，但实际上还是以过往的历史作为参照，希望国家回到历史上强大自尊、君明臣贤、番邦来朝的状态当中去；都试图在保留帝国文武制度的基础上，对帝国做一些局部的休整，以恢复到以前的强大富足威严的状态当中去。此外，它们实现目标的路径看起来不一样，但在实际的行为中，二者手段却基本一致，即运用权术，展开争夺。

显然，他们并没有充分地意识到近代以来中国已被卷入以欧美为主导的世界体系当中，回到过去已经全然不可行了。历史证明，对于腐朽的帝国，只是作局部的调整不过是“裱糊”而已，于事无补。如果没有根本的变革，政局状态将呈现短期性的轮回反复。

政治斗争的方式正是近代中国最需要重塑的基本事物之一。政治斗争并不是罪恶之源，竞争尤其是合理公平的竞争更是检验良莠的重要方式；政治斗争亦并非全然拒斥私利的存在，因为私利是人们保持积极性的动力之源，但对政治斗争者倡导公利的落实和获取私利的监督都需要公平正义的法则。缺失公平正义的斗争，只能是徒劳无功的内耗，公私不能兼顾，一切皆沦为覆巢之下的危卵。在各种斗争中，尤其是在政治斗争中，贯彻公平正义的法则才是实现中国近代化的必由之路。顺应潮流，主动适应变化了的世界，或许还能在传统和近代之间找到平衡点。

法的信仰何以可能

——西方自然法思想引发的思考

吴燕霞

【摘要】法律信仰的产生、维系是社会经济文化条件、社会心理以及法律制度的有效运作等诸多因素共同合力的结果。其中，正义和融入民情是法律得以被信仰的最重要的两个条件。自然法对西方法治传统的历史性影响启示我们：发掘中国法律传统的有益元素，将其融入社会民情，以推进当代中国法治建设，是培植社会民众法律信仰的极其重要的途径之一。而适度加强道德法律化，是对我国法律传统进行创造性转化的重要思路。

【关键词】正义　民情　法律信仰　中国法传统　道德法律化

作者简介：吴燕霞，1981 年生，女，四川文化产业职业学院教师（成都，610213）。

法治“是一个兼具实践性和价值性的范畴。它既是一种制度设计，也是一种理念诉求；既是法律至上、司法法治”权威、程序正义等形式价值的当然表述，更蕴含了诸如平等、自由、人权等实体价值的真意。法治不仅是一种治国方略，它更是人类法律——社会实践的理想目标。唯有如此理解，我们才“真正站在了法治这个概念的入口处”。但令人遗憾的是，自西方法治进入中国以来，在与中国国情的长期碰撞过程中，它们主要地被作为工具和手段而接受，次要地被作为理念和价值而认同，最不幸的是它们几乎还没有成为国人的信仰和生活方式。在法律信仰的层面上，我国的法治尚处于“初级阶段”。因此，培植我国民众对法律的神圣信仰，对于当代中国法治建设的意义是毋庸置疑的。

一、法律何以被信仰——西方自然法思想的启示

西方自然法学说发端于对自然和社会现象有着卓越洞察力的古希腊哲人，大致经历了古希腊古罗马时期的自然主义、中世纪神学主义、近代理性主义和现代自由主义几个演进阶段。虽然不同时期甚至同时代的思想家们对自然法有着不尽相同的阐释，但都认为自然法是存在于人定法之上的法，是人定法的渊源和优劣的判断准则。作为西方法学史上最具持久性、影响最大的理论学说，自然法思想对西方法治传统产生了极其深远的影响。一定意义上说，西方近现代法治思想史，即是一部自然法学说的演进史。有学者一针见血地指出了自然法对西方社会的不朽影响：多少世纪以来，当人权遭人漠视和处于危急关头时，没有哪种概念能比自然法概念提供更多的力量和支持

……正像过去一样，将来人类的自由问题将继续同自然法理论保持密切的联系。如今，法治主义在西方早已深入人心，成为了公众的虔诚信仰。而自然法作为西方法治最重要的观念支撑力量，对孕育西方社会的法律信仰起到了巨大的作用。西方社会对法律的信仰从深层意义上说也是对自然法的认同、信奉。

笔者认为，从西方自然法思想对于法律信仰形成的历史贡献方面，我们至少可以得到以下两点启示：

1. 信仰法律的实质在于信仰正义

正义是法律的生命。自然法理论之所以在西方法律和社会的变革中产生过极其重要的影响，究其根本，是因为其本质上是一种关于正义的理论，是对超然于实在法之上的“自然公理”的笃信。在古希腊，亚里士多德首次将法律分为自然的法和人定的法。他解释说：协定的正义随地点而不同，而自然的正义“像在波斯燃起的火一样”到处平等地适用。其后，由芝诺创立的斯多葛学派及随后的西塞罗等古罗马思想家们继续发展着自然法的思想。他们认为，与自然相适应的法律才是正义的，是普遍而永恒的。近代古典自然法学说更是一种强调正义的理论。格劳秀斯、霍布斯、洛克、孟德斯鸠、卢梭、普芬道夫等近代资产阶级启蒙思想家们力倡理性主义，将人的生命、自由、平等、财产、安全等视为不可让渡的自然权利，即“天赋人权”，并进而提出了“分权制衡”、“依法行政”、“人民主权”等学说，最终铸就了近代法治的伟大实践。现代自然法学派由侧重法律规则意义上的形式正义转向更加注重法律的实质正义和社会效能，对弱势群体和公共利益给予了特别的关注。即使是在黑暗的中世纪，神学自然法思想家们仍把自然法置于神学的体系之中。

尽管不同时代不同派别的思想家们提出过各种“正义观”，但在正义的最基本内涵上却有着一致的认识，正如博登海默所说：我们需要指出的是，的确存在着一些最低限度的正义要求。这些要求独立于实在法制定者的意志而存在，并且需要在任何可行的社会秩序中予以承认。这些要求中有一些必须从人的生理构造中寻找根源，而其他的一些要求则植根于人类所共有的心理特征之中。正是这些适用于人类社会不同发展阶段，不以社会意识形态为判断标准的关于正义的“绝对原则”，使得自然法观念绵延数千年，并深刻地影响着西方法治的建立和发展。虽然 19 世纪分析实证主义、功利主义导致了自然法思想的衰落，但当法律天才们探寻法律自身的根基的时候，总是又返回自然法。纳粹反人类反正义的暴行使得人们开始重新认识到自然法思想的精髓。第二次世界大战结束后对德国战犯的纽伦堡审判被公认为是自然法理论对实证主义的历史性胜利。已故法学大家吴经熊先生曾对自然法做出了这样的评述：“为善避恶”是它的根本原则，而其直接的结论（例如，诚诚实实地做人和务使人人各得其所应得二项，是“为善”的直接结论；不得损害任何人则是“避恶”的直接结论）是评论式理性的自明之理，是不用证明的。因此自然法并不是仰赖逻辑和经验的推理建立起来的。我们以直觉认识它，这种直觉就是人们所称的良知……在更深层意义上，正义意味着一种对理想秩序的追求，是人类憧憬未来的价值取向，是法律的终极目的。因此，只有体现着正义、保障着正义、实现着正义的法律才能获得社会主体的心灵承认，法律信仰才能得以确立。非正义的法律即使偶得人们一时的“相信”，也无法达到对其的持久尊重。法律的正义品格是塑造崇尚法律的信念的根本前提。

2. 民情是法律信仰的根基

法治建设是一项颇为复杂的社会实践。法律要想成为社会民众普遍的自觉尊崇，除了自身应彰显正义、具有“良法”的品质外，融入民情是必不可少的条件。正如托克维尔所言：法律只要不以民情为基础，就总要处于不稳定的状态。民情是一个民族唯一的坚强持久的力量。西方民主法治理论一脉相承并延续至今，是同它们从始至终以自然法为重要的观念支撑密不可分的。而自然法观念之所以在西方历久不衰，除了它的正义内核外，更重要的是它融入了西方社会的民情，成为融于社会公众血液中的文化传统。何谓西方民情？笔者认为，有两点最为重要：

（1）平民意识，即在法律面前每个人（即使最高层统治者也不例外）都只不过是一介平民，不因身份、地位而有所不同的观念。平民意识成为社会意识的主流是实现法治的必备条件。在西方，平民意识是普遍的社会心理和传统观念，这与西方社会以城市文明为基本文明形式的历史特征有着必然的联系。古希腊城邦国家为西方以城市文明为中心奠定了基础。古希腊城市沿海而建，属于典型的海上文明。海上文明的最显著标志是以商业为本。“商之要害是交换，财产多为动产，需要流动，人就结城而居。杂居使人失去家庭依赖，大家都立于一个平面，谁也不比谁高出一个等级……”① 这种关于平民意识得以产生的论述虽有环境决定论之嫌，但地理环境在文化生成初期无疑是起着主导作用的。平民意识是信奉自然法的重要人文基础。

（2）宗教传统。伯尔曼指出：没有宗教的法律会丧失它的神圣性和原动力……法律与宗教乃是人类经验两个不同的方面；但它们各自又都是对方的一个方面。它们一荣俱荣，一损俱损。中世纪的基督教文化极其深刻地影响着西方社会的思想观念。一方面，宗教构筑的理想世界与现实世界意味着俗与神、尘世与天国的对立。因此，在世俗法律之上，还存在着优于世俗法律的指引着人类的理想法。这种理想法在托马斯·阿奎那看来即是“永恒法”，它是上帝的理性，而自然法则是人的理性，是“理性动物对永恒法的参与”，实在法服从自然法并最终服从永恒法。某种意义上说，虔诚地信奉上帝即是虔诚地信仰法律。另一方面，在宗教面前，世俗间的富贵都失去了意义，掌握着权力和更多财富的人也不过是上帝的信徒，在神灵面前，人与人之间都是平等的。这成为了法律面前人人平等的重要心理基础。另外，基督教统治并不意味着教会权力不受限制。伯尔曼研究指出，教皇、全基督教宗教会议、主教和地方宗教会议在其权威范围方面受到神法与自然法两方面的限制。② 总之，西方几百年的法治传统无疑从宗教信仰中获得了公众内心的共鸣和支持。

二、培植法律信仰的重要途径——我国法传统的创造性转化

历史是由人类自己创造的，但是他们并不是随心所欲地创造，并不是在他们自己选定的条件下创造，而是在直接碰到的、既定的、从过去继承下来的条件下创造。法治的实践是一个具体的历史过程。在不同的文化和制度背景下，实现法治的路径、方式及步骤是不尽相同的。法制现代化不等同于法制西方化，当代中国的法治道路不应是也不可能是西方法治的复制和再现。我们不可能硬生生地使中国民众的心理上滋生

① 郑永流. 知者乐水　仁者乐山［J］. 读书，1988（2）.

② （美）哈罗德·J. 伯尔曼. 法律与宗教［M］. 梁治平，译. 北京：生活·读书·新知三联书店，1991：258-259.

出对宗教的虔诚信奉和彻底的平民主义意识，支撑我们信仰法律的文化心理只能立足于我们的传统、民情去培育。从传统法律文化中发掘积极因素，努力将其转化为当代中国法治实践的社会心理力量，有利于对“法”的“顺乎自然”的接受和认同，有利于产生对法律的信仰，从而使“字面上的法律”真正成为“行动上的法律”。

中国法的传统以强调宗法、倚重伦常、漠视权利为基本面貌，总体上与现代法治精神相悖。但这不意味着应将其一概视为腐朽而摒弃，其间也不乏彰显正义和民情的颇具借鉴意义的优秀成分。例如：依法治吏，实现廉政建设的法律化、制度化，即是中华法系的一大特点。其主要体现为以下几个方面：

（1）以重法惩贪。这是我国历代法律规定的重要内容，明确具体，有很强的可操作性。隋唐律中，将官吏犯罪划分为公罪和私罪，加重对官吏所犯私罪即贪赃枉法的处罚。唐律规定，请求曲法、监临主司受财枉法、索取地方官馈赠及因官挟势等作为均属私罪，予以重刑处罚：“接赃1尺杖100，1匹加1等，15匹者绞。”

（2）严格的考核官吏制度。秦朝将“五善”作为官吏考核标准①；两汉有“廉察”制度；唐朝对流内官行“四善二十七最考课法”②，对流外官还要考及其所辖区域的户口、垦田、钱粮、贼盗多寡等。

（3）完善的回避制度。回避制度贯穿于司法、行政、科举等各领域。“南人官北，北人官南”，巡抚不巡于本省，在推举中“避乡”，等等。再如：历代家族法规虽然旨在维护封建族权，但其中也有极具借鉴价值的积极因素。明清时期的家族法规中对于斗殴滋事的规定既注重教化，禁之于“将然之前”，也对其进行事后处罚，惩之于“已然之后”，体现了惩教结合的人文理念。另外，古代家族法规中关于民族优良传统，如勤奋节俭、和睦相处、患难互助、护幼敬老等的规定，也是现今立法应继承和吸取的内容。

传统是客观存在的历史文化背景，它对于现实社会的影响是潜移默化的、深远的。摆在我们面前的难题是：在发达的农业文明中形成的中国传统法律文化到底能为当代法治建设贡献些什么？

瞿同祖先生指出：研究中国古代法律必礼书法典并观，才能明其渊源，明其精义。礼，作为中国古代法律渊源之一，为中国传统法律烙上了深深的伦理道德的印迹，礼与法融为一体成为了中国法律传统的最显著特征。西方模式的法治，倡导道德与法律的分离，中国近代法治的实践也遵循了这样的思路。但发人深省的是，道德与法律互为表里的传统使得一些在西方行之有效的制度在中国却变得“非驴非马”。实行改革开放以来，我国效仿西法，在法律制度的建立方面成效显著，但法的执行实效却难如人愿，制度背后的文化冲突日益凸显出来。这同样也不得不让人反思法律文化的特质问题。一味地否定传统学习西方，并不能给当代中国带来理想的法治和对法律的崇尚。我们的法治建设必须另辟蹊径。笔者认为，立足本土、甄别发掘传统，有选择地实现传统法律的创造性转化，适度加强道德法律化，是使法律融入民情，使广大民众产生

① 据《云梦秦简》载，吏有五善：一曰中（忠）信敬上，二曰精（清）廉毋谤，三曰举事审当，四曰喜为善行，五曰龚（恭）敬多让。五者毕至，必有大赏。

② 唐朝考核官吏的标准分为“四善”与“二十七最”。“四善”是国家对各级官吏的共同要求，即德、廉、公、勤四条都要有具体的政绩；“二十七最”是根据各部门职掌之不同，分别提出的二十七条具体要求，包括了礼官、乐官、法官等文武官吏职守的各个方面。

法律信仰，最终实现中国特色法治的极其重要的途径。孔子言："导之以政，齐之以刑，民免而无耻；导之以德，齐之以礼，有耻且格。"道德作为治理国家和社会的一种手段，可以防患于未然，达到标本兼治的目的。当然，我们不是要回到"礼法合一"的落后法律模式中去，而是要尽量吸纳传统法律中的有益成分，将某些道德观念合理地转化为立法规定和司法、执法等的具体准则，使僵硬的法律条文、法律操作产生亲和力，从而使民众产生对法的认同、好感、信奉。例如，唐律中一些合乎道德与人情的规定如"权留养亲"等就很值得借鉴。① 再如，在我国农村特别是偏僻农村，体现着强烈伦理性的"乡规民约"在日常生活中仍发挥着不可忽视的作用。我们必须正视这一不容回避的乡土社会背景，对之进行辨别、扬弃、转化，使其成为村民自治立法的有机组成部分。另外，强调官吏素质与自律即官德是中国古代法律的重要特征，其对现今的立法仍具有较大的启示作用。因此，增强司法、执法人员的道德能力，加强官德的法律化，是法律信仰得以维系的重要保证。

与道德密切相关的法律在道德的约束下将会更接近公正，成为良法，因而道德法律化的最终结果是使人们真正地接受法律，使法律确立起真正的权威。道德法律化使法在实施中能充满人情，其对社会的和谐发展亦不失为可借鉴之处。就算在西方，近现代的立法也贯彻了道德法律化的价值取向。如，将"诚实信用"这一道德要求载入民商法典成为"帝王条款"就很能说明问题。一些国家还把违反见义勇为、扶弱济贫等不道德行为视为犯罪予以制裁。如 1971 年《西班牙刑法典》规定："对于无依无靠且情况至为危险严重者，如果施予救助，对自己或第三者并无危险，但不施予救助，应处以长期监禁，并科以西币 5 000~10 000 元罚金。"近年来，国内部分学者主张将"性贿赂"规定为犯罪，这是要求加大道德法律化力度在刑法领域的一个典型例证。

过去的传统并不只是以往的记忆，它还是今人的生存背景。而它对于今人的意义，最终取决于他们自己的判断、取舍和努力。我们必须坚定信念，借鉴、转化传统，让法律真正成为社会的普遍信仰，使当代中国法治成为顺应民情的治国方略和价值追求。当然，道德法律化是一个复杂的课题，它需要我们去逐步摸索、完善。

参考文献

[1] 李林. 法治与宪政的变迁 [M]. 北京：中国社会科学出版社，2005.

[2]（澳）维拉曼特. 法律导引 [M]. 张智仁，周伟文，译. 上海：上海人民出版社，2003.

[3]（美）E.博登海默. 法理学：法律哲学与法律方法 [M]. 邓正来，译. 北京：中国政法大学出版社，2004.

[4]（德）海因里希·罗门. 自然法的观念史和哲学 [M]. 姚中秋，译. 上海：上海三联书店，2007.

[5] 吴经熊. 法律哲学研究 [M]. 北京：清华大学出版社，2005.

[6]（法）托克维尔. 论美国的民主（上） [M]. 董果良，译. 北京：商务印书馆，1991.

[7]（美）哈罗德·J.伯尔曼. 法律与宗教 [M]. 梁治平，译. 北京：生活·读书·

① 《唐律疏议·名例律》：诸凡死罪非十恶，而祖父母、父母老疾应侍，家无期亲成丁者，上请。犯流罪者，权留养亲，不在赦例，课调依旧。若家有进丁及亲终期年者，则从流。

新知三联书店，1991.

［8］中共中央马克思恩格斯列宁斯大林著作编译局. 马克思恩格斯选集：第 1 卷［M］. 北京：人民出版社，1995.

［9］瞿同祖. 中国法律与中国社会［M］. 北京：中华书局，1981.

［10］马小红. 中国古代法律思想史［M］. 北京：法律出版社，2004.

［11］梁治平. 法意与人情［M］. 北京：中国法制出版社，2004.

浅析全球化对中国政治发展的影响

王　磊

【摘要】全球化引起人类政治生活的变革，对人类社会传统的政治活动产生了深刻影响，也给我国政治发展带来了机遇和挑战。了解这些机遇和挑战，有助于我国积极应对全球化，建设社会主义政治文明。

【关键词】全球化　机遇　挑战

作者简介：王磊，1978 年生，男，西南财经大学马克思主义学院讲师（成都，611130）。

一、全球化的政治后果

全球化是一个涵盖经济、政治、文化等诸领域的全方位的社会历史进程。全球化必然会引起人类政治生活的变革，对人类社会传统的政治活动产生深刻的影响。全球化不仅对国际政治和世界秩序带来变革，对传统的国家主权造成强烈的冲击，而且对一国的国内政治也将产生深远的影响。

1. 传统的政治内涵发生了变化，出现了国内政治国际化的倾向

传统政治就是国家政治，被限定在国内政治范围内。但是随着全球化的发展，世界各国日益紧密地联系在一起，现实的国家政治生活早已超越了国内政治的框架，国家的政治活动日益表现出跨国界性、超领土性。传统上属于一国国内的事务日益受到国际社会的广泛关注甚至介入。各国在处理国际事务的过程中，也不能仅仅从本国利益出发，还要考虑别国利益和全球利益，只有这样，才能有效地实现本国利益。在全球化的背景下，一些原本属于国家内部的政策行为，由于其产生了国际影响而日益具有对外政策的特征。特别是一些大国的国内政策和举动，不仅在本国国内发挥作用，而且会在世界范围内产生影响，例如美国国内局势的变化就会在国际社会产生影响。传统的国内政治与国际政治的界限已经变得越来越模糊，国内政治已经日益国际化。

2. 全球化推动着民主政治的发展

全球化进程是民主化的基本推动力，它以不可阻挡的力量在摧毁传统的权威主义，推动民主化进程。而且在全球化中，信息革命带来的国内政治活动的透明化，使国内政治活动在国际社会的注视和舆论的监控下，势必推动国内政治的公开化和民主化，使政府权威暴露在国际舆论的批评之下。全球化把世界各国的政治模式展示在同一个舞台上，民众在比较与鉴别中会对民主化产生深层的推动力。

3. 全球化催生了全球市民社会的兴起

首先，经济全球化带来了交通技术、通信技术、传媒技术的进步，世界性人员交往频率增加和规模扩大。借助于全球化所带来的技术进步和人员交往的扩展，由当地到地区、全球层面的网络组织体系，形成了一种“自下而上的全球化”，推动全球市民社会的兴起。其次，随着经济全球化的发展，国内的资源和财富日益具有全球性质，成为全球自由配置和流通的要素，传统的国界和领土的概念在许多领域尤其是经济领域日益过时。特别是信息技术的发展，使得人民能够随时随地了解和处理经济事务，进而导致人们的全球意识和政治参与意识以及全球舆论的形成与发展，人们逐渐形成了“世界公民”意识。

4. 全球化导致政治日益经济化

在全球化时代，国内政治日益受到国际经济的影响，具有浓厚的经济色彩。国家的政治活动和政治关系越来越被赋予经济目的，国家会更加灵活地运用政治外交手段来谋取本国的经济利益的最大化。最明显的表现就是国内政治通过对外经贸政策的制定、国家对涉外经贸活动的全面管理、国家对经济活动的协调等措施来追求更大的经济利益。

二、全球化对中国政治发展带来的机遇

1. 全球化将推动中国社会主义民主政治的发展

首先，全球化为中国带来的经济发展机遇将进一步为民主政治建设奠定雄厚的物质基础。经济是政治的基础，经济发展水平对民主政治的发展水平起着制约作用，较高的经济发展水平能够为民主政治发展提供良好的物质技术条件，推动民主政治在较高水平上的发展。随着我国加入世界贸易组织，不仅能够进一步优化我国的资源配置，引进先进技术、设备和管理经验，提高劳动生产率，更好地发展我国与世界各国的经济联系，大力促进我国的经济增长和社会发展，在全面提升中国社会发展质量的同时，为我国的政治民主化奠定良好的物质基础。

其次，全球化促进民主意识的日益成熟。随着全球化的发展，国际经济规则所蕴含的民主精神将会深深影响和强化我国公民的法治意识、契约意识、规则意识，从而增强公民的民主意识，确立并巩固公民的民主理念，促进我国公民民主政治思想的发展，为我国市民社会的发展奠定坚实的思想文化基础。

最后，全球化促进民主因素的生长。经济全球化的本质是市场法则的全球化，市场法则的核心规则是自由竞争，其建立于契约主义思想之上。因而，经济全球化必将导致契约思想的全球化，并推动政治生活由血缘政治、强权政治转向契约政治。市场经济要求合理地划分权力界限，适度地实现分权，优化配置权力资源；市场经济要求公共权力与市场主体权力相互制约。这有利于我国调整政府与社会、企业、个人的关系，形成一整套新的制度体系，变官本位、国家本位为市场本位、社会本位，从而把我国的社会主义民主政治的制度化水平提高到一个新的高度。另外，全球化背景下非政府社会组织的社会权力日益增强，国家权力不再是调控社会的唯一力量。国家与社会二元化互补互动，相互支持又相互制约，形成法治国家和法治社会的统一。

传统政府管理体制所存在的低效、低能、腐败等问题日益成为国际竞争的重要掣肘因素，这将进一步促进政府管理体制的改革，否则发展中国家将很难在激烈的国际

竞争中发挥“比较优势”和“后发优势”。

2. 全球化将推动我国的法治建设进程

全球化推动下的市场经济是法治经济。加入世界贸易组织后，我国政府、组织、企业和公民都需要大力增强法治意识和法治观念。我们一方面要对现行的法律、法规进行全面清理，特别是要对与世贸组织规则不相符合的具有地方和部门保护主义色彩的法规予以废止或修正，抓紧制订、完善保护和促进我国相关行业发展的有关法律和法规，建立和规范市场经济的法律，积极推进我国法律体系的完善；另一方面也迫使各级政府要依法行政，杜绝长官意志、滥用职权、违规操作的现象，增加透明度和服务意识，保证法律的权威性和统一性。

3. 全球化为中国政治发展提供了丰富的政治文化资源

全球化有利于现代政治文化的生成。首先，在中国的传统文化中的确存在着许多逆时代潮流、阻碍政治发展、不利于现代政治文化生成的消极因素。比如政治权力至上，官本位现象严重，僵化思想、保守思想、封闭思想，等等。全球化所要求的平等观念、创新观念、开放观念、自由观念、民主思想等与现代政治文化相联系，必将对传统消极的政治文化带来巨大冲击。其次，全球化促使人们的思维方式由封闭型转向开放型，从而推动并实现人们思想观念的现代化。约翰·穆勒曾说过：“在精神奴役的一般气氛之中，曾经有过而且也会再有伟大的个人思想家，可是在那种气氛之中，从来没有而且也永远不会有一种智力活跃的人民。”① 通过人们思想观念的转变，可以创造出更加民主的政治氛围，从而为中国的政治文明建设准备了良好的国内政治文化环境。最后，随着中国的开放程度进一步加大，使得我们能够充分吸收和借鉴人类社会创造的政治文明成果，从而使得传统政治文化得到改造和革新。

三、全球化对中国政治发展带来的挑战

1. 全球化对我国的政治稳定提出了挑战

首先，随着全球化的发展，我国与世界经济的联系更加紧密，国内市场全面对外开放，相互间经济的依赖性加强。世界任何地区的经济动荡都可能会对我国经济政治产生影响，经济发展的风险会直接对政治稳定带来挑战。其次，经济全球化要求我国加速经济体制改革步伐、调整经济结构、转变经营方式，这将影响整个社会经济关系，造成经济关系和利益关系的重组和利益结构的分化。随着经济体制改革的深入，经济生活中的深层问题也日益显露，社会结构进一步分化，社会阶层流动加快，贫富差距扩大，不同阶级、阶层和集团之间的矛盾冲突增多，社会犯罪增加，进而影响政治稳定。最后，我国政治权力的配置与经济发展不适应的矛盾，西方民主的“示范效应”与走适合本国国情的民主发展道路的矛盾，执政党制定的路线方针政策的正确性与贯彻执行能力不足的矛盾以及政治权威自身现代化滞后等多方面问题，都随着全球化的深入发展而变得非常突出。

2. 经济全球化对我国政治体制改革提出了新的挑战

全球化使我国政治体制改革过程面临更大的困难、矛盾和风险。随着经济全球化浪潮的迅猛发展，广大发展中国家的政治制度普遍受到西方国家政治模式的影响，一

① 董郁玉，施滨海．政治中国［M］．北京：今日中国出版社，1998：122．

些国家在政治改革过程中甚至出现了严重的政治危机，并因此陷入激烈的政治动荡和政权危机之中。由于各国之间经济联系的加强，交通通信技术的发展，国际交往的进一步扩大，一个国家的政治系统试图以“故步自封”来达到稳定已成为不可能。全球化客观上要求我国的政治体制改革不仅要满足国内经济政治发展的需要，还必须符合世界经济贸易体系的要求，否则就可能失去与世界同步发展的机遇；同时，又必须保持国际国内经济政治发展之间的和谐、平衡与稳定。这无疑加大了我国政治体制改革的政治成本、政治压力、政治责任和政治负担，孕育和加剧政治不稳定的风险和可能。

3. 全球化对政府的治理能力提出了挑战

首先，全球化要求不断提高政府的综合反应能力，以适应复杂多变的内外环境。全球化带来的国内政治国际化与国际政治国内化的现实，经常使政府处于两难困境，难以抉择。其次，全球化使得政府部分权力转到非政府的国际组织机构中，政府控制信息扩散的能力逐渐减弱，政府面临着如何实现从统治向治理转变的挑战。

4. 全球化对我国的政治文化产生冲击

全球化是一柄“双刃剑”，它既有利于涤荡政治文化中的沉渣，但也会动摇政治文化的向心力。首先，随着信息技术的发展，使得公民的信息来源多样化和国际化。西方的思潮、价值观、生活方式，经由各种渠道，不断对我们产生影响，这在一定程度上削弱了维持社会向心力的凝聚因素。多元化的政治观念改变着人们原有的政治思维，影响着公民对本国政治制度及政治领导的评判标准，在一定程度上削弱了建设中国特色社会主义理想对转型期社会利益分化和文化多元状况的整合作用，也削弱了人们对马列主义、毛泽东思想、邓小平理论以及“三个代表”重要思想的政治认同。其次，全球化推动着中国社会的世俗化转型，需要在对过去信仰伦理、价值理论的合理扬弃中，创造出一种新的主流政治文化来实现对中国社会政治文化整合。也就是说，我国的主导意识形态要回应更深层次的现代化挑战，必须有一个世俗化的转型过程。但在向现实世俗化过程中，作为主导意识形态的马克思主义所依托的社会政治基础将受到世俗化大潮的巨大冲击。最后，西方国家的“和平演变”战略并没有因“冷战”结束而画上句号，政治文化领域的交锋是这一战略的核心所在，信息传播的全球化和日益频繁的经济政治及文化交往，加速了西方政治观念和游戏规则的传播，马克思主义主导地位面临严峻挑战。

参考文献

[1] 李景治，罗天虹，等. 国际战略学 [M]. 北京：中国人民大学出版社，2003.

[2] 李五一，等. 大国关系与未来中国 [M]. 北京：中国社会科学出版社，2002.

[3] 刘杰. 经济全球化时代的国家主权 [M]. 北京：长征出版社，2001.

[4] 刘杰. 秩序重构：经济全球化时代的国际机制 [M]. 北京：高等教育出版社，1999.

[5] 胡鞍钢. 中国大战略 [M]. 杭州：浙江人民出版社，2003.

[6] 资中筠. 国际政治理论探索在中国 [M]. 上海：上海人民出版社，1998.

[7] 鲁品越. 产业结构变迁和世界秩序重建——历史唯物主义视野中的世界秩序 [J]. 中国社会科学，2002 (3).

[8] 蔡拓. 全球主义与国家主义 [J]. 中国社会科学，2000 (3).

浅议文化保守主义的负面效应

程小珊

【摘要】近年来，文化保守主义在中国隐没数十年后重新兴起。一些文化保守主义者进一步提出复兴“儒学”，以儒学革新政治、“儒化”中国的主张，挑战马克思主义的主流意识形态地位。笔者认为，正确认识与对待文化保守主义思潮的负面效应，实现传统文化的现代转换具有重要的意义。

【关键词】文化保守主义　负面效应　儒化中国　政治儒学

作者简介：程小珊，1988 年生，女，西南财经大学马克思主义学院 2011 级硕士研究生（成都，611130）。

20 世纪 90 年代，全球化浪潮将中国卷入了现代化的漫长征程，文化保守主义在中国隐没数十年后重新兴起。近年来，它更呈异军突起之势，成为当代中国文化思想界一股不可轻视的思潮。一些文化保守主义者进一步提出复兴“儒学”，以儒学革新政治、“儒化”中国的主张，挑战马克思主义的主流意识形态地位。由于对当代中国文化保守主义思潮范围界定不同，对其评价也有着不同的观点。笔者认为，正确认识与对待文化保守主义思潮，明确其负面效应，引导其健康发展，努力实现传统文化的现代转换，是中华民族走向未来、实现民族复兴过程中亟待解决的重要任务。

一、文化保守主义的概念与相关研究

（一）关于文化保守主义的概念

文化保守主义的概念是目前学术界分歧较大的问题之一，也是我们研究文化保守主义的基础。先来看什么是保守主义。“保守”是指一种政治哲学，指在政治方面希望维持既有价值和现状，反对变革和革命。保守主义并不反对进步，只是反对激进的进步，宁愿采取比较稳妥的方式。当代文化保守主义主要产生在后发性的现代化国家，试图采纳过去遗留下来的传统和制度，是全世界范围内对民族文化的本能的护卫。杰姆斯·希顿认为，文化保守主义是指保护一国文化或不受国家疆界划定的共享文化之遗产。把这一概念运用于说明中国文化，主要是指中国知识界在中西文化碰撞和交流中表现出来的一种对待中国传统文化的历史、现状和未来的态度，代表着一种面对西方文化的挑战而重塑传统民族文化的意识形态。中国的文化保守主义，强调“传统”的重要意义，主张以儒家思想为基础，吸收某些外来的文化，创造中国新的文化。

（二）关于负面效应的概念

如何界定负面效应，也是我们需要探讨的一个问题。负面效应是相对于正面效应来说的，所谓负面就是不好的一面，负面效应就是指一个事物所带来的不好的影响或负面效应结果。那么文化是否具有负面效应呢？笔者对其的回答是肯定的。文化保守主义所提倡的传统文化，是要剔除中国传统文化中会对广大人民群众利益造成危害的，不符合现代民主化发展要求的，阻碍社会进步与发展的腐朽思想。本文重点研究文化保守主义的负面效应，笔者暂且将文化保守主义所倡导的传统文化中不适应现代社会的内容界定为文化保守主义的负面效应。

二、文化保守主义的兴起与发展

据美国学者艾恺研究，文化保守主义是伴随着西方现代化运动——18 世纪启蒙运动的产生而最早在西方出现的。① 西方的文化保守主义是其在自身的现代化进程中由于人的异化问题而引发的保守传统道德的回应，以认同、回归、捍卫本民族文化为首要任务和根本特征。从世界范围上讲，文化保守主义是不相统属的异质文化系统发生冲突和交融时才会发生的文化现象。

与西方不同，中国的文化保守主义还要面临一个儒家传统文化与西方现代文化的冲撞问题，“中体西用”成为了这一思想的核心理念。中国近代文化保守主义思潮起源于何时？艾恺指出，中国的文化保守主义以19世纪中后期中国传统文化和资本主义现代化碰撞交融为发端，是中西文化“双重危机”在思想文化领域里的反映。从19世纪40年代开始，随着西方列强用坚船利炮打开中国国门，“西方文明”的不断输入，本土文化与西方文化的碰撞和冲突十分激烈而尖锐，民族文化遭遇危机。保守主义充分褒扬民族传统文化的本质优长，有限度地接受资本主义现代化的成果，同时猛烈抨击其负面影响，主张以“返本开新”方式，实现民族文化的现代化。

产生于20世纪20年代，以梁漱溟、熊十力、冯友兰、贺麟等为代表的“现代新儒学”无疑是20世纪中国文化保守主义思潮中影响力最大的学派。“新儒学”一词出自贺麟，其含义是指西方哲学“与中国孔孟程朱陆王之哲学会合融贯”而“产生发挥民族精神之新哲学”。现代新儒学对西学的吸纳相当明显，它用新的现代西方哲学去系统地改造古老的中国儒学，其思想大致可分为三代：梁漱溟、冯友兰、贺麟、熊十力、张君劢为第一代；牟宗三、徐复观、唐君毅、方东美为第二代；杜维明、刘述先、余英时、成中英为第三代。然而，新中国成立后，文化保守主义在近代一直处于一种比较尴尬的境地，新儒家的代表人物主要在港台地区得以延续。

20世纪90年代以来，新儒家重返内地，文化保守主义复兴并掀起一次又一次“国学热”，大大地削弱了文化激进主义声势并一定程度上削弱了马克思主义的主导地位，所谓的新儒家的出现标志着儒学发展进入了一个新的阶段。“内地的新儒学研究也刺激了港台、海外新儒学的发展，使其地位大大提高，成为被广泛研究的对象。”② 他们致力于复兴儒家传统的重任，以对抗马克思主义理论的发展。方克立称现代新儒学第四阶段是在港台新儒家的反哺下兴起的。其代表人物是蒋庆、陈明、盛洪、康晓光。他们高度评价传统儒学的现代意义和价值，提出了“王道政治”、“复兴儒教”等思想和主张，用以解决现实的政治和文化问题。方克立指出文化保守主义中也有不同的思想

---

① 艾恺. 世界范围内的反现代化思潮——论文化守成主义［M］. 贵阳：贵州人民出版社，1991：76-77.

② 邵汉明. 现代新儒学研究十年回顾——方克立先生访谈录［J］. 社会科学战线，1997（2）.

倾向，有些是纯粹做学问的，有些则有很大的政治抱负。新儒家积极构建自己的文化体系，尤其是政治哲学，将目光更多地转向了现实政治问题，主张儒化共产党，要求儒学重新意识形态化。

综合中国保守主义的历史来看，从清代晚期到当代新儒家，经历了一个半世纪，尽管其间起伏不定，文化不断变化更新，但有一点却是共同的，那就是，中国文化保守主义者都打着儒学或传统的旗帜，以期待文化唤醒民族意识，投身救亡、建设运动中。

三、文化保守主义产生的原因及其合理性

在近代中国，作为社会心理的文化保守主义，拥有宽厚的民众基础和顽强的传统力量。殷海光认为，在思想方面，无论有何严重毛病，中国的保守主义都是一种相当成熟的思想。从这个意义上说，文化保守主义的兴起，不是根基肤浅的一时勃兴，而是有着深厚的哲学思想根基和重大的社会现实关怀的兴起。

（一）不可避免的文化冲突及对西方文化的批判

不可避免的文化冲突是文化保守主义思想产生的历史必然。从思想发生学的意义上讲，文化保守主义是现代化世界进程的产物，是文化的民族主义与文化的世界主义相冲突的产物，是分散的世界历史走向整体的世界历史过程中萌生的人类思想之花。近代中国文化保守主义的生成从宏观上说是现代化的世界进程的结果，从中观上说是原生内发性现代国家对外扩张与民族文化的传承相冲突的结果，从微观上说是中国道统意识传承的结果。

面对全球化与现代化所带来的一系列负面效应，如人性异化、技术压抑、道德失范、信仰迷失、个人主义膨胀和环境危机等现象，西方文明所造成的各种弊端促使人们开始反思、批判西方文化，通过诉诸传统文化来摆脱危机。文化保守主义认为中国迫切需要被压抑太久的人文主义传统，企图通过回到传统，运用中国特有的文化资源来解决发展过程中所出现的各种问题。无论是在维护的基础上反省传统，还是在批判的前提下学习西方，其目的都是为中国文化寻找出路。文化保守主义者认为，中国文化的出路就在于取西方近代文化之长，补中国传统文化之短，实现以中国传统文化为本位、为主体的中西文化融会调和。

（二）对传统文化的维护和弘扬，是实现中华民族伟大复兴的历史要求

要实现中华民族伟大复兴的理想，不仅仅是经济繁荣、国力强盛，还必须实现文化振兴。在这种情况下，如何更加自觉地发展与我国地位相称的、与时代发展相适应的先进文化，是一个带有战略意义的重大问题。中国传统文化代表的是中国数千年来的正统学术文化，国学作为中华文明之根，直接关系着保持民族文化的主体性，尤其是在增强民族意识的自觉性方面，承担着重要的文化使命。自宋代就在中国广为流传的“半部《论语》治天下”的说法印证了儒学在中国历史上的显赫地位，表明了儒学曾经对中国的政治制度、社会风气、人生修养产生了十分重要的作用。中国经过近30年的改革开放，人们已经开始找回文化的自信，中国开始迈向文化自觉与注重软实力建设的时代。

四、文化保守主义的负面效应

泱泱中华文明孕育了几千年的传统文化，有振兴，也有衰落。对现代人而言，对儒学的不同理解，决定了不同的思想立场。我们现在要思考的是，在大力弘扬中国传统文化的同时，如何厘清其中的文化负面效应，准确识别它的弊端并予以扬弃。

（一）传统思维方式的封建残留

研究传统文化对于推进中国现代化进程，建设中国特色社会主义文化，具有一定的现实意义。但是众所周知，中国传统文化博大精深，其中良莠不齐，精华与糟粕并存。从明末清初资本主义萌芽时期开始，有识之士便开始反思中国文化自身存在的问题。黄宗羲的《明夷待访录》便提倡“民主君客”，批判“君为臣纲”等；王夫之的《读通鉴论》抨击了君主专制及其流弊。鸦片战争打开中国国门，在内忧外患的压力下人们开始了对传统文化的反思，而这一时期人们的认识仍然停留在引进西方知识的层面，终究未跳出封建思想的禁锢。直到“五四运动”，人们才对封建礼教进行了彻底的批判，真正清楚地认识到传统文化与现代化之间的矛盾。我们不得不承认，当下的文化保守主义者自身存在着思维方式及价值实现方面的困境，因植根于民族自恋的文化情结而无可避免地具有浓厚的非理性感情色彩。从现在的情况看来，20 世纪 90 年代兴起的这股“国学热”显得有些狭隘，这主要表现在人们把“国学”局限于某一个层面，过度渲染狭隘儒学复兴思潮，而忽略了“国学”更深层次的内涵。例如有人提倡重建私塾，倡导儿童读经，甚至替代现代教育资源的学习，将儒家经典的价值绝对化，误导人们以迷信的态度来对待传统文化典籍。蒋庆在《读经与中国文化的复兴》中除倡导从小读经、全民读经外，还要求人们“无条件”地接受经典的教化。

笔者认为，复兴国学可不是热炒国学，更不是盲目地拜在古人脚下。如果我们要复兴国学，那就应该厘清中国传统文化的精华和糟粕，从传统文化继承和发展角度出发，切切实实地整理传统文化，恢复国学地位，将国学作为一门文化学科进行发展。马克思曾经说过，新生的共产主义社会，“它在各方面，在经济、道德和精神方面都还带着它脱胎出来的那个旧社会的痕迹”①。因此，运用马克思主义理论，结合中国的国情，全面系统地探讨与研究封建残余及其影响，正确认识什么是真正有中国特色的社会主义，是解放思想的重要内容，也是我国社会主义现代化建设实践中必须认真对待的一个重要课题。当今，正视封建残余在中国的存在，同时对它做一个客观的剖析，从理论上澄清某些模糊认识，提出若干清理它的可操作性对策，逐步地肃清封建残余及其影响，促进中国社会的全面和谐发展，具有重大的理论意义和现实意义。

（二）复兴“儒学”、“儒化”中国思想分析

一些文化保守主义者提出了复兴“儒学”并“儒化”中国的主张，无疑是时下文化保守主义研究的热点。事实上，儒学的复兴不是现在才提出来的问题，早在 20 世纪 20 年代以梁漱溟为代表的当代新儒家包括接下来的两代新儒家就为了为儒学正名，为了复兴儒学，为了重新使得儒学进入我们的视野而不懈地努力着。20 世纪 80 年代末以来，以蒋庆、康晓光、陈明、盛洪等为代表的新儒家试图在中国全面复兴儒家文化，

---

① 马克思恩格斯选集：第 1 卷［M］. 北京：人民出版社，1995：304.

并且已不满足于前三代新儒家停留于“心性儒学”的层面，而是积极向“政治儒学”转向，提出了以“儒学”、“儒教”取代马克思主义的主流意识形态地位的一整套“儒化”中国的理论观点和政治策略。

新儒家倡导复兴“儒学”、“儒化”中国的主张引起了学术界的激烈讨论，批评反对声此起彼伏。当代中国文化保守主义思潮是值得警惕的，除开其在学术层面可能具有的积极价值，其在政治思想和意识形态方面的政治目的决不容忽视。值得警惕的是，复兴“儒学”、“儒化”中国主张无视社会构成的整体性，片面强调文化的作用，陷入了唯心主义。文化保守主义，一方面否认经济基础对文化的决定作用，忽视了文化的时代性，想以产生于封建时代的传统思想为指导解决中国现代社会问题，违背了社会发展规律，这是极其荒谬的；另一方面，离开经济与政治这个历史大环境，孤立地谈论文化，认为中国传统文化是中国现代化进程的唯一助力。这种肆意夸大文化作用的做法必然导致历史唯心主义。未来中国文化在发展的方向上和原则上都不可缺失中国传统文化的精髓，人们可以通过了解“儒学”，掌握更多的传统文化知识，以提高文化素养和道德境界。但如果寄希望于复兴“儒学”，让其担当更多的“救世”责任，解决中国的一切问题，则是不现实的。

（三）关于“政治儒学”的思想辨析

“政治儒学”思想的倡导者主要是新儒家。蒋庆在2003年出版的《政治儒学》一书中提出“儒学从其诞生之日起就是政治儒学”。政治儒学着眼于政权和政治。他在《关于重建中国儒教的构想》等文章中也强调，儒教应该“进入到政治权力中心”，为当代中国重新规划政治蓝图。蒋庆不但宣扬复兴儒学，还制定了一系列战略，分为上行路线和下行路线。上行路线即是“进入到政治权力中心”，下行路线是“在民间社会中建立儒教社团法人”。康晓光提出要“在上层，儒化共产党；在基层，儒化社会”，通过“立儒教为国教”，把中国和平演变成一个“儒士共同体专政”的国家。

新儒家的“政治儒学”思想遭到了学术界的强烈反驳。方克立指出，新儒家热心于儿童读经运动的最终目的，是通过为“复兴儒学（教）”培养人才，满足其政治需要，他们并不满足于道德文化建设的功能，其力图改变中国现实发展道路（“以夏变夷”）的鲜明政治主张值得我们提高警惕，划清其思想界限。笔者认为，由于文明的转型不可避免，对传统文化的批判也是不可避免的。已经作为象征性的儒家文化，当今硬要人为地恢复其规范性文化的属性，赋予它政治内容，这就有些不妥了。

（四）儒学的现代转化困境分析

传统文化的复兴不应是简单的回归或重复，儒学塑造生活，是通过具体的政治和社会制度渗透到人们的生活中。在经济全球化背景下，实现传统文化现代价值需要通过对古老经典的重新诠释，传承与发展传统思想文化，使之更适应现代社会和人生的需要，这是中华民族走向未来、实现民族复兴过程中必须思索和解决的问题。陈壁生认为，新儒学和海外新儒家共同的问题，是可以解释思想、历史，而不能解释、指导当下。[①] 中国传统文化的必然归宿无疑是让中国优秀的文化传统真正走向大众生活，推进中国社会的现代化。梁漱溟、熊十力等及其弟子们选择了文化事业，在书斋中强调

① 陈壁生. 十年来大陆“国学热”现象鸟瞰［J］. 文化纵横，2010（2）.

传统文化的意义，在国家危机四伏的时期显然不合时宜。而新儒家学者却提出毫无现代价值的政治纲领，对当代政治改革没有值得思考的价值。特别要警惕的是，文化保守主义专注于批判西方文化而缺乏自我批判意识。任何思想都是一定历史时代的产物，都具有合理性与局限性，文化保守主义也是如此。它一贯重视批判西方文化，发挥传统文化的积极意义，但是对自身的局限性与负面影响却重视不够。一种缺乏自我批判精神的思潮终归是会被历史淘汰的。面对不可阻挡的现代化趋势，传统只有进行自我反思、自我批判，实现自我更新，才能适应潮流。

五、正确对待文化保守主义

（一）坚持马克思主义文化立场，自觉抵制部分文化负面因素

20世纪中国现代化的进程，充满复杂的文化冲突和思想冲突。一方面，现代功能对传统体制的冲击不断加剧；另一方面，任何民族的现代化，都不可能“全盘移植”其他民族的现代化模式，而只能是从本民族的文化传统出发，立足于对本民族文化传统的反省和重建。张岱年认为，在中国文化传统中有很多值得我们继承的优良传统，如张（载）王（船山）之学的唯物主义传统，王船山的忧患意识，向往民族文化的复兴。张岱年在20世纪80年代明确提出了在马克思主义的指导思想下“综合创新”的概念。就整体而言，中国文化注重中庸之道；西方文化崇尚斗争进取。他认为，传统文化的优良传统占三分之一，腐朽的东西占到三分之二。因此，要分清多与少、大部分与小部分的关系，学习、研究西方，赶上西方的科学，借鉴西方的民主。在文化研究上，既要反对全盘西化，也要反对中体西用论，而是超越体用之争，综合中西，创造社会主义新文化。①

（二）发展中国特色社会主义文化，实现中国传统文化的现代转化

推进全球化时代中国传统文化的现代转换，其直接目标是，建立起具有中国特色的、与社会主义初级阶段的社会历史实践相适应的社会主义新文化，其根本立足点是当代中华民族社会主义初级阶段建设的新实践。总之，在文化多元的社会里，要增强文化自觉、树立文化自信，加强对本国文化的认同，既要对它尊重、保护、继承、鉴别和发展，又要分清其中的精华与糟粕，批判性地对中国传统文化进行传承，同时还要有针对性地吸收国外文化的养料来滋润和发展我们的传统文化。

参考文献

[1] 艾恺. 世界范围内的反现代化思潮——论文化守成主义 [M]. 贵阳：贵州人民出版社，1991.

[2] 杜维明. 儒家传统的现代转化 [M]. 北京：中国广播电视出版社，1992.

[3] 冯友兰. 中国哲学史 [M]. 上海：华东师范大学出版社，2011.

[4] 梁漱溟. 东西文化及其哲学 [M]. 北京：商务印书馆，2010.

[5] 牟宗三. 关于文化与中国文化 [M]. 北京：中国广播电视出版社，1993.

[6] 张岱年. 中国文化与文化论 [M]. 北京：中国人民大学出版社，1990.

---

① 张岱年，张拴平. 会通中西、综合创新——国学大师张岱年访谈录 [J]. 名家访谈，2000（5）.

[7] 金岱. 文化保守主义的兴盛：现象、原因、合理性与危险性 [J]. 文史天地理论月刊，2012 (7).

[8] 徐友渔. 当代中国社会思想：国学热和文化保守主义 [J]. 社会科学论坛，2006 (2).

[9] 谢地坤. 文化保守主义抑或文化批判主义——对当前“国学热”的哲学思考 [J]. 哲学动态，2010 (10).

[10] 张岱年，张拴平. 会通中西、综合创新——国学大师张岱年访谈录 [J]. 名家访谈，2000 (5).

第四编　思想政治工作研究

浅论高校行政人员服务意识的提升途径

秦艺萍

【摘要】本文从行政人员服务意识不强的表现、行政人员服务意识不强的原因、提升行政人员服务意识的有效途径三个方面入手，进一步分析高校行政人员服务意识对高校建设的重要性。

【关键词】高校行政人员 服务意识 加强

作者简介：秦艺萍，1986 年生，女，西南财经大学马克思主义学院教师（成都，611130）。

一、行政人员服务意识不强的表现

当前高校行政管理队伍包括学生管理、教务部门、后勤服务、党群党政等多个部门，以结构精简、廉洁高效为原则，为高校教学和科研工作的有效运行和良性发展提供大力支持和后勤保障。但由于制度建设、机构设置、受社会风气影响等方面的原因，仍然存在一些师德建设意识薄弱的问题，主要表现在：一是行政管理工作人员在具体的行政工作中不积极不主动，办事拖拉，效率低下，为学生服务意识薄弱。二是开拓进取和科研精神还有待提高。高校多数行政管理部门都已建立起较为明确的行政管理制度和清晰的办事流程，由此形成了有些工作人员不钻研业务、不积极进取的懒惰思想和办事作风。三是团队意识、合作精神需要加强。学校机关内部功能的划分和设置越来越细，不同行政管理部门间办事效率低下、重复办公、相互推诿和扯皮现象时有发生。四是行政管理部门过多地强调执行，忽略了与行政管理制度联系密切的监督制度、信息反馈制度等。

二、行政人员服务意识不强的原因

1. 职业倦怠

随着高校人事制度的改革、生源的扩招，使得行政人员的工作强度大幅度增加，压力增大；枯燥的事务性工作也使很多行政管理人员在工作过程中无法实现自我价值，从而对工作敷衍、冷漠，以至于厌倦。

高校行政管理工作是典型的辅助性职业，该职业的工作性质和特点使人很容易发生职业倦怠现象：第一，日复一日、年复一年的程序化工作，单调而又琐碎的行政任务，使个人的自主性与创造性受到压抑，工作热情逐渐耗尽；第二，行政管理人员循规蹈矩、照章办事，给人一种刻板、不灵活的印象，容易造成人际关系失调而遭受挫折，造成心理创伤；第三，一旦投入与回报不能做到公正、公平、合理，容易使人内心压抑，精神疲惫，甚至消极怠工，厌恶工作。随着高校教育改革的不断发展，对行政管理人员的要求越来越高，期望越来越大，职业倦怠现象也日益突出。

2. 学生、教师和行政管理人员之间缺乏沟通与合作

由于对彼此岗位工作不够了解，所以往往缺乏理解和包容，更多地站在自己的角度去评定对方的工作。

不少教学科研人员对行政管理人员带有片面的认识，认为他们水平低、素质差、办事效率低下，还误解行政管理工作简单、轻松，没有技术含量，否定了行政管理的重要性，从而加剧了对行政管理队伍的不屑与轻视，到管理部门办事、与管理人员相处时就会表现出摆架子、显优势的姿态。同时管理队伍对于师资队伍也抱有一些抵触的心理，部分行政人员把教师不坐班的工作方式与自身八小时外加班加点并常年处理大量的繁杂事务相对比，加上薪酬分配、福利、待遇、职称评定等又普遍向教学科研倾斜，内心便会产生不满，这种不满往往转化成对待教师队伍的不友善、冷漠甚至是抵触。彼此在日常的合作中可能就会采取不积极、不配合的态度，从而增加了办事成本，影响了学校的发展进程。

学生与行政人员的接触亦是如此。学生自我协调的时间比行政人员多，就容易导致学生产生在自己方便的任何时候去找行政人员办事，行政人员都应该在办公室等候的错觉。一旦事实不是如此，就容易导致学生对行政人员怠工的误解。同时，由于大部分学生在家都是众星捧月，一旦去找行政人员办事的时候没有受到此种待遇，也容易导致他们的不良情绪。俗话说，“一个巴掌拍不响”。学生也应该注意自己的言行、交谈的语气和方式，以免造成学生和行政人员之间的矛盾，要注意换位思考。行政人员更应该注意自己的角色定位。

三、提升行政人员服务意识的有效途径

1. 营造良好的工作环境

作为高校的决策者，要深入了解行政管理人员的实际需要，建立良好的激励机制，提高行政管理人员的心理满意度，让他们始终保持良好的心态，心情舒畅地工作，创造条件使行政管理人员都有获得工作上成功的可能，从而得到一种自我价值认同感，这样他们才会确立更高的个人目标，才能意识到自己工作的重要性和神圣性。营造良好的工作氛围，也能激发他们的工作潜能，从而增强行政管理队伍的战斗力和生命力，从而提高管理人员的整体素质。

2. 树立强烈的服务意识，提高服务质量

行政管理工作的宗旨是服务于教学、服务于学校、服务于社会。所以，第一，要树立全心全意为教育服务的思想，从思想上重视行政管理工作；坚持高标准、严要求，在繁杂的日常管理工作中，要时刻注意调整心态，提高心理素质，增强抗挫抗压能力，保持积极向上的良好状态；第二，立足本职，根据上级领导的指示，开拓创新，大胆细心地开展工作，将本职工作最高效率地完成；第三，行政管理人员要在工作、纪律、作风上严格要求自己，不为眼前的利益放弃基本原则，保持良好作风；第四，在日常工作中要善于总结和积累经验，学会运用发散性思维，举一反三，不断提高自身水平

和业务素质，以便为学校建设发展提供更多更好的服务。

3. 制定长期、规范的培训计划

行政管理的质量对于大学建设发展、对教学科研起着重要的基础和辅助作用，尤其是在知识爆炸的今天，人才的继续教育呈现出必要性与紧迫性，所以行政管理人员的培训规划必须列入高校发展规划之中。在高校自身资源条件与管理人员整体素质基础上制定政策、管理条例，将管理人员的培训规范化、长期化、职业化。同时，鼓励管理人员采用自学的方式改善自己的知识结构，沉淀深厚的文化素养，积累丰富的工作经验，提高处理实际问题的能力。这样，既提高了管理人员的整体水平，使其更好地服务于教育，服务于学校的发展，又能让管理人员感觉受到学校的重视，增加他们的主人翁意识和责任心、使命感，更好地投入工作。

4. 提高行政人员的待遇

对行政管理人员的辛劳和付出要给予充分的尊重和认可，才能使行政管理人员以百倍的信心投入到工作中去。要建立合理的绩效分配制度，真正关心行政人员的生活和待遇，满足管理人员的合理需求，解决他们的后顾之忧。要在职称评定、绩效分配、激励机制等方面与教师、科研人员一视同仁，让行政管理人员找到失衡点，使他们安心工作，尽显才华。

5. 制定科学合理的考核标准

根据其工作性质和工作差异制定不同的考核标准，进行定期和不定期的考核，使标准公正化、合理化，让考核更能反映客观实际，真正发挥激励的作用；采用定性和定量相结合，将工作业绩与晋级分配相挂钩，使评价结果的档次更细致，充分实现优秀者优先，从而激励广大行政管理人员自我约束、自我完善、不断进步。

6. 引入竞争机制

大学是个小社会，行政管理权力化这种特殊状况同我国的大氛围紧密相连。高校目前在编制中属事业单位，其行政管理人员与政府管理人员有相对应的级别，这使得高校官本位思想蔓延。要解决高校行政管理中存在的问题，加强高校行政管理，还必须打破计划经济时代留下的“大锅饭”思想，引入市场竞争机制，实行竞聘上岗，优胜劣汰，从而调动行政管理人员的积极性。

7. 加强教师、行政人员两支队伍之间的沟通与交流

针对教学、科研人员与行政管理人员由于缺乏沟通而互有偏见的现状，学校应当为双方成员多创造交往与沟通的机会，以便增进彼此了解，消除以往的片面印象。比如可以根据学校的办学理念，寻找两支队伍的共同目标，形成利益共同点；营造校园文化，利用宣传平台，采写两支队伍的工作生活状态，拍摄他们的精神风貌；定期开展丰富多样的文体活动与交流；在校园网上设立教职员工论坛，定期将学校的相关政策、通知、喜报等公布，并让教师、行政人员、学生在论坛管理者客观中立的引导下坦诚相对、畅所欲言；此外，通过工会、党支部等组织，将职工的合理要求反映到学校有关部门并及时给予解决。两支队伍的和谐相处、良好合作，能减少摩擦，降低办学成本，提高效率，形成大学发展的有力双翼。

行政管理人员是高校建设发展的重要力量，建设一支高素质的行政管理队伍，是高校行政管理发展的需要。目前，高校行政管理人员的自身素质与行政管理现代化建设的要求还存在着差距，只有从思想上认识到提高自身素质的必要性和紧迫性，在实

际工作中不断增强科学创新意识，提升工作能力，才能与时俱进，促进高校行政管理的快速发展。

参考文献

[1] 张月梅. 浅析高校行政管理的服务性 [J]. 吉林广播电视大学学报，2010 (9).

[2] 荣凤杰. 高校行政人员的“身份焦虑”及其成因 [J]. 宁夏大学学报：人文社会科学版，2011 (4).

[3] 赵成荣，安凤华，熊成鑫. 对当前我国高校行政管理现状的思考 [J]. 成都理工大学学报：社会科学版，2008 (1).

[4] 伍哲臻. 高校行政人员情绪管理问题探析 [J]. 青年文学家，2013 (2).

[5] 张铮. 高校行政管理人员要加强服务意识 [J]. 学苑教育，2012 (17).

论国有企业思想政治工作的应然功能

钱国君

【摘要】在国有企业改革发展的过程中，思想政治工作如何适应新的形势，真正发挥其应有功能，以充分调动员工的积极性、创造性，有效服务于企业的经营管理和长远发展，切实保证市场经济发展的社会主义方向，是当前国有企业思想政治工作面临的一个新课题。本文认为，国有企业思想政治工作应该具有理论和实践两个层面的功能，而这些功能的有机整合充分彰显了企业思想政治工作的“生命线”地位。

【关键词】国有企业　思想政治工作　理论层面功能　实践功能

作者简介：钱国君，1972 年生，男，法学博士，成都师范学院政教系讲师（成都，611130）。

思想政治工作的功能，就是指面对企业思想政治工作的新变化和出现的新问题，思想政治工作能做什么、能发挥什么作用。社会主义市场经济对人的全面发展的真正意义在于：创造适合人的全面发展的社会条件，使人的自由个性最终由可能性变为现实性，为人的全面发展开辟广阔的基础。因此，市场经济条件下的国有企业思想政治工作应拓展理论层面和实践层面两大方面的功能。

一、国有企业思想政治工作理论层面的功能

具体而言，理论层面的功能可细化为如下几个方面：

（一）主流意识形态引导与思想创新功能

思想政治工作是思想改造的有力武器。国有企业是公有制的基石，坚持企业的社会主义方向是搞好国有企业的前提，企业思想政治工作应该引导干部职工学习先进理论，坚定信念、振奋精神，全心全意为社会主义企业做贡献。发挥国有企业思想政治工作的主流意识形态引导功能应把握以下几点：①层次性，即思想政治工作不能只针对普通员工而将领导干部排除在思想政治工作对象之外。领导干部的思想作风直接影响普通员工对思想政治工作的认同，如何加强对领导干部的思想教育已经成为国有企业思想政治工作的一项重大而紧迫的任务。②过程性，即企业思想政治工作的开展是一个系统工程，应该根据形势发展和员工需求的变化，针对不同对象分步骤分阶段地开展，以充分体现员工个体的差异性和发展需求的层次性。③养成性，即思想政治工作的教育内容应落实到具体情境中，转化为可操作的规程。比如“为人民服务”的要求在窗口行业就可以转化为具体的服务公约，在实践中养成员工的良好品性。

企业创新能力包括思想创新能力是市场经济条件下企业生存发展的第一要素。对国有企业而言，思想创新归根结底是员工队伍的观念更新和思维方法的转变。企业思想政治工作应该在员工思想观念、价值理念的引导方面发挥更大的作用，引导广大干部职工深入学习理论，不断解放思想、转变观念，进而不断增强企业的凝聚力。

（二）政策研究与信息聚焦功能

在市场竞争环境下，政策研究是企业发展的重要环节。企业只有及时地把握、运用好政策，才能赢得市场的主动权。企业思想政治工作应发挥渠道畅通、擅长研究的优势，积极开展政策研究，做好形势分析和教育工作，为企业的经营决策提供政策指导和服务。企业领导和其他思想政治工作者在学习、研究政策时，应该把政策、理论与企业实际结合起来，以先进的理念为指导，重视解决企业发展中的实际问题。

在市场经济条件下，国有企业对市场信息的需求也不断扩大。市场信息是市场运作的过程中出现的各种消息、情报、数据、资料的总称。国有企业思想政治工作应该具有对市场信息的快速反应和处理功能，通过及时采集、分析、综合、传播信息，为企业发展提供参考。收集、反馈信息是思想政治工作者的基本功，是提高思想政治工作针对性、有效性的关键。例如，对员工思想状况的信息分析，就可以通过建立包括年度比较、警戒线、成因分析等因素的动态数据系统来进行。

（三）价值实现与文化认同功能

市场经济激活了企业用人机制，为员工实现个人理想和价值提供了广阔的平台。思想政治工作不是要扼杀个体的价值追求，而是要把个体的价值追求引导到集体目标上来。企业思想政治工作应该在人才培养上发挥更大的作用，引导员工在服务企业、实现集体利益的过程中，实现个人的理想、价值。

在激烈的市场竞争中，企业文化的发展和建设越发受到人们的重视。国有企业思想政治工作与企业文化建设之间有着天然的联系，因而企业思想政治工作应该深入到文化层面，建设既坚持中国特色社会主义方向，又具有鲜明特色的企业文化，以不断提升企业的文化力。企业文化建设应力求实现员工对企业发展目标、文化理念的价值认同，并转化为其在企业经营管理活动中的自觉行动。目前，相当多的国有企业在其文化建设中，只重视建构理念系统，不重视理念系统在管理制度和员工精神面貌上的落实，员工对于企业文化的认同感不强。

（四）人际融合与氛围营造功能

市场经济条件下的利益多元化格局使传统的企业内部劳动关系发生了很大变化，如何正确处理国家、企业、个人三者的利益关系，如何正确处理出资者、经营者和劳动者的利益关系，是现代企业面临的重大问题。国有企业思想政治工作首先要从社会、企业、个体协调发展的高度，正确引导利益关系，促成企业建立新型的内外利益格局。其次要从关心、理解、激励入手，着眼于人的全面发展，促使企业形成新型的内部人际关系。

随着文化市场的活跃和知识经济时代的到来，企业员工对健康文明的精神生活的需求越来越迫切。国有企业思想政治工作应该积极引导职工重视学习，提高岗位技能，通过丰富多彩、寓教于乐的文化活动，营造积极进取、文明向上的企业氛围。

二、国有企业思想政治工作实践层面的功能

在实践层面，国有企业思想政治工作主要包括以下子功能：

（一）企业战略管理中的功能

1. 思想政治工作在企业战略管理中具有统一信念的功能

企业愿景和战略目标需要广大员工的实际行动方能实现。而要将企业战略目标与员工的追求融合为一体，使广大员工的思想认识高度统一于企业战略思想之中，仅靠规章制度的严格推行是不够的，因为这样容易造成部分员工的抵触情绪或是盲目服从。因此，必须依靠思想政治工作引导员工，使他们逐渐自觉自愿地统一思想，将个人追求融汇于企业的共同理想中去，为实现企业战略目标而不懈努力。

2. 思想政治工作在企业战略管理中具有稳定组织的功能

在企业组织中，员工与企业的理想追求越一致、群体内个别成员之间的配合度越高、员工的思想情绪越愉快，越有利于企业组织的稳定运行。然而，企业组织是由不同性格、不同人生阅历、不同思想抱负、不同家庭结构的员工组成的，他们置身于具有同一规章制度、同一价值观念、同一行为规范、同一企业文化的企业组织中，必然会出现个体与组织、个体与个体之间这样那样的矛盾，当这些矛盾达到一定程度后，会形成组织内的不团结和个体与组织之间的离心力。国有企业思想政治工作恰恰具有预防矛盾扩大的功能，对有损于群体团结协调的思想分歧进行化解，引导分歧走向统一，稳定组织内部的平衡关系，从而保障国有企业组织的稳定运行。

3. 思想政治工作在企业战略管理中具有促进发展的功能

竞争是企业发展的重要动力，同时也是员工个体发展的重要动力。因此，在企业战略管理的过程中，应构筑科学合理的“竞争场”，营造良性的竞争环境，以竞争促发展。在引导员工积极参与竞争的过程中，国有企业思想政治工作具有动力加速器的功能，可以充分调动员工的潜能，从而为企业战略的实施与控制过程提供持续的动力。

4. 思想政治工作在企业战略管理中具有支持改革的功能

市场往往瞬息万变，企业的品牌结构、营销方式、成本结构、生产流程、质量要求、人才储备等必须适应市场变化，在各领域做出相应的改革，否则将在激烈的市场竞争中处于不利地位。改革是对既有利益格局（包括岗位、收益和荣誉）的打破和重新分配，必然会触动一部分员工的利益，因此改革必然会面临重重阻力。国有企业思想政治工作在消除员工对改革的顾虑方面可以发挥独特的作用，引导对改革不理解、不支持甚至持反对态度的员工积极投身到企业改革中去，从而为企业获得新的发展动力奠定坚实的思想基础。

（二）人本管理中的功能

所谓人本管理，就是管理中要以人为中心，所采取的管理途径和手段应关心人、尊重人，应有利于人的全面发展。人本管理的过程中，“时时刻刻要以诚待人、以理服人、以情感人，富有人情味，就是要尊重人、理解人、关心人、爱护人和严格要求人，开发人的潜力，促进人的全面发展”。新时期国有企业思想政治工作与人本管理相结合，是现代企业理念发展的必然趋势。在国有企业人本管理的实践过程中，思想政治工作有着独特的优势。

1. 有利于提高组织规则运作效率

“除非其成员为了共同的目标贡献才能、兴趣和资源，否则所有社群都不能维持很久。”只有建立了共同的目标才能将不同个体黏合在一起，形成合力。思想政治工作可以起到精神“黏合剂”和“润滑剂”的作用，它能使不同价值取向的个体按一定的组织规则结合在一起，并在多元的价值取向中找到共同的需要和价值目标。思想政治工作通过对员工价值理念的培育与教育，塑造共同的精神文化，并通过这种文化精神发挥价值导向的功能，为人们在同一组织内“如何行为”提供价值信念上的共识，规避行为摩擦和组织内耗的问题。从制度合作效率上看，现代思想政治工作是一种“节约机制”，通过它人们认识了所处的环境，并被一种价值理念引导着，从而减少了人们合作行为的“摩擦成本”，使决策过程简单明了，并提高组织管理的有效性和生产效率。思想政治工作无疑是规范人的行为、激发人的内在动力的有效手段，是落实人本管理的基本条件和途径。

2. 有利于实现组织柔性管理与员工自我管理的结合

制度化管理是一种“刚性管理”，在专业化和劳动分工越来越精细化的现代社会里，企业或社会组织难以再像过去那样，通过各种硬性的规章制度来实现管理的科学化和高效率。专业分工的不断深化和社会经济生活的瞬息万变，使得相对稳定的规章制度在剧变的社会生活面前难免有疏漏之处，制度的疏漏不仅给人们的“搭便车”行为提供了可能，而且也使得制度化的“刚性管理”难以适应瞬息万变的客观现实。思想政治工作的有效开展，对于实现组织的柔性管理与员工的自我管理具有不可替代的作用。思想政治工作可以提升人们对企业和组织精神价值的认知与觉悟水平，使员工明确自身的使命，从而使之不再简单地按“成本—收益”原则来评价自身行为的得失与效益，而是从全局、长远的视角审视行为价值，找到个人与企业发展的契合点。思想政治工作以及由此形成的意识形态，是精神领域的“存量资本”，它使个体行为得到物质收益的同时还能获得精神价值的回报，有效克服员工的“搭便车”行为。另外，思想政治工作可渗透到社会生活与组织管理的方方面面，在制度管理领域之外和社会变革与专业分工细化带来的管理新领域都可发挥作用。

3. 有利于企业文化管理

文化管理是现代企业人本管理的重要模式。开发企业文化资源与人文精神，提升管理的文化内涵，是企业实践人本管理的应有之义。国有企业思想政治工作是连接技术性管理与民族文化和人文精神的中介与桥梁。企业思想政治工作通过民族文化和人文精神的播散与教化，可以催生出体现民族文化精神的现代企业价值观、工作伦理和职业道德等管理文化，使管理思想蕴含民族文化精髓，实现技术化管理与人文精神的有效融合。

参考文献

[1] 张创新. 现代管理学概论 [M]. 长春：吉林大学出版社，2000.

[2] 李俊伟. 思想政治工作人文关怀的理性审视 [J]. 科学社会主义，2008 (4).

[3] 俞可平. 社群主义 [M]. 北京：中国社会科学出版社，1998.

企业思想政治工作引入社会工作方法刍议

余德刚

【摘要】企业思想政治教育是当今社会企业管理的重要环节之一，作为企业发展及社会进步的基础性力量，迫切需要一种切实可行的工作方法。近些年来蓬勃发展的社会工作专业及方法为企业思想政治工作在操作方法上提供了新的视角和鞭策力量。本文从分析企业思想政治工作与企业社会工作的异同入手，提出了引入社会工作方法进行企业思想政治工作的新思路，并设定了引入社会工作方法后的目标、困惑与展望。此举在帮助员工"充权"、"能力建设"以做到"助人自助"的同时，也提高了企业的管理水平和生产效率，为企业的良好运行及社会的协调发展贡献力量。

【关键词】企业思想政治工作　社会工作方法　对话与探讨　增能赋权

作者简介：余德刚，1968 年生，男，西南财经大学马克思主义学院 2012 级博士研究生（成都，611130）。

在我国，企业有不同的类型，按照经济类型分类是我国对企业进行法定分类的基本做法。根据宪法和有关法律对经济类型的划分，我国企业有八种类型即国有企业、集体所有制企业、私营企业、股份制企业、联营企业、外商投资企业、港澳台投资企业、股份合作企业。企业思想政治教育的对象是企业领导（企业主）和所有员工以及他们之间的双向互动。然而，随着市场经济条件下激烈竞争的引入、政策制度的缺位，人们对迅速变化的社会的不适应，劳动关系领域的问题进一步突出，特别是有些企业用工不规范、工资收入分配不合理、对职工缺乏了解和关心等，已经影响到职工队伍稳定和企业持续健康发展。让职工有尊严地劳动，处理好劳动关系是企业思想政治工作的重要任务，这就需要企业改变用工管理方式，坚持促进企业发展与维护职工权益相统一，高度重视当前劳动关系领域的突出问题，调动劳动关系双方主体的积极性、主动性。而在新的形势下，针对人们自身的独立性和无限潜能，企业思想政治工作面临着如何改进方式、贴近职工、创新发展的任务。当前在企业思想政治工作中引入社会工作方法，运用社会工作的专业理念，应是一个十分恰当的选择。

一、企业思想政治工作与企业社会工作的异同

（一）相关概念

企业思想政治工作就是企业当中的管理者为了保证企业良好运行，不断改进工作方法，保障和加速企业的生产和发展，针对员工在思想上的各种矛盾、疑惑，通过宣

传教育，解决员工的思想问题和实际问题，帮助员工树立正确的世界观、人生观、价值观，使员工以积极的姿态投入工作和生活，促进企业全面发展的一种教育疏导工作。企业思想政治工作是为企业生产经营活动提供精神动力和思想保证，以促进企业按照市场经济规则健康运作。尤其是在改革开放的今天，思想政治工作已经渗透到企业的生产、经营、管理、安全等工作的方方面面，社会主义市场经济需要思想政治工作来保证发展的方向，引导人们的行为。

企业社会工作是遵循社会工作的伦理价值理念，把社会工作专业服务延伸到企业领域，运用社会工作专业方法服务企业员工、管理者和消费者，充分发挥社会工作专业知识技能对企业生存发展的作用，倡导企业的社会责任和与企业有关的社会公共政策，以员工身心健康、职业发展与规划、社会参与为主要内容，以推动社会、企业与员工的共赢发展为目标的专业化、社会化的工作与过程。

（二）企业思想政治工作与企业社会工作的异同

企业社会工作是传统社会工作在企业内部的延伸，与企业思想政治工作有许多异曲同工之处。企业社会工作与企业思想政治工作都是做人的工作，都是注重心理上的帮助和引导。二者虽然着力点不同，但任务是相同的、目标是相同的；虽然内容和工作方式不同，但服务的宗旨和价值理念是相同的。

当然，企业社会工作与企业思想政治工作也有很多不同点。思想政治工作属于政治领域，开展思想政治工作必须体现党的意志，具有鲜明的政治性；社会工作属于社会领域，体现为社会自身建设的要求。思想政治工作提供的是精神食粮，重点在于启发人的思想觉悟、提升人的道德品质；社会工作提供的是对社会发展的不适应症进行救助的一剂良药。思想政治工作解决的是人的思想问题，着眼点在于激发服务对象的自觉性，覆盖面广、人员复杂，注重从群体、单位等角度介入；社会工作着眼点在于恢复人的社会性，服务对象明确，人员相对较少，注重从个体入手来分析和解决其问题。

在企业内开展社会工作绝不意味着放弃或者忽视企业思想政治工作，两者不仅互不矛盾，而且在发展中相互依托、相互借鉴，形成合力来促进企业管理的改善。在企业思想政治教育中引入社会工作方法，是为了更好地发挥双方的优势，用创新性的手法去推动企业问题的解决，通过促进人的发展来推动企业的良性运作、推动和谐劳动关系的进一步建构。

二、引入社会工作方法是企业思想政治工作的新思路

创新是现代企业文化的精髓，一个没有创新能力的企业是没有竞争力的，因此要把创新作为企业生存和发展的基本定位。思想政治工作是党的政治优势和光荣传统，越是经济发展，越要发挥这种优势传统。在企业管理中借鉴社会工作理念，积极引入社会工作专业手法，可以增强企业思想政治工作的专业性与科学性，服务于其创新发展。

（一）引入社会工作方法，创新企业思想政治工作的内容和形式

为了不断适应环境变化的需要，使企业思想政治工作更具创造性、超前性和开放性，使用专职社会工作人员处理员工心理健康问题、员工关系问题、员工发展与适应问题，发展企业文化，建立员工支持网络，是完全有必要的。社工（社会工作者，简

称“社工”）服务从传统的补救与治疗走向了预防和发展，通过各种辅导活动在日常生活中活跃企业氛围、塑造企业文化，构建员工心理健康的安全网，更强调积极主动地干预与介入，无疑更有效果。企业思想政治工作者应该联合社会力量、整合社会资源，抓好企业内部社工站建设，研究在企业内开展社会工作的途径和服务模式。

（二）引入社会工作方法，提升企业思想政治工作的专业性

受过良好的专业教育和培训的社会工作从业人员，有着明确的职业伦理和价值观，在工作中十分注重尊重、平等、接纳、关怀等专业态度的运用，其最直接的效果就是建立良好的助人关系。企业思想政治工作要更加注重服务员工、贴近员工，把单一的灌输式思想教育扩展为讨论式、演讲式等直观形式的思想教育，增强工作的连续性和专业性，根据社会工作理念中“自我增权”原则，充分挖掘企业员工自身潜力，变“单向助人”为“双向互助”，改善实际效果，提升职工的接受度。同时，在企业内部培养和建设一支高素质的专兼职相结合的企业思想政治工作骨干队伍，对其进行社会工作专业培训，建立齐抓共管的组织领导机制和规范有序的管理机制，保证企业思想政治工作的正常运转。

（三）引入社会工作方法，提高企业思想政治工作的带动性

以人为本是社会工作的基本理念，企业思想政治工作实质上也是一种以人为本的发展战略。人本管理是企业创新中的一种管理方式，要把以人为本的思想放在企业的核心地位，尊重职工的思想、人格，培养职工的敬业和合作精神，重视激活职工的潜力，提高职工的自身素质，充分发挥他们的积极性、主动性和创造性，增强企业的凝聚力。同时，树立和宣传从职工群众中涌现出来的先进典型、模范人物，以此推动面上的思想政治工作更加深入和细致，把企业思想政治工作引导到贴近实际生活、贴近基层职工群众的方向上来。

（四）引入社会工作方法，增强企业思想政治工作的渗透力

随着市场经济带来的思想认识和生活方式的多样化，企业职工的思想与企业外部的社会环境、生活环境、家庭环境紧密联系。因此，仅仅把企业思想政治工作定位于企业内部是不够的。要把企业思想政治工作渗透到职工的生活、学习、家庭中去，才能为企业改革和职工队伍的稳定提供坚实的基础。社会工作吸收了社会科学尤其是社会学的丰富理论成果，能够为企业思想政治工作的开展提供具体的理论指导和分析模式，促进企业思想政治工作专业化水平的提高，增强企业思想政治工作的渗透力。

三、企业思想政治工作引入社会工作方法的操作目标

在企业思想政治工作中引入社会工作方法是为了满足企业及企业员工的需要而进行的专业性介入，针对企业的特点，它也具有特定的操作目标。

（一）总体目标

企业思想政治工作中引入社会工作方法所要达到的目标就是专业社会工作对企业及员工的介入，积极预防和解决企业及其职工所面临的问题。概括来说，总体目标是宏观视野中社会工作介入企业所期望达到的状态。

第一，从员工角度看，企业思想政治工作中通过社会工作专业方法介入，为其解决面临的各种物质的、精神的、关系的、权利的、资源的问题。在“利他主义”和“助人自助”基本理念的指引和相应专业方法的介入下，提高员工自身认识困难、克服

困难、解决问题、提高自己的能力（也就是社会工作中常说的“增能”）；通过和企业（资方）的沟通，改善员工的工作环境，激发员工的劳动积极性，增进员工福利。

第二，从企业角度看，通过员工和企业的互动和沟通，把企业社会工作作为企业管理中的重要组成部分，提高企业的劳动生产效率。通过企业社会工作的实施，促进企业进一步重视员工的权益，促进企业增强自身的社会责任。

（二）具体目标

企业思想政治工作中引入企业社会工作的具体目标是对总目标的分解，是社会工作对企业及其员工介入及要解决的问题的具体化。

第一，帮助企业职工解决因资源及能力缺失所带来的福利不足问题。相比较于企业管理层，企业职工是处于弱势地位的群体，他们在上岗就业、工资收入、福利待遇、工作环境等方面会遇到一系列的困难和问题，企业思想政治工作中引入社会工作方法，通过社会工作者的多种专业化手法，为员工争取福利权益。

第二，为员工提供心理疏导。在市场经济中，企业间的竞争尤为激烈。在巨大的压力下，员工往往会产生疲劳、头疼、胸闷、紧张、焦虑、情绪低落、注意力不集中、记忆力下降、爱发脾气等心理问题，常常感到不适。幸福、健康、高效的管理人员和员工，已经成为决定企业成败的重要因素之一。为此，企业社会工作可以通过专业方法和技巧帮助心理适应不良的员工认识压力，应对并缓解压力。

第三，协调企业内外部关系，促进员工和企业的共同发展。企业的发展和运行，离不开和当地社区等外部环境的沟通和整合，一个良好的外部环境，对于企业的健康发展是十分重要的。企业思想政治工作中社会工作的介入，能有效解决企业组织的外部关系失衡问题，减少因外部矛盾激化而造成的对企业和社会的冲突，预防企业内外部问题的发生，增强组织的竞争力和凝聚力。同时，企业社会工作通过“助人自助”，帮助员工提高个人能力，实现自身发展和个人成长，确立员工的“自家人意识”，从而也有助于促进企业的不断改进和创新，提高企业的运行效率。

第四，维护员工合法权益。维护弱势群体的合法权益是社会工作专业价值观的内在诉求，在我国《工会法》、《劳动法》等相关法律、法规基础上，企业社会工作运用专业方法，为员工开展维护权益的服务，是企业社会工作的具体目标之一。

总体目标体现具体目标的价值，具体目标为总体目标服务，是对总体目标的展开。社会工作方法介入企业思想政治工作要围绕目标开展工作，方能实现企业思想政治教育的任务。

四、企业思想政治工作引入社会工作方法的困惑与展望

社会工作作为一门专业、一门学科，有其专业的方法和操作。企业社会工作作为一个新鲜事物，起源于西方，在中国的发展正处于初级阶段，本土化的方法还在进一步实践当中。在企业思想政治工作中引入社会工作方法也是一种新的尝试，无论对于社会工作者还是思想政治工作者都是“摸着石头过河”。下面试就可能出现的困惑进行简要分析，以期为我国企业思想政治教育工作的发展提供些许借鉴。

（一）部分专业社会工作介入企业思想政治工作项目服务开展受阻

在企业思想政治工作中，社会工作者的介入不再是企业管理者和企业员工的关系，社会工作者主要扮演中介者、使能者和咨询者的角色，而项目的实施是在一个企业内

部，很多服务活动的开展都要依企业的生产情况而定。项目实施期间，前来寻求帮助的部分员工因害怕被企业开除而不敢透露个人信息。众所周知，案主对社工的接纳和二者之间稳定、良好关系的形成需要较长的时间，治疗性小组对组员的同质性要求较高，需要组员深度参与，而社工服务项目周期一般为一年，且服务对象每日忙于工作，不同组员之间上班班次不同，最终可能导致某类小组未能开展，社工转而以个案方式进行辅导。

（二）企业对社会工作方法因理念上的不同可能出现不同的要求

企业的最终目标是实现经济效益的最大化，而社会工作秉承的是“以人为本，助人自助”的服务理念，肩负的是服务人类、促进公平、维护正义和改善人与社会环境关系的使命。因此，二者在某些事物的目标上存在着不可避免的冲突或矛盾。企业追求的是效率，对结果的重视要高于过程。社工的服务不能以一个可视化、数字化的标准来衡量，服务数据和服务指标更多的是用来指引社工本人更好地工作，而非企业员工必须完成的工作，社工的服务成效更多的是体现在案主自身问题的解决、行为的改变以及能力的提升上。社工服务成效的非显著性使得企业对员工的期望与社工在短时间内可以给予的回报难以达成一致。因此，企业管理者对社会工作方法因理念上的不同可能会出现不同的要求。

（三）介入企业思想政治工作过程服务中社工面临价值和伦理的困境

在社会工作价值伦理方面，国际公认的社会工作价值观是服务、社会公正、个人的尊严和价值、人与人关系的重要性、诚信与能力。在社会工作专业伦理方面，则包括对照顾对象、对同事、对自身作为专业人员，对社会工作专业以及对全社会的伦理责任等（王思斌，2007）。社工在项目服务中应如何保持价值中立，如何面对以及处理，同时涉及企业利益和员工利益，当案主遇到困难时，社工应如何为其保密，在帮助服务对象解决问题过程中社工如何做好对案主、社会工作机构、企业、社会工作专业乃至对全社会的伦理责任，等等。这些都是社工在实务工作中必须面对的难题。

总之，社会工作的专业价值、目标与现代企业管理的思想有一致性，成功的企业管理部门既要发挥传统思想政治工作的优势，也要引进国内外先进的社会工作理念与方法，实现企业思想政治工作和社会工作的良性互动。企业思想政治工作者还应该学习和借鉴社会工作从业人员在工作中体现出的价值观念、职业操守和科学方法，以增强企业思想政治工作的专业性，提升企业思想政治工作的科学性，服务于企业思想政治工作的创新性，进而构建和谐稳定的劳动关系，推动企业的发展，维护社会稳定。

参考文献

[1] 徐兴文. 我国企业社会工作研究文献综述——基于CNKI与万方数据库的文献分析 [J]. 企业导报，2010 (10).

[2] 刘斌志. 工会系统发展企业社会工作的意义及其方向 [J]. 北京市工会干部学院学报，2010 (4).

[3] 庄晓丹，叶继红. 个案社会工作方法在企业中的运用研究 [J]. 社会工作（下半月），2010 (11).

[4] 李晓凤. 我国企业社会工作的历史演进及实务运作模式初探——以珠江三角洲地区为例 [J]. 社会工作：学术版，2011 (3).

[5] 阎晓娟. 企业社会工作及其在企业内部员工关系管理中的运用 [J]. 社会工作：学术版，2011 (1).

[6] 王金元. 企业社会工作在建构和谐企业机制中的应用 [J]. 社会工作：实务版，2010 (7).

[7] 王丛，李磊. 对员工关系管理维度的实证研究 [J]. 经营管理，2008 (1).

[8] 刘卯，马晖. 企业社会工作介入员工关系管理的新探索——以深圳市B企业员工为例 [J]. 社会工作，2012 (2).

[9] 周沛，曲绍旭. 论企业社会工作的概念、目标与原则 [J]. 社会工作：企业社会工作专题，2012 (2).

如何加强高校新生党支部建设的实效性

——以西南财大通识教育学院学生党支部为例

牟方志　罗　燕

【摘要】高校新生党支部是实现党对学校领导的基础，加强高校新生党支部建设具有重要意义。本文依据新生党支部调查结果，总结新生党支部的特殊性，提出加强高校新生党支部建设实效性的策略。

【关键词】高校新生党支部　建设　实效性

作者简介：牟方志，1980年生，男，硕士；罗燕，1986年生，女，硕士；均为西南财经大学人文（通识）教育学院教师（成都，611130）。

一、加强高校新生党支部建设的重要意义

党的十八大报告明确指出，党的基层组织是团结带领群众贯彻党的理论和路线方针政策、落实党的任务的战斗堡垒。党支部是党的基层组织，是党整个组织体系的基石，是党的全部工作和战斗力的基础。高校党支部除了具有党支部的一般属性外，还有着其特殊性。高校党支部是党在高等学校的组织基础，是高校学生组织的政治核心，是全面落实党的教育方针和实现学校科学发展的战斗堡垒。高校新生党支部是培养学生党员的关键阵地，加强高校新生党支部建设具有重要意义。

（一）提高党的领导水平、执政水平和巩固执政地位的需要

党的十八大报告强调，不断提高党的领导水平和执政水平、提高拒腐防变和抵御风险能力，是党巩固执政地位、实现执政使命必须解决好的重大课题。根据提高党的领导水平和执政水平、巩固执政地位的基本要求，高校党支部要高举中国特色社会主义伟大旗帜，以邓小平理论、"三个代表"重要思想和科学发展观为指导思想。高校党支部围绕培养社会主义建设者和接班人的根本任务，抓好新生党员的思想政治工作，抓好新生党员培养的关键环节，培养出一大批有深远影响力、政治素质过硬、党性修养高、能力突出的党内精英。

（二）促进高校全面协调快速发展的需要

目前，高校处于跨越式发展的关键时期。由于政策开放，大量的国外高校进入中国招生，导致部分优秀生源流失，给国内高校的发展带来激烈的竞争。自从高校扩招以来，有的高校盲目扩大办学规模，教育教学质量一时无法跟上，甚至出现下滑，新校区的建设带来巨大效益和机会的同时也让学校债务负担加重。高校党支部是党在学

校全部工作和战斗力的基础，是实现党对学校领导的基础。高校党支部处于第一线，对本单位的情况比较了解，能直接反映和反馈党的路线方针政策和学校的目标与决策执行情况。加强高校新生党支部建设，可以动员广大党员坚定理想信念，自我完善和提高，与时俱进，创新实干，为实现学校的奋斗目标努力；能深入贯彻邓小平理论、"三个代表"重要思想和科学发展观的重要精神，维护校园稳定，创建和谐的校园文化，保证学校持续、快速、协调发展。

（三）青年学生成长成才的需要

青年大学生是祖国的未来，民族的希望。党的十八大报告特别强调：中国特色社会主义事业是面向未来的事业，需要一代又一代有志青年接力奋斗。全党都要关注青年、关心青年、关爱青年，倾听青年心声，鼓励青年成长，支持青年创业。高等教育的根本在于育人，青年大学生特别需要学生党支部的教育和培养。加强支部建设有利于引导优秀青年大学生加入党的组织。新生党员和递交入党申请书的人数逐年增加，构建和谐服务型的新生党支部，引导教育新生党员充分发挥先锋模范作用，增强新生党员的影响力，让青年大学生深入了解党和国家的方针政策，向优秀的党员学习，积极向党组织靠拢。加强支部建设有利于促进党员学生自身全面发展，党支部是学生党员的归属地，党员在支部里学习和生活，通过有组织有针对性的培养，在实践和理论两方面提升党员的党性修养和综合素质，实现身心全面和谐发展，为青年学生成长成才打下坚实的基础。

二、高校新生党支部的特殊性——基于实证的分析

案例介绍：西南财经大学通识教育学院集中管理大一新生，学院共有 4 000 多名本科生，其中新生党员（高中阶段已经入党的同学）200 多人，占总人数的 5%左右。新生党员统一由学院党建指导中心负责教育培训和管理。新生党员按专业划分为 5 个学生党支部，每个党支部在 40~60 人之间，每个支部有 2~5 名正式党员。支部书记由辅导员老师兼任，正式党员担任支部委员，同时各支部配一名指导老师。大一结束，学生进入专业学院学习，新生党员组织关系转入专业学院，党支部自行解散。为了进一步了解新生党员的现状，建设好新生党支部，明晰新生党员教育培养工作的重点，探索有效的工作方式，笔者对 200 多名新生党员进行了访谈和问卷调查，从调研中总结出了新生党支部具有五个方面的特殊性。

（一）新生党员对入党动机出现认识偏差

新生党员，主要是指在高中时已经入党的学生党员。他们在对"你为什么入党？"的回答中，10%认为是因为大家都申请了，自己不申请显得太落后；35%是因为入党能在评奖评优时得到特殊加分，会影响学生鉴定上的德育评定，对高考录取有好处；15%是因为觉得入党是一种荣誉，这可以让自己在政治上镀金，可以增光添彩；6%是为了方便以后找工作；20%是因为觉得入党是一件非常光荣的事情，是为自己的理想而奋斗的坚实一步；14%是为了不辜负长辈的希望，为了给家人争光。接受调查的新生党员把入党与个人发展联系起来，把入党作为参与现实生活的一种身份或资格，作为一种实现个人发展的现实条件。把入党与自身政治发展、个人发展相联系，可以说是一种进步，但他们入党的动机存在着过分强烈的现实主义的倾向，对党的感情，对共产主义理想、信念和信仰以及为共产主义理想而奋斗的热情较为欠缺，表明大多数学生对党

的认识只停留在表面，追求只停留在外在层次上，较注重组织上入党，而不太注重思想上入党，较注重结果，而不太注重过程。

（二）新生党员的政治理论水平需提高，党性修养需加强

在现行教育体制下，尤其是在某些中学，衡量一个学生素质高低的标准往往取决于这个学生学习成绩的高低，这样，一些成绩突出受老师欢迎的学习尖子生便得以提前入党，学习成绩是唯一的衡量能否入党的标准，是单一标准，没有对学生进行全面综合的考察。从新生党员材料来看，有些高中生党员在入党程序上缺乏严肃性和规范性。新生党员的政治理论水平问卷调查结果不容乐观，七道题的平均正确率只有65.2%（见表一）。这些关于党的最基本的理论知识本应是一个党员牢记于心的，但实际上他们并没有很好地完成这份“作业”，可见，新生党员们的理论水平仍有待提高。所以说，进了大学，这些新生党员们仍需在理论知识上多下些工夫，才能做一名真正意义上的合格的共产党员。

表一

党的基本理论知识	正确率
中国共产党的性质是？	31%
中国共产党的根本宗旨是？	72%
共产党员是否可以信仰宗教？	53%
《党章》规定，预备党员的预备期为？	95%
预备党员享有的权利是？	75%
申请入党的人，要填写入党志愿书，要有____位正式党员做介绍人。	80%
中国共产党党员的党龄计算日？	50%

（三）新生党员需要党支部在学习和工作上提供帮助

新生党员希望党支部为大学生党员的发展提供帮助。从调查中看出（见表二），37%的新生党员希望党支部为大学生党员尽快适应大学生活创造条件，提高学习能力；31%的新生党员认为党支部要为其创造更多的工作机会；只有10%的新生党员希望党支部对自己严格要求，加强理论学习；9%的新生党员认为通过民主生活会，开展批评与自我批评。前两者主要是希望得到学习和工作上的帮助，后两者主要希望得到理论和思想觉悟上的帮助，可以提供更实际具体的帮助，使学生党员能做到理论与实际相联系，多接触社会，提供为人民服务的平台，把党的先进性落到实处。

表二

你希望党支部为大学生党员发展提供什么帮助？		
选项	回答人数	占总数百分比
A. 创造更多的工作机会，担任主要学生干部。	58 人	31%
B. 为尽快适应大学学习生活创造条件，提高学习能力。	68 人	37%
C. 严格要求，加强理论学习。	18 人	10%
D. 通过民主生活会，开展批评与自我批评。	16 人	9%
E. 其他（具体说明）。	24 人	13%

（四）新生党支部工作任务重，干部队伍业务水平需提高

中共中央在《关于新形势下加强和改进高等学校党的建设和思想政治工作的若干意见》中提出“切实做好党员发展工作，把学生作为培养和发展党员的重点”。学生党务工作量急剧增大，学院200多名新生党员中只有10多名正式党员，其他预备党员基本上集中于高考后入党，6月份转正量非常大。同时也缺少一支强有力的干部队伍。新生党支部中正式党员数量有限，这些新生正式党员对大学生活也很陌生，还需要去适应，有的甚至对自己的角色缺乏正确的认识，他们被动地当上了干部。由于他们在高中阶段很少接受组织教育和参与支部活动，有的新生党员干部对支部建设工作不知所措。党支部书记一般由辅导员老师兼任，辅导员老师往往身兼数职，一方面要承担繁重的奖、助、贷、心理咨询和职业规划等日常事务性工作，一方面又要忙于学生党员的教育管理工作，很难有精力全面兼顾对学生党员的培养和再教育工作。辅导员基本都是年轻教师，缺乏教育经验，自身理论水平不高，缺乏系统的理论学习，他们党务工作业务不熟练，缺少集中培训，在一定程度上影响了党员教育与管理效果，制约了党支部战斗堡垒作用的发挥。

（五）新生党支部活动内容需充实，形式需创新，实效性需加强

新生党支部活动的开展不仅能提高新生党支部的凝聚力和战斗力，也是学生党员发挥先锋模范作用、加强理论水平、开展大学生思想政治教育的有效途径。活动内容和形式影响到参与者的积极性，只有提高新生党员的积极性，支部活动才能实现由被动变主动。从调查的结果来看，新生党支部活动内容基本上按照上级党组织布置的任务被动地完成，缺少主动设计，缺少互动。形式上一般以开大会的方式学习时事政治、讨论发展、组织民主生活会和外出参观学习，形式比较单一刻板。对新生党员参加党组织活动主观原因的调查，从答题情况（见表三）来看，38.4%的同学选择了第一项“确实有意义，自己很想参加”，显示出其主观积极性。但是态度较被动的第二项“党组织要求的，必须参加”的被选率占了58.4%，情况让人担忧。

表三

一般情况下，你参加党组织活动的原因		
选项	频数（次）	频率（%）
A. 党组织活动确实有意义，自己很想参加	70	38.4
B. 党组织要求的，必须参加	109	58.4
C. 看在活动组织者的情面上，不参加不好意思	2	1
D. 参加活动有实惠，免费旅游、参观、吃饭或者有小礼品	0	0
E. 其他	4	2.2

三、加强高校新生党支部建设实效性的策略

（一）加强统一指导，健全党支部建设管理制度

为加强大学新生党支部建设工作的实效性，学院分党委对党支部试行统一指导，在学校党委的指导下，学院设立学生党建指导站（或者学生党建办公室），党建指导站下设具体事务部门。学生党建指导站配备专任教师和高年级的优秀学生党员作为党建

具体事务部门干部来指导新生党建工作。同时还邀请学校离退休党员、资深党员干部、高年级优秀学生党员代表等担任新生党支部指导老师。他们肩负起指导支部建设的重任，对新生党员进行理想信念、党性修养方面的引导教育，帮助支部开展形式多样的政治学习和组织生活，使支部沿着正确的轨道发展。

制度建设是衡量党的建设科学化水平的核心内容。新生党支部应建立一套完善的规章制度，结合本支部的实际情况制定出具体的工作制度，使组织建设有章可循。

1. 党内谈话制度

党内谈话制度主要是了解党员的思想动态，进行有针对性的教育与交流。党内谈话制度主要有党员组织关系转入学院分党委时的谈话，预备党员转正前的谈话和党员组织关系转出时的谈话。同时，对递交入党申请书的同学和高中入党积极分子也派专人谈话，了解他们的基本情况、入党动机和对党的认识，把一批优秀的学生吸收到党组织中来。

2. 党员发展纪实制度

以发展党员纪实卡片为载体，严格发展程序，完整记录发展党员每一个环节情况，明确责任追究对象，保证党员质量。

3. 党员发展票决制度

对拟确定入党积极分子、接收预备党员、转为正式党员三类对象采用无记名投票方式产生，进一步加强发展党员工作中的民主性。

4. 党员发展公示制度

增强发展党员的透明度，严格把好“入口关”，制定发展党员“三公示”制度。“三公示”指的是推荐入党积极分子、推荐发展对象、预备党员转正，分别向党员群众公示，保证党员群众的知情权和监督权。

（二）组织开展培训活动，提高干部队伍素质

提高新生党支部建设的科学化水平，建设一支政治素质过硬、党建工作经验丰富的党支部建设工作队伍是关键。通常，最快、最有效地增强新生党员对党的认识，掌握党的相关知识的方法就是组织开展培训活动。紧紧把握新生入学思想教育的最佳时机，通过学校或者院系从党的基本理论知识、革命传统教育、骨干素质培训等方面对新生党员进行集中的、系统的培训，以实现党员自我教育、自我管理、自我服务的目的。支部书记是支部的领头人、标杆，其思想和业务能力是支部建设的主导力量。对支部书记的党务工作能力进行培训是重点。为了确保培训效果，在培训活动结束后举行个人和集体的收获展示活动，督促新生党员和书记及时总结、内化、提升。

（三）充分利用新媒体手段，搭建交流教育平台

充分利用大学生乐于接受的新媒体手段，发挥新媒体功能，在新生党员教育中开展工作。新生支部成立后，利用支部 QQ 群、MSN、BBS、网络博客、大学生社交网站等载体组织网上思想交流，能随时了解支部学生党员的思想变化，开展动态教育。另外还尝试建立网上党校，实施网上远程教育，开办网络视频讲座，对入党积极分子、学生党员进行专题教育和培训；实现网上提交入党申请书、网上思想汇报、网上民主评议等；还可以在网上设立一个“支部社区”，开通网上留言板和论坛。将网上宣传和在线交流相结合，通过马克思经典著作下载、革命电影在线观看、大学生党员先进事迹网上报告会等多种形式开展网上宣传活动。各级党组织还可以根据不同用户的角色

权限，让现有的学生党员对本“支部社区”拟发展的对象进行网上投票表决和监督评价。

（四）创新活动形式，依托特色活动，增强支部活动吸引力

过组织生活是党内不可缺少的党员教育手段，开展多种形式、寓教于乐的党组织生活，创新活动的形式与内容，将周期性和长期性的支部活动相结合。周期性活动如党员培训、模范人物报告会、党的知识竞赛等。倡导新生党员定期开展时事讨论会、时事微讲堂等特色活动，以及长期性活动如设立学生党员接待室、党史学习研究兴趣小组、“党员之家”活动等。以新生党建为龙头，建立党建和团建互动机制，联合开展“特色党日活动”和“最佳团日活动”，让党员和团员相互学习。以每一位新生党员入党日为其政治生日，支部集体为新生党员过政治生日，增强新生党员的归属感。另外，还可考虑举行特色党支部建设和评比活动，联合其他影响力大的社团来开展活动，以增强支部的影响力和号召力。

（五）建立固定基地，实现支部先锋模范作用长效机制

建立固定的活动基地，在硬件方面，一是要有效整合校外资源，充分利用党建先进社区外部资源建立校外党员教育活动基地；二是要整合校内资源，以生产实习基地、国防教育基地、就业基地等为依托，增建固定的党支部活动基地。如设立党员专业学习基地，在图书馆或者办公地点或者宿舍设立党史展览室、党员文化活动室、“党员之家”、党员示范点等，以增进党员之间的沟通，增强支部的凝聚力和战斗力，有效推进支部建设。在软件方面，以“一帮一”工程、先锋模范岗、党员挂牌制度服务工程、能力与素质培育工程、心理健康教育工程等各项活动为载体，以党建促进学风建设，以党建促进班团建设，使新生党支部党建工作有落脚点，完善支部先锋模范作用长效机制。

四、结束语

大学一年级是大学教育的基础阶段，新生党员教育和管理工作是高校学生党建工作的重要一环。因此，高校新生党支部应该结合新生党员的实际，抓住他们刚刚步入大学这一重要时机，及时、有计划、有针对性地开展好新生党员的教育和管理工作。通过加强新生党支部建设，增强新生党员的组织归属感；通过丰富党员教育形式，增强新生党员的身份意识和党性修养；通过开展特色活动，增强新生党员的荣誉感和责任意识，从而最终增强新生党支部的凝聚力和战斗力，进一步加强高校新生党支部建设的实效性。

参考文献

［1］马珺. 做好高校新生党员教育的实践与探索［J］. 湖北函授大学学报，2011（4）.

［2］刘婷. 论加强大学生党支部建设的有效途径［J］. 湘潭师范学院学报：社会科学版，2008（2）.

［3］陈优生，曾峥. 党支部建在班上的理论与探索［M］. 广州：广东高等教育出版社，2003.

［4］康莉. 加强高校学生支部建设的重要性和途径［J］. 改革开放，2010（16）.

新媒体环境下高校思想政治工作面临的挑战与对策

潘 玲

【摘要】近年来，新媒体的快速发展对大学生的生活和学习产生了深刻的影响，其传播信息的快捷、内容多元化、空间虚拟性等特征给高校思想政治教育工作带来了不小的挑战。本文对如何更好地利用新媒体，创新思想政治教育工作的新途径进行了分析。

【关键词】新媒体 高校思想政治工作 挑战与对策

作者简介：潘玲，1985年生，女，西南财经大学人文学院教师（成都，611130）。

当今社会，互联网技术、数字技术以及移动通信技术的高速发展，以数字电视、微博、手机、触摸媒体等为代表的新媒体已经渗透到人们社会生活的方方面面。2013年1月15日，中国互联网络信息中心（CNNIC）在京发布第31次《中国互联网络发展状况统计报告》。报告显示，截至2012年12月底，我国网民规模达到5.64亿，互联网普及率为42.1%，保持低速增长。与之相比，手机网络各项指标增长速度全面超越传统网络，手机微博用户也出现较快增长。数据显示，2012年我国手机网民数量为4.2亿，年增长率达18.1%，远超网民整体增幅。

截至2012年12月底，我国微博用户规模为3.09亿，较2011年底增长了5 873万，网民中的微博用户比例达到54.7%。手机微博用户规模2.02亿，占所有微博用户的65.6%，接近总体人数的2/3。

新媒体技术的广泛应用和其独特的功能吸引了最易接受新生事物的“90后”大学生群体，并且对他们的生活方式、思维模式、人际交往等产生了深刻的影响，塑造了信息时代崭新的媒体环境。因此，在新媒体时代，如何正确认识新媒体的功能，把握其给高校思想政治工作带来的机遇和挑战，如何创新思想政治工作的方式方法，构建新平台，是我们面临的一项重大课题。

一、新媒体的概念和特点

新媒体是新的技术支撑体系下出现的媒体形态，如数字杂志、数字报纸、数字广播、手机短信、移动电视、网络、桌面视窗、数字电视、数字电影、触摸媒体等。相对于报刊、户外、广播、电视四大传统意义上的媒体，新媒体被形象地称为“第五媒体”。

新媒体的特点主要有：

（1）迎合人们休闲娱乐时间碎片化的需求。由于工作与生活节奏加快，人们的休闲时间呈现出碎片化倾向，新媒体正是迎合了这种需求而生的。

（2）满足随时随地进行互动性表达、娱乐与收发信息的需要。以互联网为标志的第三代媒体在传播的诉求方面走向个性表达与交流阶段。对于网络电视和手机电视而言，消费者同时也是生产者。

（3）人们使用新媒体的目的性与选择的主动性更强。

（4）媒体使用与内容选择更具个性化，导致市场细分更加充分。

二、新媒体环境下高校思想政治工作面临的挑战

相比新媒体时代的快速发展，高校思想政治教育工作还处于相对滞后的状态。以BBS、QQ、微博为代表的新媒体成为影响大学生思想的主要阵地，给高校的思想政治工作带来了不小的挑战。

（一）新媒体传播的快捷性放大了突发事件的影响度

以微博为代表的新媒体技术的广泛应用，使得信息发布比以往更为迅速和随意，具有不确定性和难以控制性，大大突破了传统高校的监督范围。青年大学生们思维比较活跃，对社会现实问题和校园热点事件的关注度高，大学生们正处于稳定价值观形成的阶段，面对鱼龙混杂的海量信息，往往缺乏理性的判断能力，很容易被动地接受外界信息，影响个人价值观和道德认知，思想和行为也容易受到网络信息的影响。不管是学校教学、日常管理工作、学习生活，还是国内外焦点、动态新闻都会在网络上引起大学生的强烈反响，形成强大的舆论。尤其是微博，作为一种“自媒体”传播形式，一旦有突发事件发生，就可能在短时间内迅速被转发，进而扩大信息流和传播范围，产生“一传十，十传百”的蝴蝶效应。特别是在大学校园中，学生数量众多，一旦碰上校园或社会敏感事件，学生受共同情绪的影响，很容易在网络世界中“一呼百应”，在群体的掩护下，产生“去个性化”行为，做出一些违反常规的举动。这给高校的思想政治工作带来了不小的管理难度。

（二）新媒体的虚拟化不利于大学生的人际交往

由于新媒体和智能手机等媒体终端的高速发展，大学生将新媒体手段作为他们人际交往的首要形式，借助人人、微博、QQ、BBS等，在虚拟空间中与人交往。在网络世界中，他们可以抛开现实生活中的诸多束缚，轻松、自由地展现真实的自我，表达真实的想法，在虚拟空间中寻求成就感和自我满足感。当大学生长期沉浸在虚拟社区中，用虚拟的环境交往代替真实的人际交往，以屏幕为界面回避直接面对面的人际交往，造成直接沟通减少，忽视了身边的亲情和友情，长此以往势必会导致和同学关系淡漠，容易产生孤僻、厌倦生活等问题，进而产生逃避现实的心理趋向，严重的甚至会形成网瘾，形成人际交往障碍。

（三）新媒体的多样性打破了传统的思想政治工作模式

目前，高校思想政治工作的主渠道还是通过传统的课堂讲授、班团活动、校园活动等形式进行，虽然近年来也开始广泛应用学校网站、QQ等方式来开展不同的主题教育活动，但是影响力都很有限。新媒体的快速发展，更能迎合大学生的生活方式、接收信息的方式，满足他们的个性化需求。大学生们在新媒体营造的网络空间中，逐渐

形成独立的思维模式和生活方式，新媒体在赋予学生们更大的独立自主性的同时，也打破了传统思想政治工作的模式，削弱了其主体地位，传统的灌输式说教已经逐渐失去效力。

三、新媒体环境下加强高校思想政治工作的创新路径

在新媒体影响日益广泛的现实情况下，高校思想政治教育工作的内容、方式、手段和模式等方面面临诸多机遇和挑战。面对新形势，要求我们全面把握新媒体的特性，充分发挥新媒体的独特优势，针对大学生思想实际，不断创新思想政治教育工作的新路径，将新媒体作为有效的载体，构建一个高效的育人环境。

（一）正确认识和运用新媒体，主动占领思想政治工作阵地

信息时代的全面来临推动了新媒体传播途径和方式的不断创新，各种校园新媒体层出不穷，发展迅猛快捷，变化日新月异，影响无处不在，远远超越了传统的校园媒体的作用。校园新媒体逐渐成为大学生获取海量信息、人际交往、生活娱乐的工具和途径，也成为大学生交流联系、讨论国内外热点话题的重要途径和载体，在青年大学生的成长中发挥了重要作用。这就要求我们高校思想政治工作者与时俱进，主动出击，积极利用大学生们喜闻乐见的新媒体手段开展思想政治教育工作，在虚拟的网络空间中主动宣传社会主旋律，使主流意识形态在网络上得到大力宣传和传播，使思想政治工作由被动变为主动。高校要创建权威的信息发布平台，使之成为对外宣传学校的重要窗口和平台；做好校园网、手机等新传媒阵地的拓展工作，努力打造政治坚定、旗帜鲜明、引导性强、覆盖面广的校属传媒系统，加强与社会媒体合作，增强高校思想政治教育在大学生中的吸引力和凝聚力；根据国内外热点焦点及时开辟专栏，结合现实予以深度剖析，引导大学生正确地面对和分析问题，形成稳定的价值观。

（二）全面提升大学生的媒介素养

1992 年美国媒体素养研究中心对媒介素养下了如下定义：媒介素养是指在人们面对不同媒体中各种信息时所表现出的信息的选择能力、质疑能力、理解能力、评估能力、创造和生产能力以及思辨的反应能力。概括地说，所谓媒介素养就是指正确地、建设性地享用大众传播资源的能力，能够充分利用媒介资源完善自我，参与社会进步，主要包括公众利用媒介资源动机、使用媒介资源的方式方法与态度、利用媒介资源的有效程度以及对传媒的批判能力等。大学生作为思想活跃，容易受外界环境影响的一个不稳定群体，面对大信息时代中错综复杂的网络环境，难免出现受人蛊惑、价值观混乱的情况，因此，高校要高度重视大学生的媒介素养教育，扮演好引导者的角色，帮助大学生摄取积极有效的信息，健康成长。高校可以开设部分媒介素养教育课程，邀请资深传媒人士，以选修、讲座等形式为学生传授媒介素养的知识，并逐步实现常态化教育；可以利用校园媒体，积极宣传和普及有关媒介素养方面的知识，同时通过开设社会热点专栏进行讨论、引导，为学生提供解读媒体信息的正确视角，在潜移默化中提高媒介素养。通过媒介素养教育，培养和提高大学生的信息辨别能力，自觉合理规范使用新媒体资源。

（三）完善校园新媒体信息监控预警机制

新媒体平台的交流，是一个虚拟的沟通过程，信息量大，传递快捷，覆盖面广，形式多样。网络这把“双刃剑”在提供信息传递便捷的同时，也带来了诸多不安全的

因素，在如今网络监管制度并不健全的情况下，虚假信息层出不穷，不良信息疯传，谣言四处散播，一旦这些错误的舆论引发大规模效应，就会给高校和社会带来极大的危害。因此，完善高校信息监控预警机制显得尤为重要。首先，我们要建立校园网络信息监控反馈机制，成立专门的校园网络安全管理和监控部门，加强网络舆论的监控。其次，形成一套完善的预警机制，及时发现问题，反馈给相关部门领导，及时进行决策处理，确保不和谐的声音和谣言在最短时间内得以平息，将影响降到最低。最后，进一步健全网络监管制度，切实做好校园网站和用户名的实名登记制度，进一步规范管理，准确掌握信息源头。

新媒体时代的来临，为高校思想政治教育工作带来新的形势和活力，也带来了不小的挑战。作为高校思想政治工作者的我们应该积极探索，准确把握新媒体的特性，不断创新思想政治教育新模式、新途径，主动出击，合理利用新媒体平台，更广泛地影响全体青年大学生，为大学生思想政治教育工作的美好明天而奋发努力。

参考文献

[1] 焦红强."微时代"对高校思想政治教育工作的启示 [J]. 河南教育（中旬），2012 (6).

[2] 赵殷. 网络时代大学校园媒体的特征及运行策略 [J]. 新闻界，2010 (2).

[3] 张永汀. 校园新媒体环境下高校思想政治教育途径创新 [J]. 中国石油大学学报：社会科学版，2011 (1).

[4] 汪頔. 新媒体对"90后"大学生思想政治教育的新挑战 [J]. 思想教育研究，2010 (1).

第五编 党的群众路线教育实践活动专题

【编者按】2013 年 6 月 18 日，党中央召开党的群众路线教育实践活动工作会议，习近平总书记发表重要讲话，对全党开展教育实践活动进行重要部署。为全面落实群众路线教育实践活动，西南财经大学于 7 月 10 日召开“深入开展党的群众路线教育实践活动动员大会”，校党委书记赵德武教授发表动员讲话，对如何落实教育实践活动作出具体部署。马克思主义学院党总支及全体党员师生积极响应动员号召，按照学校党委关于深入开展党的群众路线教育实践活动的实施方案，以多种形式顺利完成教育实践活动的各个步骤，效果显著。为彰显和巩固此次教育实践活动的成果，本辑刊特遴选马克思主义学院部分党员教师的学习心得，汇集成此专题。

关于贯彻群众路线教育实践活动的五个问题

俞国斌

【摘要】开展党的群众路线教育实践活动首先需要认识到位。应该在认识上理清下面五个问题：此次教育实践活动的新意何在；为什么说群众路线是我们党最大的软实力；为什么说群众路线归根到底是世界观、价值观的问题；群众路线教育实践活动的难点在哪里；马克思主义学院党总支如何贯彻好群众路线。认识到位之后，才能在行动上将教育实践活动贯彻到底。

【关键词】群众路线教育实践活动 认识 五个问题

作者简介：俞国斌，1963 年生，男，西南财经大学马克思主义学院党总支书记、教授（成都，611130）。

开展群众路线教育实践活动需要行动到位，但首先要认识到位。通过学习，我个人觉得在认识上要特别理清这五个问题：

第一，此次教育实践活动的新意在哪里。中国共产党非常重视党的建设，20 世纪 90 年代以来有三讲教育、保持党员先进性的教育、科学发展观学习实践活动、创先争优活动等。这些活动，从广义上说也都是贯彻群众路线，因为也都是要解决群众反映强烈的问题。贯彻群众路线、密切联系群众，是我们党安身立命的根本。只要共产党存在，就要为人民服务，为人民服务就要讲群众路线。但是，由于时间与空间的变化，群众路线必然是常讲常新。这次群众路线教育实践活动与以往的不同之处，就在于更加突出“群众路线”这个主题，强调“为民、务实、清廉”，这就有强烈的现实针对性。这次教育实践活动的主要任务是要聚焦到作风建设上，集中解决形式主义、官僚主义、享乐主义和奢靡之风这“四风”问题。这“四风”是违背我们党的性质和宗旨的，是当前群众深恶痛绝、反映最强烈的问题，也是损害党群干群关系的重要根源。

第二，为什么说群众路线是我们党最大的软实力。中国共产党的成事之基和发展之道，就是与人民群众保持着最密切的联系，从党为人民服务的宗旨出发，一切为了群众，一切依靠群众，把党的主张迅速变为人民群众的自觉行动。我们党的正确主张，反映了群众的利益，我们党的政策和群众追求美好生活的愿望结合起来，所以能够迸发出无穷的力量，这也是我们改革开放取得巨大成功的最宝贵经验。党的十八大确立了全面建成小康社会这样一个艰巨的任务，机遇前所未有，挑战也前所未有，困难很多，怎么办呢？就是要依靠群众去完成这个任务。我们学校各项工作目标的实现路径也必须是群众路线。群众路线是中国共产党在革命、建设和改革的长期实践中创造和发展起来的、被实践证明是正确的、行之有效的实现党的思想路线、政治路线、组织路线的根本工作路线，是党的领导经验的深刻总结，是党的集体智慧的结晶，是党的优良传统和政治优势。

第三，为什么说群众路线归根到底是世界观、价值观问题。以人为本、执政为民是检验我们党一切执政活动的最高标准，任何时候都要把人民的利益放在第一位，把群众呼声作为第一信号，把群众需要作为第一选择，把群众满意作为第一标准。要权为民所用、情为民所系、利为民所谋，实现好、维护好、发展好最广大人民的根本利益。人民对美好生活的向往，就是我们的奋斗目标。开展群众路线教育实践活动，首先要从思想根源上解决问题。错误的行动是标，错误的思想是本，群众路线归根到底是世界观、价值观问题。我们基层党员干部要把这种世界观、价值观转化为正确的权力观、政绩观，特别是要转化为务实的工作作风。因为务实既反映了我们党实事求是的思想路线，也体现了党的群众路线。只有务实才能为民。只有从实际出发，才能有一种扎扎实实的工作态度、工作作风，真心实意地为群众办好事、办实事。我们国家和我们学校的快速发展，是干出来的，不是喊出来的，更不是吹出来的，所以真心实意地埋头苦干，用务实的态度干，才能贯彻群众路线。对于“我是谁”、“为了谁”、“依靠谁”、“实现路径是什么”，我们必须牢记在心。坚持群众是真正英雄的唯物史观和人民至上的价值观。

第四，群众路线教育实践活动的难点在哪里。从群众中来，到群众中去，是贯彻党的群众路线的正确途径和有效方法。党的根基在人民，血脉在人民，力量在人民。正确的认识只能来源于群众的实践，正确的决策只有变成群众的自觉行动才能实现。这次全党开展党的群众路线教育实践活动，中央提出以“为民、务实、清廉”为主要内容。为民，才能体现党的政治本色。务实，才能发扬党的优良传统和作风。清廉，才能取信于民，赢得人心。而要做到为民务实清廉，就必须解决好认识问题、感情问题、能力问题、作风问题、机制问题。从文件上学习群众路线很容易，但是要把这种外在的知识变为内在的信念并落实到正确的行动上则很难。在实际工作中，要贯彻群众路线，首先就要知道群众究竟怎么想，这就得建立起让群众充分表达利益诉求的机制，而不仅仅是简单的几次座谈会。其次是为群众服务的根本在于政治上要代表群众的利益，制定的政策要反映群众的诉求，而不是简单地为群众排忧解难。再次是一定要协调群众把眼前利益和长远利益结合起来，把局部利益与整体利益结合起来。最后就是要建立起群众对党员干部的评价机制，归根到底要看群众满意不满意、答应不答应。

第五，我们马克思主义学院党总支如何贯彻好群众路线。贯彻群众路线不仅是运动，而且是实实在在的工作方式。我认为学院党总支贯彻群众路线，就必须把人才培养作为出发点和落脚点，既鼓励党员充分行使自己的权利，又督促党员履行好自己的义务，发挥党员在学科建设和教学科研发展中的模范作用。具体而言，学院党总支一是要以建设“优秀教学团队”、“优秀科研团队”，增强“学科贡献度”，培养“教学名师”等为载体，把发挥党员的先进性与学院的中心工作和教职工利益关切点相结合。二是学院的重大决策必须机制化地广泛听取教职工的意见和建议，取得他们的理解和支持。三是要高度重视学院文化建设，不能让功利主义成为大学的主流话语体系。学校与教职工的关系不是资本与雇佣劳动的关系。我们吸引人才，留住人才，要靠经世济民、孜孜以求的西财精神，要靠高水平学术共同体的凝聚力，要靠我们每一位西财人展现出的社会主义大学的精气神。

提高群众路线教育实践活动的实效性关键在“知”、“情”、“意”相统一

唐晓勇

【摘要】搞好群众路线教育实践活动的关键在于坚持“知”“情”“意”相统一。“知”是行动的先导，影响着情感、决定着行动的方向；“情”是行动的原动力，是认知得以落实到行动的中介，决定着行动的执行力度；“意”乃“知”、“情”之达成。深刻把握三者关系，对于将群众路线教育实践活动推向深入，把各环节工作做得更加扎实，使教育实践活动真正提高实效性具有重要意义。

【关键词】群众路线教育实践活动　“知”　“情”　“意”　统一

作者简介：唐晓勇，1965年生，男，西南财经大学马克思主义学院院长、教授（成都，611130）。

当下，党的群众路线教育实践活动已经在全国各地轰轰烈烈地开展起来。这绝不是“走过场”的一项活动，而是真真切切围绕“树清廉之风，尽为民之事”主旨展开的一场全党范围内的教育实践活动。党中央明确要求贯彻党的群众路线须“真抓实干”，并提出了“照镜子、正衣冠、洗洗澡、治治病”的总要求。在这个要求下如何才能真正做好教育实践活动？我们广大党员干部应该怎么做才能把这些要求落到实处？通过最近一段时间的初步学习和思考，我认为，搞好群众路线教育实践活动的关键在于坚持“知”、“情”、“意”相统一。

“知”、“情”、“意”三者之间的关系既是一个关于“知行关系”的哲学命题，也是行为学、心理学、管理学等学科研究的一个重要问题。“知”意指“认知”、“认识”、“思想”；“情”指的是“情感”，即“爱”与“恨”这两种人类的基本感情；“意”即“意志决断”、“行动力”。这三者之间不仅相互区别，而且具有十分紧密的关系。“观念是行动的先导”，认知影响着情感（爱与恨的价值取向）、决定着行动的方向；而情感则是认知得以落实到行动的中介，也是行动的动力源，决定着行动的执行力度；行动则是认知的价值实现和情感的达成。深刻把握三者关系，对于将群众路线教育实践活动推向深入，把各环节工作做得更加扎实，使教育实践活动真正提高实效性具有重要意义。

一、“知”是行动的先导

加强对马克思主义群众观点和群众路线理论的学习，认真领会、准确把握习主席

讲话精神和中央文件精神是贯彻落实群众路线教育实践活动的前提。

首先，我们要充分认识并深刻理解这次教育活动的背景和现实意义，教育活动的总要求和目标，教育实践活动遵循的根本方法等精神实质。

其次，我们还要解决一些重要的认识问题。比如，正确认识此次教育活动与历史上特别是改革开放以来历次党的大规模教育实践活动的关系。应该看到，党在历史上开展的每一次群众路线教育活动既有内在的逻辑联系，同时也都有各个时期的特殊背景、特殊任务、特定主题。有一位专家概括得好，他说，民主革命时期讲群众路线是为了“救国救民”，社会主义改造和建设时期讲群众路线是为了“利国利民”，改革开放以来讲群众路线是为了“强国富民”。这充分展示了我们党“全心全意为人民服务”的一贯宗旨，也很好地揭示了各个阶段学习活动的特点。

此外，我们还要对这次群众路线教育实践活动的主要内容有清醒认识，即坚决反对“四风”：官僚主义之风、形式主义之风、享乐主义之风和奢靡之风。这“四风”是我们党作风建设面临的突出问题，也是群众反映最强烈的问题。“四风”严重违背我们党的性质和宗旨，要贯彻群众路线就必须反对这“四风”。所谓形式主义，就是不追求工作的实际效果，搞花架子，做表面文章，很多干部在新形势下没有扎实工作的作风。所谓官僚主义，就是用官老爷的态度对待群众，做官当老爷，不考虑群众的疾苦，命令主义盛行。官僚主义和形式主义是孪生兄弟，领导机关搞官僚主义就会助长下面的形式主义，上面不调查、不深入基层，下面就搞形式来应付、糊弄领导，反过来说形式主义又掩盖了官僚主义。二者相互影响，推波助澜，恶性循环。所谓享乐主义，就是一味追求享受，把个人的舒适享乐凌驾于工作之上、群众疾苦之上。如果党员干部沉湎于个人享受，就会丧失理想和斗志，丢掉党和人民的利益。再一个就是奢靡之风。奢靡之风是官僚主义、享乐主义极端化的产物，是享乐主义的一种蔓延、发展，奢靡之风对我们党、对我们的社会风气有很大的腐蚀作用，而且可以说奢靡之风也是滋生腐败的一种温床，为了满足自己奢靡的生活方式，以权谋私，索贿受贿，沦落为贪官。所以奢靡之风对我们党的建设，对全面建成小康社会这个任务的完成，有很大的破坏作用。前述“四风”，应当说在我们党内不是主流。我们党的主流是健康的，但“四风”的存在危害很大。贯彻群众路线，加强作风建设，就一定要对这四种不良风气做一个大扫除，把它彻底扫除。我认为中央着力整顿“四风”，是贯彻群众路线教育的重中之重。

二、“情”是行动的原动力

应该看到，许多党员干部受到过党多年的培养和实践锻炼，在认识和理论研究方面有相当水平甚至较高造诣，但为什么一些干部会走向党和人民的对立面，沦落为人民的罪人？我认为，其关键在于“情感”出了问题。在行为心理学看来，人的行为是由动机引发的，那么，动机又由什么决定呢？由需要和欲望决定。而人的需要和欲望则包括“爱他之需和爱他之欲”、“爱己之需和爱己之欲”。当“爱他”与“爱己”之欲望的天平发生变化，则人的行为的价值取向就必然会发生变化。

客观上讲，每个人都有自己各方面的需求和欲望，这是人的本性所致。党的干部也不例外。然而，党的宗旨是“全心全意为人民服务”，对于每一个党员和干部来讲，在个人欲望与党和人民的利益发生冲突时，必须无条件地牺牲个人利益，这是由党的先进性本质决定了的。古人尚有"先天下之忧而忧、后天下之乐而乐"的胸怀，何况共产党人？所以，如果我们的党员干部能够一贯保持与人民群众的深厚阶级感情，时刻不忘宗旨，始终将感情的天平固定在群众一方，深知己为民生，爱民如己，那么在行动上我们才可能做到情真意切，真信实干，任何个人的特殊私利将荡然无存，我们的心底才可与天比高、与天比宽。

三、"意"乃"知"、"情"之达成

"理论是灰色的，而生命之树常青"。认识虽然是深刻的，情感也非常真切，然而，如果没有脚踏实地的行动以及坚定的行动力，共产党人和党的干部的光辉形象也难以树立，党的崇高理想和神圣使命也注定不能完成。投身群众路线教育实践活动，既要讲学习，更要注重躬行，不能"只说不练"。要在学习中实践，在行动中提升认识水平和做人的境界。只有通过真抓实干，才能实现党的十八大确立的宏伟目标；只有社会主义事业发展了，群众才会满意，党也才会有威信，群众路线教育实践活动才能真正卓有成效。

要践行群众路线教育实践活动各项精神，必须遵循正确的路径和方法。首先要坚持理论联系实际的根本方法。只有坚持这一方法，才能在认识上自觉学习群众路线相关理论，深刻理解习主席和中央文件精神，从而提高我们的认识水平和政策水平。作为领导干部来讲，只有学好了理论，才能在制订工作计划、实施方案或者在执行党的路线方针和政策时牢记党的宗旨，时刻把党和人民的利益放在首要位置；只有坚持这一方法，才能坚持调查研究，一切从实际出发，从本地区、本单位实际出发，准确把握事业发展方向和规律。从实际出发就是从群众的需求出发。群众最关心的就是发展问题，只有深入群众，才能了解群众疾苦，急群众所需，急群众所急。与群众心连心，就能与群众一道同心同德把事业推向前进。其次要坚持矛盾观点和矛盾分析法。这是马克思主义分析解决问题的又一重要方法。当前，中国特色社会主义事业已经步入为全面建成小康社会努力奋斗的新的发展阶段，社会经济、政治、文化、外交、生态环境等事业的快速发展所带来的一系列矛盾需要我们认真对待并加以解决，否则，群众不满意，党的事业就会遭受损失。基于此，我们要努力在实践中学会"弹钢琴"，深入分析、准确把握社会各方面利益群体的诉求，大力建设和谐社会，为实现新阶段的新任务创造良好的发展环境。

总而言之，这次群众路线教育实践活动的开展十分重要，恰逢其时。作为党员干部，必须保持高度的政治觉悟，积极带头投身教育实践活动，在理论学习上先人一步，在深入实际上快人一步，在创新实践上强人一筹。而要做到这一切，就需要牢牢坚持"知"、"情"、"意"相统一。

论群众路线的完整内容

曾　荻

【摘要】要真正贯彻群众路线，必须完整地理解群众路线的丰富内涵，即要从党的群众观点和群众路线相一致、相结合的角度，要从群众路线首先是党的政治路线，然后才是认识路线和工作路线的角度，来理解群众路线、来实践群众路线。

【关键词】群众路线　政治路线　认识路线　工作路线

作者简介：曾荻，1953年生，男，西南财经大学马克思主义学院教授、博士生导师（成都，611130）。

在长期实践中，我们党将历史唯物主义群众史观的基本观点与中国革命和建设的具体实际相结合，最终形成了中国共产党的群众路线。那么什么是党的群众路线呢？进行群众路线教育的基本内容是什么呢？怎么来理解群众路线的丰富内涵呢？

群众路线最简单的表述就是："从群众中来，到群众中去"；

群众路线较为复杂的表述就是："一切为了群众，一切依靠群众，从群众中来，到群众中去"；

群众路线最完整的表述则包括了"党的群众观点"和"党的群众路线"，其中群众观点就是：坚信人民群众自己解放自己的观点，全心全意为人民服务的观点，一切向人民群众负责的观点，以及虚心向群众学习的观点；群众路线就是"从群众中来，到群众中去"。

要能真正坚持群众路线，必须完整地理解群众路线的丰富内涵，即要从党的群众观点和群众路线相一致、相结合的角度，要从群众路线首先是党的政治路线，然后才是认识路线和工作路线的角度，来理解群众路线、来实践群众路线。

一、作为党的政治路线的群众路线

党的政治路线是党的政治态度、政治立场、价值追求的集中表现。中国共产党的政治路线首先是群众路线。

党的群众路线表明了一个鲜明的政治态度，表达了一个明确的政治立场，提出了一个明确的价值目标，即"一切为了群众"，它体现在"全心全意为人民服务"这一核心观点中。

"为人民服务"是我们党的根本宗旨。应该说，我们党从成立的那天起，就把为人民谋利益作为自己的使命。党领导人民闹革命，推翻旧社会，建立新中国，正是为人民求解放，让人民翻身当家做主人；党领导人民建立社会主义制度，走中国特色社会主义道路，也正是为人民谋幸福，使中国最广大人民的根本利益在新的社会条件下不断得到实现。人民利益是我们党全部事业的出发点和落脚点。坚持党的群众路线，就要站稳人民群众的政治立场。

二、作为党的认识路线的群众路线

"一切为了群众"是我们的政治态度、政治立场和价值目标，为了使这一目标真正得到实现，必须了解群众的期盼和需求，并根据群众的期盼和需求进行决策，形成具体的工作方案。在这里，认识问题、分析问题、提出解决问题的方案等认识活动随之展开，认识路线、思想路线的确立就显得格外重要，党的群众路线就转化为党的认识路线，即"一切依靠群众"、"从群众中来，到群众中去"。对此，毛泽东同志曾在《关于领导方法的若干问题》一文中进行过专门的论述："在我党的一切实际工作中，凡属正确的领导，必须是从群众中来，到群众中去。这就是说，将群众的意见（分散的无系统的意见）集中起来（经过研究，化为集中的系统的意见），又到群众中去做宣传解释，化为群众的意见，使群众坚持下去，见之于行动，并在群众行动中考验这些意见是否正确。"既然人民群众的实践具有根本意义，领导者就应该首先向群众学习，了解群众的诉求，倾听群众的呼声，尊重群众的首创精神。但同时也应看到，在实际过程中，群众的意见往往带有经验的和感性的特点，因而是分散的、不系统的。这就需要我们的领导者充分发挥自己的作用，在此基础上进行进一步的深入研究，从理性的层次将其集中化、系统化，找到隐藏于其中的内在必然性，并提出解决问题的对策。然后，再将自己的认识结果返回到群众中去，让群众了解和接受，并将其付诸实践。在这个过程中，我们看到了"从感性到理性，再从理性到实践"，"从实践到认识，再从认识到实践"的认识的一般规律，这一规律化为中国共产党的认识路线，就是"一切依靠群众"、"从群众中来，到群众中去"。

辩证唯物主义能动反映论认为，认识的基本路线是"从感性到理性，再从理性到实践"，即"从实践到认识，再从认识到实践"。这条认识路线与党的群众路线"从群众中来，到群众中去"是完全一致的，因此，"从群众中来，到群众中去"也被称为党的认识路线。

三、作为党的工作路线的群众路线

有了"一切依靠群众"、"从群众中来，到群众中去"的认识路线，通过这条路线，我们了解到群众的期盼、群众的需求，从而形成了我们工作的决策和具体方案。那么应该如何将这些决策、方案真正落到实处，产生满足群众需求的实际效果？这就需要行动，需要具体的工作。在这里，党的群众路线就从认识路线进一步转化为工作路线，这仍然是"一切依靠群众"、"从群众中来，到群众中去"。既然人民群众是社会历史发展的主要承担者，一切社会过程的进行都有赖于人民群众的实践，一切社会变革也最终需要通过人民群众的实践来完成，那么我们党的事业要想取得成功，就必须得到人民群众的拥护和支持。我们的目标是为人民谋利益，但我们不可能离开人民群众的实践去实现这一目标，不能代替人民群众去"包打天下"，更不能以高高在上的救世主姿态将幸福"赐予"人民群众，而只能动员和组织广大人民群众进行能动的实践，引领他们通过自己的实践去实现自己的利益。这也就是马克思所强调的，“历史活动”说到底“是群众的活动”。在革命战争年代，我们党之所以能够由小到大、由弱到强，在极其困难的条件下一步步发展起来，最终领导中国革命取得成功，就是由于得到了广大人民群众的拥护。人民群众认识到了自己的利益，在党的领导下投入到革命斗争的实践中来，形成了不可阻挡的历史洪流。如今，在新的发展阶段上，我们党正在领导人民进行建设中国特色社会主义的新的实践，在为中华民族的伟大复兴努力奋斗。这是一场彻底改变中国社会面貌，使中国真正走向现代化的伟大事业，更需要广大人民群众的共同参与和投入。没有人民群众的创造性活动，我们的事业就不可能取得成功。

提高思想认识　践行党的群众路线

刘　芳

【摘要】深入开展党的群众教育实践活动，首先要充分认识这次活动的重要性和必要性，自觉认真学习和把握马克思主义的群众观点和群众路线，同时要避免陷入开展党的群众路线教育实践活动的几个认识误区，最后要树立群众观点，如此方能践行党的群众路线。

【关键词】群众路线教育实践活动　马克思主义的群众观点　认识误区

作者简介：刘芳，1962 年生，女，博士，西南财经大学马克思主义学院副院长、教授（成都，611130）。

深入开展以“为民、务实、清廉”为主要内容，以集中解决形式主义、官僚主义、享乐主义和奢靡之风这“四风”为主要任务的党的群众路线教育实践活动，是实现党的十八大确定的奋斗目标的必然要求；是保持党的先进性和纯洁性、巩固党的执政基础和执政地位的必然要求；是解决群众反映强烈的突出问题的必然要求。我们要充分认识开展党的群众路线教育实践活动的重大意义，提高思想认识，践行党的群众路线。通过近段时间的学习，自己有几点体会：

第一，必须充分认识党的群众路线教育实践活动的重要性和必要性。

党的十八大报告指出：“为人民服务是党的根本宗旨，以人为本、执政为民是检验党一切执政活动的最高标准。任何时候都要把人民利益放在第一位，始终与人民心连心，同呼吸、共命运，始终依靠人民推动历史前进。围绕保持党的先进性和纯洁性，在全党深入开展以‘为民、务实、清廉’为主要内容的党的群众路线教育实践活动，着力解决人民群众反映强烈的突出问题，提高做好新形势下群众工作的能力。完善党员干部直接联系群众制度。坚持问政于民、问需于民、问计于民，从人民伟大实践中汲取智慧和力量。”习近平在党的群众路线教育实践活动工作会议上的讲话中强调指出：“群众路线是我们党的生命线和根本工作路线。开展党的群众路线教育实践活动，是我们党在新形势下坚持党要管党、从严治党的重大决策，是顺应群众期盼，加强学习型服务型创新型马克思主义执政党建设的重大部署，是推进中国特色社会主义的重大举措，对保持党的先进性和纯洁性、巩固党的执政基础和执政地位，对全面建成小康社会，具有重大而深远的意义。”从这些论述可以看出，新形势下，在我们党面临长期的、复杂的、严峻的执政考验、改革开放考验、市场经济考验、外部环境考验，面临着精神懈怠危险、能力不足危险、脱离群众危险、消极腐败危险的情况下，开展党的群众路线教育实践活动，对于加强党的作风建设，增强党的自我净化、自我完善、自我革新、自我提高的能力；对于始终保持党同人民群众的血肉联系，增强党的凝聚力、创造力、战斗力等方面，都具有现实的重要性和必要性。

第二，必须自觉认真学习和把握马克思主义的群众观点和群众路线。

马克思主义的群众观点和群众路线是以历史唯物主义的群众史观和马克思主义的认识论为理论基础的。

在谁是历史的创造者问题上，历来存在两种相反的观点，即历史唯心主义的英雄史观和历史唯物主义的群众史观。英雄史观认为，历史是英雄人物创造的，人民群众的作用不值一提。群众史观则与之相反，认为历史是人民群众创造的，人民群众是历史的创造者。同时，也充分肯定英雄人物在历史进程中的巨大作用。之所以说人民群众是历史的创造者，是因为他们是物质财富和精神财富的创造者，是变革社会的主力军。坚持群众史观，就应该反对英雄史观。

马克思主义的认识论认为，认识的全过程是实践、认识、再实践、再认识……这一过程的不断循环和无限发展。实践和认识的重要主体就是人民群众，在社会实践中，这一认识过程也就是一个从群众中来、到群众中去的过程。

人民群众是历史的创造者，从群众中来、到群众中去，才能获得真知和智慧，才能推动人类社会的进步与发展。马克思主义的群众观点和群众路线是无产阶级政党长期实践检验的结果。群众观点是：坚信人民群众自己解放自己的观点，全心全意为人民服务的观点，一切向人民群众负责的观点，虚心向群众学习的观点。群众路线是：一切为了群众，一切依靠群众，从群众中来，到群众中去。党的群众路线是在无产阶级政党的群众观点的指导下形成的，是群众观点在实际工作中的贯彻运用。

无产阶级政党的群众观点和群众路线体现了马克思主义世界观和方法论的统一，体现了辩证法和认识论的一致性。以毛泽东同志为代表的中国共产党人在民主革命时期坚持群众观点和群众路线，带领广大人民群众战胜了敌人，取得了革命的胜利。我们要认真学习毛泽东思想中的群众观点，牢记“群众是真正的英雄，而我们自己则往往是幼稚可笑的，不了解这一点，就不能得到起码的知识。”① “有无群众观点是我们同国民党的根本区别，群众观点是共产党员革命的出发点与归宿。从群众中来，到群众中去，想问题从群众（利益）出发就好办。”② 我们要认真学习邓小平、江泽民、胡锦涛、习近平对党的群众路线的新阐发和论述，深刻领会他们讲话的精神：“群众是我们力量的源泉，群众路线和群众观点是我们的传家宝。党的组织、党员和党的干部，必须同群众打成一片，绝对不能同群众相对立。如果哪个党组织严重脱离群众而不能坚决改正，那就丧失了力量的源泉，就一定要失败，就会被人民抛弃。”③ “我们党要始终代表中国最广大人民的根本利益，就是党的理论、路线、纲领、方针、政策和各项工作，必须坚持把人民的根本利益作为出发点和归宿，充分发挥人民群众的积极性、主动性、创造性，在社会不断发展进步的基础上，使人民群众不断获得切实的经济、政治、文化利益。”④ “一个政党，如果不能保持同人民群众的血肉联系，如果得不到人民

① 毛泽东. 毛泽东选集：第3卷［M］. 北京：人民出版社，1991：790.

② 毛泽东. 毛泽东选集：第3卷［M］. 北京：人民出版社，1991：71.

③ 中共中央文献编辑委员会. 邓小平文选：第2卷［M］. 北京：人民出版社，1994：368.

④ 中共中央文献编辑委员会. 江泽民文选：第3卷［M］. 北京：人民出版社，2006：279.

群众的支持和拥护，就会失去生命力，更谈不上先进性。我们党的根基在人民、血脉在人民、力量在人民。保持党同人民群众的血肉联系，是我们党无往而不胜的法宝，也是我们党始终保持先进性的法宝。"①

第三，必须避免陷入开展党的群众路线教育实践活动的几个认识误区。

在开展党的群众路线教育实践活动的过程中，人们一般存在几个认识上的误区：一是认为教育实践活动是搞形式主义，走走过场就行了，不必去浪费时间，简单应付一下就行了；二是认为这个活动是针对位高权重的官员们的，与一般的党员干部关系不大；三是认为作为一般小单位的普通党员干部，不存在形式主义、官僚主义、享乐主义和奢靡之风这"四风"问题。这就需要通过认真的理论学习，提高思想认识，避免陷入这些认识上的误区。

第四，必须树立群众观点，践行党的群众路线。

开展党的群众路线教育实践活动的主要内容是为民务实清廉，主要任务是反对"四风"，总的要求是"照镜子、正衣冠、洗洗澡、治治病"。通过党的群众路线教育实践活动，每个领导干部都必须树立群众观点，践行党的群众路线。这就需要将教育实践活动与学校、学院的实际工作紧密联系，对照党章、对照廉政准则、对照改进作风要求、对照群众期盼、对照先进典型，深入细致地查找我们自己存在的"四风"问题，充分认识"四风"问题的危害性和解决"四风"问题的紧迫性。具体而言，要积极听取群众对自己工作的意见和建议，出于公心、为了发展查找问题，找准问题，开展批评与自我批评，切实解决工作或发展中存在的问题。

通过教育实践活动，改进工作作风，密切联系群众，强化为人民服务的宗旨意识，与广大师生员工一起努力奋斗，为建设特色鲜明的高水平研究型财经大学贡献绵薄之力。

---

① 胡锦涛. 在庆祝中国共产党成立八十五周年暨总结保持共产党员先进性教育活动大会上的讲话［G］//中共中央文献研究室. 十六大以来重要文献选编（下）. 北京：中央文献出版社，2008：535.

以人为本是党的群众路线的基石

杨世平

【摘要】习总书记提出的开展党的群众路线教育实践活动是在新形势下的一项有特殊意义的举措，群众路线是毛泽东对党长时期在敌我力量悬殊的艰难环境里进行革命活动的宝贵经验的总结。新形势下坚持党的群众路线，必须坚持以人为本，这是群众路线的基石。要真正体现以人为本，就要坚持人民的美好生活是执政党的奋斗目标，坚持相信群众、依靠群众，坚持把尊重群众和教育群众相结合，坚持建立和完善制度以保障人民群众的权益。

【关键词】群众路线　以人为本

作者简介：杨世平，1963年生，女，哲学硕士，西南财经大学马克思主义学院副教授，硕士生导师（成都，611130）。

习总书记在2013年6月召开的党的群众路线教育实践活动工作会议上强调指出：开展党的群众路线教育实践活动，是实现党的十八大确定的奋斗目标的必然要求，是保持党的先进性和纯洁性、巩固党的执政基础和执政地位的必然要求，是解决群众反映强烈的突出问题的必然要求。习总书记认为，群众路线是中国共产党的生命线和根本工作路线，是否坚持群众路线关系人心向背，关系党的生死存亡，党只有始终与人民心连心、同呼吸、共命运，始终依靠人民推动历史前进，才能做到坚如磐石。群众路线是以毛泽东为首的中国共产党在长期的革命斗争中形成的，十八大以后，群众路线又被新一届党中央强调提出。

1981年党的十一届六中全会通过的中共中央《关于建国以来党的若干历史问题的决议》，第一次把群众路线确定为毛泽东思想三个“活的灵魂”之一，并将党的群众路线的基本内容概括为“一切为了群众，一切依靠群众，从群众中来，到群众中去”。党中央认为：把马克思列宁主义关于人民群众是历史的创造者的原理系统地运用在党的全部活动中，形成党在一切工作中的群众路线，这是我们党长时期在敌我力量悬殊的艰难环境里进行革命活动的无比宝贵的历史经验的总结。民心向背是革命成败的关键，得民心者得天下。我们党代表了民意民愿，维护了人民群众的利益，所以赢得了民心，所以建立起了自由、独立、统一的新中国，成为了中华人民共和国的执政党。新中国成立以后几十年的实践也证明，是否坚持正确的群众路线关系到党领导的实践活动成功与否。特别是十七大以后，党中央把以人为本确定为科学发展观的核心，坚持以人为本是我们党全心全意为人民服务根本宗旨的集中体现，把科学发展观确立为党的指导思想的一个有机组成部分。这样，就把“群众路线”更明确地提升为党和国家的“一切工作的出发点和落脚点”，把“密切联系群众”从作为一种优良作风的层面，提升到了一个新高度、新境界。明确党和国家各项建设事业深入贯彻落实科学发展观的进程中，都必须坚持好密切联系群众的优良传统和作风，始终牢记和遵循“以人为本”这个核心。十八大以后，党中央面对改革开放取得的重大成就，同时也意识到复杂艰难的现实国情，对于怎样解决前进道路上诸多困难和问题，党中央认为，坚持党的群众路线至关重要，党的根本宗旨是全心全意为人民服务，群众路线是党的生命线和根本工作路线。坚持群众路线，必须坚持突出一个“人”字，必须坚持以人为本、执政为民，才能体现“一切为了群众，一切依靠群众，从群众中来，到群众中去”的精髓所在。只有人的权利得到了充分的保障，才能得到群众的拥护和支持，才能化解矛盾，才能筑牢执政之基，才能在建设和发展中取得新胜利。

一、坚持党的群众路线，就必须坚持人民的美好生活是执政党的奋斗目标

2012年11月15日，习近平在新一届政治局常委记者见面会上提到：我们的人民热爱生活，期盼有更好的教育、更稳定的工作、更满意的收入、更可靠的社会保障、更高水平的医疗卫生服务、更舒适的居住条件、更优美的环境，期盼着孩子们能成长得更好、工作得更好、生活得更好。人民对美好生活的向往，就是我们的奋斗目标。习近平总书记的这一思想是在深刻总结历史经验教训的基础上得出来的。

1921年成立的中国共产党选择了马克思列宁主义作为其指导实践的理论来源，并从此担负起了神圣的使命，领导中国人民为实现共产主义而奋斗。“共产主义社会，将是物质财富极大丰富，人民精神境界极大提高，每个人自由而全面发展的社会”①，为实现共产主义社会，中国共产党带领中国人民不断奋斗，坚持最低纲领和最高纲领的统一。在新民主主义革命时期，提出了推翻帝国主义、封建主义和官僚资本主义“三座大山”、建立新民主主义共和国这一具有感召力的奋斗目标，对中国新民主主义革命的胜利起到了至关重要的导向作用。毛泽东在1949年9月召开的中国人民政治协商会议的会议宣言中明确强调：建设独立、民主、和平、统一、富强的新中国。新中国成立后，由于毛泽东同志的严重失误，社会主义建设在曲折道路上艰难前行。

党的十一届三中全会以后，以邓小平为首的新一代中央领导集体，总结了毛泽东时代的经验教训，邓小平的“贫穷不是社会主义”可谓振聋发聩，党中央科学地判断中国国情，提出了党在社会主义初级阶段的奋斗目标，即建设中国特色社会主义，把我国建设成为富强、民主、文明、和谐的社会主义现代化国家。在新世纪新阶段，党中央再次明确强调奋斗目标是全面建设小康社会，加快推进社会主义现代化。

回顾历史，无论实践过程中出现过什么问题，但毫无疑问，中国共产党都是希望带领中国人民过上更加美好的生活的。正如胡锦涛同志2008年9月19日在中央党校的讲话中所言：我们党的一切奋斗和工作都是为了造福人民，我们推动科学发展，根本目的就是要坚持尊重社会发展规律与尊重人民历史主体地位的一致性，坚持为崇高理想奋斗与为最广大人民谋利益的一致性，坚持完成党的各项工作与实现人民利益的一

---

① 江泽民. 在庆祝中国共产党成立八十周年大会上的讲话［R/OL］. http://news.xinhuanet.com/ziliao/2001-12/03/content_499021.htm，2001-07-01.

致性，坚持保障人民权益与促进人的全面发展的一致性，做到发展为了人民、发展依靠人民、发展成果由人民共享。

中国共产党作为执政党，带领中国人民进行的一切实践活动，其最终和唯一的目标就是为了人民群众过上愈加美好的生活。坚持这一理念，才能真正做到以人为本、执政为民，才能真正坚持群众路线。

二、坚持党的群众路线，就必须相信群众、依靠群众

"人民，只有人民，才是创造世界历史的动力。"① 这是毛泽东研究了马克思主义的唯物史观，研究了中国几千年的历史，特别是总结了自己几十年革命斗争的实践经验而得出的结论。在我们党的历史上，每当处在困难时期，或者处在重大转折时期，毛泽东总是用"相信群众和依靠群众"这个思想，教育和武装全党和革命队伍，鼓舞人们去战胜敌人，去克服困难。1934 年 1 月，当国民党正以 100 万大军对苏区发动第五次"围剿"的严峻时刻，毛泽东坚信："真正的铜墙铁壁是什么？是群众，是千百万真心实意地拥护革命的群众。"② 正是相信群众、依靠群众，我们党领导的革命才能以少胜多、以弱胜强。1945 年，毛泽东在党的第七次全国代表大会上深刻总结："应该使每一个同志懂得，只要我们依靠人民，坚决地相信人民群众的创造力是无穷无尽的，因而信任人民，和人民打成一片，那就任何困难也能克服，任何敌人也不能压倒我们，而只会被我们所压倒。"③ 实践证明，中国革命的成功与相信群众、依靠群众密不可分。

在党的十一届三中全会召开前的中央工作会议上，邓小平强调："只要我们信任群众，走群众路线，把情况和问题向群众讲明白，任何问题都可以解决，任何障碍都可以排除。"④ 面对改革开放发展道路上的新情况、新问题，党中央必须坚持群众路线，邓小平认为："要大力加强党的组织、党员同群众的联系，要把国家的形势和困难、党的工作和政策经常真实地告诉群众。要坚决批评和纠正各种脱离群众、对群众疾苦不闻不问的错误。群众是我们力量的源泉，群众路线和群众观点是我们的传家宝。党的组织、党员和党的干部，必须同群众打成一片，绝对不能同群众相对立。如果哪个党组织严重脱离群众而不能坚决改正，那就丧失了力量的源泉，就一定要失败，就会被人民抛弃。全党同志，各级干部，特别是领导干部，必须经常记住这一点，经常用这个标准检查自己的一切言行。"⑤

中国共产党作为执政党，在新时期坚持群众路线，就一定要相信群众、依靠群众，首先必须明白一个基本的事实，中国共产党作为执政党，不是什么救世主，只是人民群众信任而赋予管理国家的大任，党的一切工作必须以最广大人民群众的根本利益为最高标准，要始终与人民群众同呼吸、共命运，决不能与人民对立。其次，中国共产党作为执政党，要相信群众、依靠群众，就应该尊重和支持人民群众的首创精神，虚心向人民群众学习，在工作中充分调动和发挥人民群众的智慧和力量。

① 毛泽东. 毛泽东选集：第 3 卷［M］. 北京：人民出版社，1991：1031.
② 毛泽东. 毛泽东选集：第 3 卷［M］. 北京：人民出版社，1991：139.
③ 毛泽东. 毛泽东选集：第 3 卷［M］. 北京：人民出版社，1991：1096.
④ 中共中央文献编辑委员会. 邓小平文选：第 2 卷［M］. 北京：人民出版社，1994：152.
⑤ 中共中央文献编辑委员会. 邓小平文选：第 2 卷［M］. 北京：人民出版社，1994：368.

三、坚持党的群众路线，就必须把尊重、爱护群众和教育、引导群众相结合

在革命战争年代，毛泽东创造性地提出了群众路线，他坚定地相信群众、依靠群众，但同时毛泽东也绝不盲目依赖和迷信群众。他说过，人民的觉悟不是容易的，“当着人民还不觉悟的时候，把革命果实送给人家是完全可能的”①。所以，毛泽东十分强调对群众进行思想政治工作，不断提高群众的觉悟程度，发挥党的先锋领导作用。党不仅要关心群众当前的实际利益，给人民以看得见的对于人民群众中正确的意见，党必须依据情况，领导群众，加以实现。而对于人民群众中不正确的意见，则必须耐心教育，加以改正。

中国共产党作为执政党，在新时期坚持群众路线就一定要把尊重、爱护人民群众和教育、引导人民群众相结合，相信群众、依靠群众，并不意味着不加思考地盲目顺应群众。首先要尊重、爱护人民群众。毛泽东说：“全心全意地为人民服务，一刻也不脱离群众；一切从人民的利益出发，而不是从个人或小集团的利益出发；向人民负责和向党的领导机关负责的一致性；这些就是我们的出发点。”② 在具体工作中，把党的各项方针落实好、维护好，时刻关注群众利益和愿望，要多为群众排忧解难，从人民群众最现实、最关心、最具体的问题入手，多雪中送炭，多解燃眉之急，多做得人心、暖人心的工作。工作方法上要依靠群众，以良好的作风联系群众、团结群众、动员群众，更有效地落实一切为了群众、一切依靠群众，从群众中来、到群众中去的群众路线。与此同时，也要教育、引导人民群众，要积极研究并把握新形势下群众工作的特点和规律，切实提高有效开展群众工作的本领。要认真研究经济社会生活的新变化和群众工作的新特点，积极探索和掌握适应新形势要求的做群众工作的新途径、新方法、新机制，善于运用说服教育、示范引导和提供服务等方法凝聚和激励群众。“只有代表群众才能教育群众，只有做群众的学生才能做群众的先生。如果把自己看作群众的主人，看作高踞于‘下等人’头上的贵族，那末（么），不管他们有多大的才能，也是群众所不需要的，他们的工作是没有前途的。”③ 要帮助广大群众正确认识改革中出现的暂时困难，引导群众自觉地与党和政府同心同德。

四、坚持党的群众路线，就必须建立和完善制度以保障人民群众的权益

坚持党的群众路线，如果没有相应的制度保障，所谓的坚持党的群众路线可能就是水中月、镜中花。要使党的优良传统即群众路线落在实处，决不能停留在口头上，不仅要有全心全意为人民服务的意识，更重要的是我们要建立和完善相关制度以保障人民群众的权益，只有这样才能使群众路线真正得到落实，这就需要解决两个层面的问题。

首先是思想意识层面。每一个党的工作者，特别是领导干部，必须明确认识到中国共产党全心全意为人民服务，立党为公，执政为民，党进行的一切奋斗，归根到底都是为了最广大人民的利益。党除了最广大人民的利益，没有自己的利益。毫无疑问，

---

① 毛泽东. 毛泽东选集：第3卷［M］. 北京：人民出版社，1991：1131.

② 毛泽东. 毛泽东选集：第3卷［M］. 北京：人民出版社，1991：1094-1095.

③ 毛泽东. 毛泽东选集：第3卷［M］. 北京：人民出版社，1991：864.

党的一切工作，必须以最广大人民群众的根本利益为最高标准。正如毛泽东所言："共产党人的一切言论行动，必须以合乎最广大人民群众的最大利益，为最广大人民群众所拥护为最高标准。"① 所有党员干部必须真正代表人民掌好权用好权，而绝不允许形成既得利益集团。一定要始终站在以人为本的高度，始终站在人民群众的角度，重视民生、研究民生、改善民生，努力履行党赋予我们的政治责任。

其次要不断完善以人为本、执政为民的制度体系。一是建立健全规范有序的权力约束和运行机制。以严厉的法规和制度加强对权力的规范和制约，确保权力公开公正透明运行，各级领导班子和领导干部要始终坚持把最广大群众愿望和要求作为决策的根本依据，把集中群众智慧作为决策的重要保证，把群众满意程度作为决策的检验标准，做到科学决策、民主决策、依法决策。二是建立健全通畅便捷的民意表达机制。坚持问政于民、问需于民、问计于民，深入开展"下基层、访民情、解民忧、办实事"活动，准确掌握群众所思、所盼、所忧。建立健全党员干部联系群众制度、帮扶困难群众制度、定期上门入户征求群众意见制度、定期同群众对话谈心制度等，形成畅通无阻、运转协调、规范有效的民意表达机制，使广大群众的合理诉求得到及时解决，利益得到有效维护。三是建立健全高效务实的便民服务机制。紧紧围绕"服务优良，办事高效，依法行政，人民满意"的要求，立足于服务基层、服务群众、服务社会，切实转变作风，寓服务于管理之中，建立健全服务群众、联系群众和保障群众权益机制。四是建立健全公开透明的监督参与机制。对于不涉及国家机密和个人隐私的公共事务，特别是涉及人民群众的切身利益的公共事务，一定要保障群众的知情权、监督权和投票权。探索和完善民主测评、社会评议、民意调查等机制，扩大和尊重群众的话语权，把党政机关、党员干部是否以人为本的评判权以及涉及人民群众重大切身利益的决定权交给社会和群众。五是建立健全严查快处的惩处警戒机制。围绕着力解决群众反映强烈的突出问题，加强对党的群众路线执行情况和各项惠民政策落实情况的监督检查，坚决查处损害群众利益的问题，切实保障民生、维护民利、凝聚民心。

坚持以人为本、执政为民，全心全意为人民服务的宗旨，不断完善社会各项制度，使人民群众政治、经济、文化、社会等各方面的权益得到更好实现，就业、收入、财产、教育、劳动等各方面的需求得到有效满足，让人民群众学有所教、劳有所得、住有所居、病有所医、老有所养，让人民群众生活得更加美好，这就是党坚持群众路线的最终目的。

① 毛泽东. 毛泽东选集：第3卷［M］. 北京：人民出版社，1991：1096.

参加党的群众路线教育实践活动的一点体会

贾国雄

【摘要】要贯彻群众路线教育实践活动，首先应该了解历史上党实施群众路线的宝贵经验。在今天群众生态变得越来越差异化、复杂化和多元化的情况下，一定要做到真抓实干，务求实效，把嘴上说的、纸上写的、会上定的，变为具体的行动、实际的效果、群众的利益，群众路线教育实践活动才能真正落到实处。

【关键词】群众路线教育实践活动　历史经验　新形势

作者简介：贾国雄，1972 年生，男，博士，西南财经大学马克思主义学院副教授、硕士生导师（成都，611130）。

2013 年 4 月 19 日，中共中央政治局召开会议，决定从 2013 年下半年开始，用一年左右时间，在全党自上而下分批开展党的群众路线教育实践活动。2013 年 6 月，中央党的群众路线教育实践活动领导小组印发《关于认真学习贯彻习近平总书记在党的群众路线教育实践活动工作会议上的讲话的通知》，要求各级党组织和广大党员、干部认真学习贯彻中央政治局会议精神，从而开始了在全党范围内轰轰烈烈的党的群众路线教育实践活动。

既然名曰“党的群众路线教育实践活动”，当然首先得明了什么是党的群众路线。坚持党的群众路线，这是我们党在长期革命和建设中制胜的法宝。早在土地革命时期的 1929 年 9 月 28 日，《中共中央给红军第四军前委的指示信》中第一次提出了“群众路线”这个概念。以毛泽东为代表的中国共产党在长期斗争中形成了一切为了群众、一切依靠群众和从群众中来、到群众中去的群众路线的内涵。群众路线也成为了毛泽东思想的活的灵魂的三个基本方面之一，也是中国共产党最根本的工作路线。

回顾我们党波澜壮阔的发展历程，其中最为宝贵的一条经验，是必须高度重视群众工作，坚持人民主体地位，发挥人民首创精神，始终保持同人民群众的血肉联系。在不同历史时期和不同发展阶段，群众工作会有不同的具体特点。随着改革开放的深入和社会主义市场经济的发展，群众工作对象更加多样化，群众工作内容更加丰富，群众工作环境越来越复杂，群众工作组织网络需要进一步健全。这就要求我们把做好新形势下群众工作摆在更加突出的位置，不断增强群众工作的针对性和有效性。纵观历史，群众才是真正的英雄，是我们党的力量源泉和胜利之本。我们党历来高度重视群众工作，将党和群众的关系，比之如鱼水，喻之为血肉，视之为种子与土地。我们党在革命、建设、改革各个历史时期的成就，都是通过团结带领人民群众共同奋斗取得的。党和人民的事业能不能顺利发展，关键就在于我们党能不能始终保持同人民群众的血肉联系，能不能充分发挥人民群众的积极性、主动性、创造性。

做好群众工作必须贯彻全心全意为人民服务的根本宗旨，从人民群众最关心、最直接、最现实的利益问题入手，努力解决学有所教、劳有所得、病有所医、老有所养、住有所居的问题，真心实意为群众谋利益，扎扎实实为群众办实事、办好事。时时处处、切切实实关心群众生活，紧抓民生之本、解决民生之急、排除民生之忧，这是密切党群关系的根本之策，也是最根本的群众工作。

作为一名普通的党员，可能会产生一些模糊思想，认为谋划富民之策、解决群众困难是领导干部的事情，如果我们每一名党员都能从自身做起，从自己身边的小事做起，把党的方针政策扎扎实实地落到实处，时时刻刻起模范带头作用，始终把群众的冷暖疾苦放在心上，始终认为群众利益无小事，始终能够解民忧、帮民富，解决群众关心的热点、难点问题，群众就不会有什么怨言难事，我们也就不会有什么解决不了的问题，我们党的执政根基就会越筑越牢。所以，执政党的党员在任何时候任何情况下都要坚持党的群众路线，走群众路线，做到深怀爱民之心、恪守为民之责、善谋富民之策、多办利民之事，密切党同人民群众的血肉联系。

中国共产党是一个靠群众工作起家的党，是一个把服务群众作为自己的宗旨、在扎实的群众工作中获得群众支持并不断发展进步的党。在新形势下，我们必须清醒地看到，群众工作出现了不少新情况新特点，面临不少新挑战。面对风云变幻的国际形势，面对艰巨繁重的国内改革发展稳定任务，我们坚持群众路线的必要性和重要性不是降低了，而是大大提高了，做好群众工作的复杂性和紧迫性不是减弱了，而是大大增强了。在今天，面对“四大考验”、“四大危险”，我们有必要对“群众”这一概念进行再认识，认清群众工作所面临的前所未有的挑战和复杂局面，更加坚定不移地坚持党的群众路线，更加扎扎实实地贯彻落实党的群众路线。

党的十八大提出，要在全党深入开展以“为民、务实、清廉”为主要内容的党的群众路线教育实践活动。中央将对这项活动进行部署。习近平总书记在第十八届中央政治局第一次集体学习时强调，我们要适应新形势下群众工作新特点新要求，深入做好组织群众、宣传群众、教育群众、服务群众工作，虚心向群众学习，诚心接受群众监督，始终植根人民、造福人民，始终保持党同人民群众的血肉联系，始终与人民心连心、同呼吸、共命运。

面对新形势、新任务、新要求，中央再提群众路线的重要性，习总书记强调全党保持同人民群众血肉联系的重要性，显然具有极强的现实针对性。新形势下坚持好群众路线，有必要对“群众”这一概念进行再认识。很显然，在利益分化、社会多元的今天，群众的情况已经跟过去大大不同。如果说过去很长时间里，群众的生存状况和利益格局比较趋同且简单的话，那么今天的群众生态则是越来越差异化、复杂化，越来越多元、多样、多变。相对于以前“工农商学兵”的概括，今天的社会阶层归纳起来更为庞杂和困难了。“群众”的现状到底是如何的，利益群体的分化到底是如何的，搞不清楚这些情况，恐怕很难实现有效的“密切联系”，无异于另一种“脱离”。“群众”一词在今天不应成为抽象的术语，而完全应该更具象一些、更实在一些。各级党委政府要想推出更有针对性、更显人性化的政策举措，必须要全面加强对群众、对群众问题的深入研究。

在一个新时期中，认真学习贯彻党的路线、方针和政策，只有做到真抓实干，务求实效，把嘴上说的、纸上写的、会上定的，变为具体的行动、实际的效果、群众的利益，服务群众的工作才算做到了位、做到了家。切勿在一片表态的声音中走了样，在一片落实的声音中落了空！要脚踏实地、埋头苦干，不断创新工作方式和工作方法，努力做好新时期下的工作。

求木之长必固其根本，欲流之远必浚其泉源。人民群众是我们的力量源泉，群众路线和群众观点，是我们的传家宝。党的组织、党员和党的干部，必须同群众打成一片，绝对不能同群众对立。如果哪个党组织严重脱离群众而不能坚决改正，那就丧失了力量的源泉，就一定要失败，就会被人民抛弃。

一切为了群众、一切依靠群众，是历史唯物主义观点的根本要求。历史唯物主义认为，人类社会的发展史首先是生产发展的历史，而人民群众正是生产力的主体，是物质财富和精神财富的创造者，是社会变革的决定因素。正因为如此，党才把“全心全意为人民服务”作为自己的宗旨，把体现人民群众的意志和利益作为一切工作的出发点和归宿，把依靠人民群众的智慧和力量作为根本的工作路线。同时强调，在任何情况下，与人民群众同呼吸共命运的立场不能变，全心全意为人民服务的宗旨不能忘，坚信群众是真正英雄的历史唯物主义观点不能丢。党的 90 多年的历史充分证明，什么时候坚持了这一点，我们的事业就兴旺发达；反之，就会遭受挫折和损失。

然而，正如邓小平同志所说：“执政党的地位，很容易使我们的同志沾染上官僚主义的习气。脱离实际和脱离群众的危险，对于党的组织和党员来说，不是比过去减少了而是比过去增加了。”改革开放以来，确有一些党员干部特别是领导干部，产生了享乐主义、官僚主义、主观主义等脱离群众的不良倾向。他们当中，有的对人民群众缺乏感情，不关心群众生活，对群众疾苦麻木不仁；有的热衷于形式主义，搞这样那样的形象工程，只图虚名，不求实效；有的高高在上，对群众的呼声和意见充耳不闻；有的在工作中只对领导负责，不对群众负责；有的甚至利用人民赋予的权力谋取私利，奢侈腐败，大搞吃喝享乐……所有这些都严重影响了党群、干群关系，损害了党在群众中的形象，造成极坏的社会影响，甚至已经严重阻碍了社会的稳定和发展。

为什么我们党在革命年代能够比较好地坚持群众路线？而在和平日久的今天，改变“四风”，真正落实群众路线就这么难呢？这是我们特别应该反思的。其实，根源也不难理解，革命战争年代，我们党作为革命党，面临着强大的反革命力量，革命与反革命的斗争你死我活，要生存、要胜利，我们必须把自己做到最好。而和平日久，执政党的这种生存压力逐渐减弱，许多党员干部似乎觉得可以高枕无忧了，心里一松懈，形式主义、官僚主义、享乐主义和奢靡之风这“四风”也就逐渐生长出来。胡锦涛同志曾要求党员干部明白并恪守“权为民所用、情为民所系、利为民所谋”的原则，这实际上也是对落实群众路线的一种阐释。在中国共产党长期执政的条件下，要真正长期做到做好这一点，恐怕还得加上一条“权为民所赋”，而且必须把这一条落到实处。

党的群众路线教育实践活动学习心得

陈宗权

【摘要】要真正落实党的群众路线教育实践活动，首先要意识先行，树立宗旨意识、重要性意识、忧患意识、源头意识和实践意识；其次要结合具体的工作实际，将实践活动贯彻到具体行动；最后要建章立制，以制度作为巩固活动成果的保障。

【关键词】意识先行　贯彻实践　制度保障

作者简介：陈宗权，1979 年生，男，博士，西南财经大学马克思主义学院副教授、硕士生导师（成都，611130）。

胡锦涛在党的十八大报告中强调，围绕保持党的先进性和纯洁性，在全党深入开展以"为民、务实、清廉"为主要内容的党的群众路线教育实践活动，着力解决人民群众反映强烈的突出问题，提高做好新形势下群众工作的能力。2013 年 4 月 19 日，中共中央政治局召开专门会议，研究部署在全党深入开展以"为民、务实、清廉"为主要内容的党的群众路线教育实践活动。这是以习近平为总书记的党中央贯彻落实党的十八大精神的重要部署。随后，中共中央发布《关于在全党深入开展党的群众路线教育实践活动的意见》，对群众路线教育实践活动作出全面部署。根据中央相关文件精神，中共西南财经大学委员会于 2013 年 7 月上旬启动了党的群众路线教育实践活动，并在教育部督导组的指导下制订了实施方案和实施办法。我是一名从事思想政治理论课教育教学的青年教师，同时分担学院科研等工作的行政职责，认真学习了习近平等中央领导同志关于群众路线实践教育活动的一系列重要讲话及相关文件精神，在学院党总支的指导和安排下，参加了 7 月 10 日学校党委主持召开的党的群众路线教育实践活动动员大会。现结合自己的工作实际，总结学习心得如下：

一、意识先行是先决条件

如果不是从内心里心甘情愿地想干一件事情，仅靠外在力量推动的活动，最后都会演变成一种形式主义。这次中央动员部署的群众路线教育实践活动，是依据十八大精神，在新的历史时期党面临的"四大考验"和"四大危险"的情况下，为保持党的先进性、纯洁性，增强党的执政能力和执政合法性，有针对性地就目前党员干部存在的比较突出的"四风问题"所开展的"纠错"活动，是与"三讲"教育、党的先进性教育及科学发展观学习实践活动等一以贯之的党的建设的教育活动。但不可否认，之前几次声势浩大的教育活动，在部分地区、单位或组织实施时流于形式，活动效果与中央要求的有一定差距。这次群众路线教育实践活动，会不会也落入形式主义的窠臼？或者说，以一种形式主义的形式来应对反形式主义？

我认为，避免这种情况的首要条件应该是每个党员（尤其是党员干部）要从思想上充分认识到此次活动的重要意义及其重要性，要将活动的精神深入到意识深处，以意识指导行动，以灵魂触发行为。党员应该树立的意识主要有：①宗旨意识，即要随时谨记“全心全意为人民服务”这一党的根本宗旨，时刻将人民及人民的利益摆在第一位，加强服务意识，只有将人民装在心头，才能做到密切联系群众，做到务实、清廉。②重要性意识，即认识到此次实践活动的重要意义。诚如习近平总书记在党的群众路线教育实践活动工作会议上所言：开展党的群众路线教育实践活动，是实现党的十八大确定的奋斗目标的必然要求，是保持党的先进性和纯洁性、巩固党的执政基础和执政地位的必然要求，是解决群众反映强烈的突出问题的必然要求，三个“必然要求”非常贴切地说明了群众路线教育实践活动的重大历史意义。③忧患意识，即意识到目前党的执政环境面临诸多挑战，党自身建设也存在诸多问题，特别是党员干部与群众的“两极化”（即脱离群众现象）和“油水关系”、“蛙水关系”等不良倾向，已经成为党执政以来的最大危险，其表现出的形式主义、官僚主义、享乐主义、奢靡之风及层出不穷的腐败事件，导致民怨四起，严重削弱了党执政的民意基础和根基，所以党员干部必须具备忧患意识，时刻警惕自身的不足并戒之改之。④源头意识。万世基业皆有始，我们要意识到今天党领导中国取得的各项成就皆因党成功领导的革命事业及优良革命传统。作为党的三大法宝之一的“群众路线”和“一切为了群众，一切依靠群众”、“从群众中来，到群众中去”等党的理念尤其值得今天的共产党员学习、借鉴和实践。⑤实践意识，即意识到再好的理论和想法，只有付诸实践才能发挥其效用，否则就成为空谈，成为另外一种形式的形式主义。广大党员要谨记“实践才是硬道理”的道理，如此才能将思想意识转化为自觉行动。

二、贯彻实践是关键环节

党的群众路线本是从具体的革命实践中总结而来，又回到并服务于实践。1964 年 9 月，毛泽东对党的领导干部提出要求：“下决心长期下去蹲点，就能听到群众的呼声，就能从实践中逐步地认识客观真理，变为主观真理，然后再回到实践中去，看是不是行得通。如果行不通，则必须重新向群众的实践请教。”所以开展、落实党的群众路线教育实践活动，关键环节是坚持实践，以实践为导向和目的，将活动的要求和内容贯彻到服务于群众的实践中。作为动词的“实践”是党的群众路线教育实践活动的题中应有之义。

我认为，要真正将群众路线教育活动的精神落实到实践中，需要做到：

1. 牢记“照镜子、正衣冠、洗洗澡、治治病”的总要求，端正自身行为

“照镜子”，就是以党章为镜，对照党的纪律，对照改进作风要求，认真查找自身存在的问题。在此环节，最重要的是要加强对党章的学习和体会，不仅要牢记党章的主要内容及其对共产党员的具体要求，更要深刻领会党章的实践精神。习近平同志在《人民日报》上公开发表了题为《认真学习党章　严格遵守党章》的文章，号召全体党员将党章的学习落实到行动上。“正衣冠”，就是按照“为民、务实、清廉”的要求，勇于正视自身缺点和不足，在宗旨意识、工作作风、廉洁自律上摆问题、找差距、明方向，从而端正自身行为。“洗洗澡”，就是要深入开展批评与自我批评，对自己的

思想进行一次全面的解剖，清洗思想上的污垢和灰尘，从而做到祛邪扶正，保持党的有机体的健康。“治治病”，主要是坚持惩前毖后、治病救人的方针，查找问题，然后有针对性地进行纠正。

2. 结合自身实际，将群众路线教育活动的要求贯彻到工作实践中

形式主义产生的主要缘由是内容与形式脱节，理论与实践脱节，不能结合具体实际进行实践活动。贯彻群众路线，最重要的步骤就是结合自身工作实际。我是一名高校思想政治理论课教师，承担研究生公共课“中国特色社会主义理论与实践”和本科生公共课“当代世界经济与政治”等课程的教学任务。从工作性质看，群众路线教育活动似乎与一线教师无关，实则不然。青年学子是未来社会的精英，是未来祖国建设的中坚力量，是实现中华民族伟大复兴“中国梦”的接班人，所以需要在思想上保持先进性，在政治上保持坚定性。思想政治课教师在传授知识的同时，需要向青年学生传输党的群众路线及据此取得伟大成就的重要理念，特别要让学生认识到党的群众路线对中国革命取得胜利的至关重要的作用和意义及其对今天社会主义建设的重要启示；同时，针对少数学生表现出的对党的“愤青”现象，需要思想政治课教师以充分的历史事实和严谨的理论逻辑，讲解党执政的合法性与合理性；更要向学生传达以下观念：党之所以要开展群众路线教育实践活动，绝不是作秀和搞形式主义，而是实实在在地想通过查找、发现自身问题并改正，表现出党坦白诚实的巨大勇气、治理“四风”的坚定决心和力求完善党的建设的真实意图。另外，作为分管科研与研究生培养工作的副院长，我更要按照“照镜子、正衣冠、洗洗澡、治治病”的总要求，经常进行自我批评，查找自身存在的问题（如经验不足、能力有待提高等），多听老师们对我工作的意见和建议，了解老师们在科研等方面的需求，认真、踏实地完成本职工作，多为老师解决问题，从而服务于学院全体老师。

3. 长期坚持不懈，时时刻刻谨记此次活动精神并使行为成为习惯

群众路线教育实践活动针对部分党员干部严重脱离群众并滋生不良“四风”等问题而专门开展，只要这些问题没有得到较彻底解决，群众路线教育实践活动就不会停止；即使不良“四风”得到明显遏制，这项活动还是会继续开展下去，所谓“有则改之，无则加勉”。紧密联系群众是党执政过程中应该始终相伴而随的路线方针，只有将之长期不懈坚持，才能做到“治治病”，让广大党员干部自觉遵守党章的要求，将规范内化成行为，使行为成为习惯，如此方能保持党的有机体的长久健康，使党取得长久的执政地位。

三、制度建设是重要保障

如果没有规范、有序、具操作性的规章制度，是很难将群众路线教育实践活动贯彻到工作实践中的，制度建设是长期坚持群众路线的重要保障。学校关于《深入开展党的群众路线教育实践活动实施方案》明确提到要“加强制度建设”，指出：“经实践检验行之有效、群众认可的，要长期坚持，抓好落实；对不适应新形势新任务要求的，要抓紧修订完善”。方案特别建议要“完善党员干部直接联系师生制度和畅通师生诉求反映渠道制度，健全体现师生意愿的科学民主决策机制，强化处级领导班子任期目标责任制”，这是学校党委根据中央及教育部相关文件的精神，结合学校实际提出的制度建设的具体要求，贴切又合理。

党的群众路线教育实践活动学习感想

吴玉平

【摘要】要认识到群众路线的理论基础是唯物史观，解决教育实践活动的理论基础问题。要充分认识群众路线事关党的各项事业的成败，高度重视此次教育实践活动。这次教育实践活动抓住了主要矛盾，因此在实践中也必须要抓住重点。

【关键词】群众路线　唯物史观　主要矛盾

作者简介：吴玉平，1978 年生，男，哲学博士，西南财经大学马克思主义学院副教授、院长助理（成都，611130）。

党的群众路线教育实践活动开展以来，全党、全社会高度重视，学校和学院也积极开展了各项学习、实践活动。在集体学习和自己学习的过程中，我认真阅读了相关的文件，尤其是详细阅读了习近平总书记在 2013 年 6 月 18 日党的群众路线教育实践活动工作会议上发表的重要讲话，对全党开展群众路线教育实践活动的重大意义、主要目标、指导思想有了深入的认识。在学习的过程中，自己在以下几个方面的感受最为深刻：第一，群众路线具有深厚的理论基础，这个理论基础就是唯物史观；第二，群众路线事关党的各项事业的成败，最终影响党的执政地位；第三，这次群众路线教育实践活动重点突出，将"四风"作为抓手，表明党的这次群众路线教育实践活动不是走过场，搞形式，而是试图实实在在地解决存在的突出问题。

一、群众路线的理论基础是唯物史观

唯物史观亦即历史唯物主义，是从唯物主义的视角认识社会发展规律的学说，其创立的重大历史意义堪比达尔文的进化论。唯物史观科学地说明了人类社会发展的内在规律，其最为核心的支撑观点有两个，一个是生产的观点，一个是群众的观点。而在笔者看来，这两个观点最为核心的是群众的观点。因为生产劳动在社会发展的过程中起着决定性的作用，即我们熟悉的生产力决定生产关系、经济基础决定上层建筑，但生产劳动需要主体，这个主体无疑就是普通的劳动群众，也即生产是群众的生产，没有群众则生产也无从谈起，弄不好又要陷入到绝对意识、自我意志、神学的唯心主义道路上面去。唯物史观告诉我们，群众是实实在在的存在个体，从事着实实在在的劳动生产活动。基于上面的认识，自然会导出下面的结论：社会发展最终的目标是要服务于人，即使得普通的群众更好地发展。因此，社会发展的成果要更多更公平地惠及全体人民。我们在通过唯物史观认识社会发展的规律时，一定要明确的一点是：历史唯物主义在全方面的研究社会发展时，其最终、最高的价值导向是为了人的发展。从唯物史观的视角出发，我们党领导中国人民建设中国特色社会主义各项事业发展的最终目标无疑是为了全体民众的发展。如果我们的发展成果不能惠及人民群众，不能使普通人民群众过上幸福的生活，那我们的发展就偏离了目标，这样的发展可能是越发展越糟糕。因此，落实群众路线，就是要在社会各领域全面发展的基础上，下工夫解决各方面的民生问题，只有这样，才能真正做到一切为了群众、一切依靠群众，从群众中来、到群众中去，也才能将这次群众路线教育实践活动的主要内容“为民、务实、清廉”落到实处，同时使得“照镜子、正衣冠、洗洗澡、治治病”不流于形式。

二、群众路线事关党的各项事业的成败，最终影响党的执政地位

正如习近平总书记强调指出的那样，开展党的群众路线教育实践活动，是保持党的先进性和纯洁性、巩固党的执政基础和执政地位的必然要求。众所周知，群众路线是我们党的生命线和根本工作路线。实现党的十八大确定的奋斗目标，实现中华民族伟大复兴的“中国梦”，必须紧紧依靠人民，充分调动最广大人民的积极性、主动性、创造性，从反面来看，如果党的事业没有人民的支持，就绝对不会取得成功。开展党的群众路线教育实践活动，就是要把“为民、务实、清廉”的价值追求深深植根于全党同志的思想和行动中，从而赢得人民的信赖和支持，最终夯实党的执政基础，巩固党的执政地位。目前，我党全面开展群众路线教育实践活动，只要真正将各项举措落实到实处，就可以将人民紧紧凝聚在一起，赢得人民群众的信任和拥护，形成合力，从而为实现党的十八大确定的目标任务奠定坚实的群众基础。

同时，如果我们不能很好地贯彻落实群众路线的话，就会使得党内的形式主义、官僚主义、享乐主义更为突出，奢靡之风更加严重，党员干部就会越来越脱离群众、脱离实际，对待工作更加不负责任，铺张浪费、奢靡享乐、以权谋私、腐化堕落这些问题会更为严重，这势必将严重损害党在人民群众中的形象，严重损害党群干群关系，最终使我们党丧失民心民意，执政也将难以维持。正如习近平总书记强调指出的那样，人心向背事关党的生死存亡。党只有始终与人民心连心、同呼吸、共命运，始终依靠人民推动历史前进，才能做到坚如磐石。

三、这次群众路线教育实践活动重点突出，抓住了主要矛盾

在习近平总书记的报告中，在强调牢牢把握目标任务时阐述了“伤其十指”和“断其一指”的关系，将这次教育实践活动的主要任务聚焦到作风建设上，集中解决形式主义、官僚主义、享乐主义和奢靡之风这“四风”问题。笔者认为这正体现了马克思主义哲学的主要矛盾原理。如果我们这次的活动没有重点，遍地开花，最终将什么问题也解决不了，浅尝辄止，反而使得人民群众更为反感，会认为我们党是在“认认真真作秀”而已。将解决“四风”问题作为这次活动的聚焦点，抓住了事情的主要矛盾，因为“四风”违背了我们党的性质和宗旨，是当前群众深恶痛绝、反映最强烈的问题，也是损害党群干群关系的重要根源。“四风”问题解决好了，党内其他一些问题解决起来也就有了更好的条件，即主要矛盾解决好了，次要矛盾就会迎刃而解。

同时，这次活动明确了解决“四风”问题的途径，即“照镜子、正衣冠、洗洗澡、治治病”。通过“照镜子、正衣冠、洗洗澡、治治病”，相信可以使得党员尤其是党员

干部实现自我净化、自我完善、自我革新、自我提高，也会使得这次群众路线教育实践活动取得扎实的成效。

总之，通过学习与群众路线教育实践活动相关的文件，自己在认识上面有了进一步的提高，一方面进一步认识到了这次活动的重要意义，另一方面作为一名普通党员，进一步明确、意识到自己从事的思想政治课的教学、科研工作的重要意义和责任所在，在今后的工作中，要将落实群众路线落到实处，进一步密切联系学生，了解学生的生活、学习实际情况，与他们更好地开展交流，为学生答疑解惑，同时，也要在不断转变教学、科研范式方面下工夫，使得所教授的知识更加通俗易懂，深入学生的心灵深处，科学研究方面要更加关注社会现实问题，有的放矢。我相信通过我们每一名党员的努力汇集而成的强大力量，一定会最终促成我党事业更加欣欣向荣。

后记

《光华思想政治教育论坛》是面向全国财经类及其他高校思想政治理论研究和思想政治教育教学研究的成果辑刊，由西南财经大学马克思主义学院承担征稿和编辑等工作，2010 年出版了第一辑，本期是第四辑。

自《光华思想政治教育论坛》第一辑出版以来，得到了学术界、教育界同行的积极反馈，这是本辑刊能够继续出版的最大动力。本期辑刊的稿件，主要来自西南财经大学马克思主义学院教师和研究生以及川内部分高校教师的投稿，收录了思想政治教育教学研究、社会主义建设理论与实践研究、哲学与政治理论研究、思想政治工作研究等领域的学术论文多篇。今年适逢党中央开展党的群众路线教育实践活动，为彰显和巩固马克思主义学院开展与落实教育实践活动的成果，本辑刊还收录了多篇部分党员教师的教育实践活动学习心得。

本期辑刊的特点主要有：①学术质量较高。部分哲学和政治学领域的论文反映了作者一定的理论功底和较深刻的学术思考。②专业针对性较强。论文作者均为思想政治理论课教师、思想政治教育工作者或思想政治教育专业的研究生，他们的文章或是阐述思想政治理论教育教学的实践心得，或是探究思想政治教育赖以吸取营养的哲学和政治学理论根基，或是本着“经世济用”的情怀而对社会主义建设过程中的一些重大现实问题进行论述，它们都是思想政治教育工作者和学习者的所思所想，专业针对性较强。③政治导向鲜明。所有论文都坚持了马克思主义的基本观点和方法，但又不囿于马克思主义的“本本”，而是与时俱进地结合现实阐述问题，与党所提倡的“实事求是”精神保持了高度一致。

辑刊的编纂和出版，得到了西南财经大学各位校领导的关心和支持。西南财经大学马克思主义学院多位老师直接参与或协助了本期辑刊的征稿、统稿、编纂等工作。西南财经大学出版社的王利老师对本辑刊进行了细致的编校，并提出了一些建设性的修改意见，保证了本辑刊的出版质量，其专业、严谨的工作态度让人敬佩！在此一并致谢！

我们相信，在西南财经大学各位校领导的持续关心下，在全国兄弟院校同行和专家的鼎力支持下，本辑刊将继续出版并上升到更高的学术层次！

编者

2013 年 10 月

图书在版编目(CIP)数据

光华思想政治教育论坛.2013/唐晓勇,俞国斌主编.—成都:西南财经大学出版社,2013.11
ISBN 978-7-5504-1264-4

Ⅰ.①光… Ⅱ.①唐…②俞… Ⅲ.①高等学校—思想政治教育—中国—文集 Ⅳ.①G641-53

中国版本图书馆 CIP 数据核字(2013)第 272226 号

光华思想政治教育论坛(2013)

Guanghua Sixiang Zhengzhi Jiaoyu Luntan(2013)

唐晓勇　俞国斌　主编

责任编辑:王　利

封面设计:大　涛

责任印制:封俊川

出版发行	西南财经大学出版社(四川省成都市光华村街55号)
网　　址	http://www.bookcj.com
电子邮件	bookcj@foxmail.com
邮政编码	610074
电　　话	028-87353785　87352368
照　　排	四川胜翔数码印务设计有限公司
印　　刷	郫县犀浦印刷厂
成品尺寸	185mm×260mm
印　　张	15.5
字　　数	360千字
版　　次	2013年11月第1版
印　　次	2013年11月第1次印刷
书　　号	ISBN 978-7-5504-1264-4
定　　价	68.00元